목회자는
리더다

THE SHEPHERD AS LEADER
by John MacArthur, editor

Copyright ⓒ 2016 by Grace Community Church
Published by Harvest House Publishers
Eugene, Oregon 97402
www.harvesthousepublishers.com
All rights reserved.

Korean Edition published by Word of Life Press, Seoul, 2016
Translated and published by permission.
Printed in Korea.

목회자는 리더다
ⓒ 생명의말씀사 2016

2016년 8월 25일 1판 1쇄 발행

펴낸이 | 김재권
펴낸곳 | 생명의말씀사

등록 | 1962. 1. 10. No.300-1962-1
주소 | 서울시 종로구 경희궁1길 5-9(03176)
전화 | 02)738-6555(본사) · 02)3159-7979(영업)
팩스 | 02)739-3824(본사) · 080-022-8585(영업)

기획편집 | 정설아
디자인 | 김혜진
인쇄 | 영진문원
제본 | 정문바인텍

ISBN 978-89-04-07136-4 (04230)
ISBN 978-89-04-70016-5 (세트)

저작권자의 허락 없이 이 책의 일부 또는 전체를
무단 복제, 전재, 발췌하면 저작권법에 의해 처벌을 받습니다.

THE SHEPHERD AS LEADER

목회자는
리더다

서문

　셰퍼드 콘퍼런스(Shepherds' Conference)가 그레이스 커뮤니티 교회에서 처음 개최된 것은 1980년 3월이었다. 당시 첫 모임에는 목회 사역이라는 주제로 159명이 함께했다. 처음부터 이 콘퍼런스의 목적은 바울이 디모데에게 내린 명령, 즉 "또 네가 많은 증인 앞에서 내게 들은 바를 충성된 사람들에게 부탁하라 그들이 또 다른 사람들을 가르칠 수 있으리라"(딤후 2:2)는 말씀대로 살아가자는 것이었다.

　셰퍼드 콘퍼런스는 작은 행사로 시작되었지만, 하나님의 은혜로 이제는 매년 봄마다 수천 명이 참석하는 국제적인 운동으로 만개하게 되었다. 지난 수년간 미국 각지에서뿐 아니라 100여 개국에 달하는 나라에서 오신 목사님들이 콘퍼런스에 참여하여 설교, 신학, 지도력, 제자훈련, 상담 등의 분야에서 도전을 받고 새 힘을 얻었다. 나도 콘퍼런스를 통해서 신실한 분들을 많이 만나고 교제를 나누며 깊은 은혜를 받았다.

　처음부터 셰퍼드 콘퍼런스의 특징은 특별히 목회자들과 교회 지도자들에게 수백 편의 설교를 전하는 것이었다. 하나님의 말씀에 서려 있는 진리는 세월이 흘러도 변하지 않기에, 그 말씀들은 지금도 처음 선포되었을 때와 마찬가지로 풍요롭고 강력하다. 셰퍼드 콘퍼런스에서 리더십을 주제로 선포된 말씀들을 모아 책을 출판하게 되어 정말 기쁠 따름이다.

오늘날 교회는 그 어느 때보다 하나님의 말씀에 기초한 리더십, 하나님께 영광을 돌리는 리더십을 회복해야 한다. 그런 의미에서 이 책은 참으로 시기적절하다고 본다. 이 책의 목적은 목회자들을 북돋아 그들이 받은 목회 명령, 즉 그리스도를 본받아 사심 없이 섬기고 희생하는 참된 리더십의 본을 보이는 것, 바로 이 사명을 완수하도록 돕는 것이다.

이 책은 셰퍼드 콘퍼런스 참여 여부와 상관없이 모든 영적 지도자를 위한 책이다. 당신이 이 책을 읽고 그리스도의 교회를 섬기고 인도하고자 노력할 때, 진리에 대한 열정이 더욱 밝게 타오르며 그리스도의 영광을 위해 결심한 것들이 모두 이루어지길 기도한다.

큰 목자 되신 우리 주 예수 그리스도를 위하여
존 맥아더

이 책에 나온 셰퍼드 콘퍼런스 강사들

존 맥아더 John MacArthur

수백만 명의 삶에 커다란 감동을 전해 준 수많은 베스트셀러의 저자이자 최고의 성경 해석가다. 사람 중심이 아닌 하나님의 영광에 초점을 두고 있는 그의 설교는 뜨거운 목회자적 심장을 잃지 않는 설교, 시대를 분별해 내는 거시적 통찰력과 예리한 시각, 변명의 여지가 없도록 만드는 강력한 적용을 담은 설교로 평가받고 있다. 캘리포니아 주 선밸리에 있는 그레이스 커뮤니티 교회의 목사이자 마스터대학 및 신학교 총장이다. 저서로는 『담대한 복음전도』, 『복음을 부끄러워하는 교회』, 『존 맥아더의 다른 불』(이상 생명의말씀사) 등 다수의 베스트셀러가 있다.

리곤 던컨 Ligon Duncan

미시시피 주 잭슨에 있는 리폼드신학교의 총장으로 개혁주의 진영의 대표 신학자다. 그는 젊은 복음주의자들의 유명 콘퍼런스로 자리매김하고 있는 '투게더포더가스펠'(T4G)의 창립 멤버다. 또 보수 기독교의 대표 연합체인 '고백복음주의연합'(ACE)의 회장도 맡고 있다.

톰 페닝턴 Tom Pennington

텍사스 주 사우스레이크에 있는 컨트리사이드 바이블 교회의 목사다. 그레이스 커뮤니티 교회에서 장로와 부목사로 섬겼으며, 세계적으로 널리 알려진 라디오 프로그램 「그레이스 투 유」(Grace to You)의 전무로 일하기도 했다. 그는 현재 목회자로서 자신의 역할뿐 아니라 강해 설교에 관한 목회자 훈련에도 적극적으로 참여하고 있다.

존 파이퍼 John Piper

미네소타 주 미니애폴리스에 있는 베들레헴신학교의 총장이며, Desiring God을 설립해 전 세계 크리스천들에게 바른 신앙을 전수하고 있다. 베들레헴 침례교회에서 33년 동안 담임목사를 지낸 바 있다. 저서로는 『하나님을 기뻐하라』, 『삶을 허비하지 말라』, 『예수님의 지상명령』(이상 생명의말씀사) 등이 있다.

마크 데버 Mark Dever
건강한 성경 신학에 기초한 강해 설교로 주목받는 개혁주의 목회자다. 워싱턴 D. C.에 있는 캐피톨 힐 침례교회의 담임목사이며, 건강한 교회를 만들기 위한 사역 단체인 나인 마크스 미니스트리의 대표로도 섬기고 있다. 저서로는 『건강한 교회의 9가지 특징』, 『복음과 개인 전도』, 『교회가 직면한 12가지 도전』, 『구약 성경의 핵심 메시지』(이상 부흥과개혁사) 등이 있다.

릭 홀랜드 Rick Holland
캔자스 주 프레리 빌리지에 있는 미션 로드 바이블 교회의 담임목사이며, 엑스포지터스신학교에서 설교학과 강해 설교를 가르치는 교수다. 조지아, 미시간, 캘리포니아에서 청소년 목사로 사역했고, 그레이스 커뮤니티 교회에서 25년 동안 시무한 바 있다. 저서로는 『Uneclipsing the Son』이 있으며, 여러 책과 신학 잡지에 글을 기고했다.

스티븐 J. 로슨 Steven J. Lawson
앨라배마 주 모빌에 있는 크라이스트 펠로십 침례교회의 담임목사로, 30년 넘게 목회자로 사역하고 있다. 또한, 마스터신학교에서 설교학을 가르치고 있으며, 리폼드신학교 이사회에서 활동 중이다. 『메인 아이디어로 푸는 시편 1-75편』(디모데)을 포함하여 20권이 넘는 주석 및 책을 저술했다.

앨버트 몰러 Albert Mohler Jr.
켄터키 주 루이빌에 있는 남침례신학교의 총장이다. 가족과 성경적 남성과 여성관을 위한 모임에 중점을 두고 있는 여러 기구의 임원뿐 아니라 남침례신학교에서 기독교 신학 교수와 『남침례신학저널』의 편집장으로도 일하고 있다. 그는 「뉴욕타임스」, 「월스트리트저널」, 「유에스에이 투데이」와 같은 미국의 유수한 신문들에 자주 인용되고 있는 인물이다. 또한, CNN의 「래리 킹 라이브」와 NBC의 「투데이 쇼」, 「데이트라인 NBC」 등과 같은 미국의 뉴스 프로그램에도 출연하고 있다.

오스틴 T. 던컨 Austin T. Duncan
캘리포니아 주 선밸리에 있는 그레이스 커뮤니티 교회의 대학부 목사로 있다. 마스터신학교에서 설교 교과 과목과 목회학 박사 과정을 감독하고 있다.

CONTENTS

서문 _ 존 맥아더   4
이 책에 나온 셰퍼드 콘퍼런스 강사들   6

1 겸손 : 사역을 위한 필수 요소 / **존 맥아더**   11

2 진내의 정결 / **리곤 던컨**   31

3 이름이 거룩히 여김을 받으시오며 : 무릎 꿇는 지도자
 / **톰 페닝턴**   57

4 잘 고난받는 지도자 / **존 파이퍼**   85

5 진실한 사역 / **존 맥아더**   103

6 반대와 희망 / **마크 데버**   123

7	지도자와 그의 양 떼 / 릭 홀랜드	145
8	복음을 수호하라 / 스티븐 J. 로슨	167
9	하찮은 사람도 없고, 하찮은 설교도 없다 / 앨버트 몰러	189
10	위선에 맞서라 / 존 맥아더	211
11	당신의 교회 예배에 빠진 것은 무엇인가? / 오스틴 T. 던컨	231
12	교제를 추구하라 / 존 맥아더	257

주   278

1
John MacArthur

누구든지 내 이름으로 이런 어린아이를 영접하면 곧 나를 영접함이요
또 누구든지 나를 영접하면 곧 나를 보내신 이를 영접함이라
너희 모든 사람 중에 가장 작은 그가 큰 자니라_ 눅 9:48

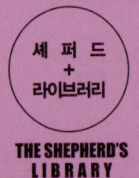

THE SHEPHERD'S
LIBRARY

겸손 : 사역을 위한 필수 요소

존 맥아더, 2005
누가복음 9:46-56

우리는 옳을 때 교만하기 쉽다. 우리의 신학은 옳다. 우리가 이해한 하나님의 말씀은 옳다. 성경을 거룩하신 하나님이 주신 무오한 계시로 바라보는 우리의 관점은 옳다. 우리의 복음 이해는 옳다. 우리에게는 온 세상에 전해야 하는 옳은 메시지가 있다. 우리가 옳을 때 겸손하기란 힘든 일이다. 왜냐하면, 다른 것들을 용납하지 못하고 가혹해지기 쉽기 때문이다. 따라서 겸손하라고 상기시켜 주는 것은 유익한 일이다. 또한, 진리를 전하되 사랑으로 인내하며 전하라고 상기시켜 주는 것도 반드시 필요한 일이다. 하지만 얄궂게도 우리는 자기애, 자기만족, 자기 자랑을 칭송하는 세계에 살고 있다. 세상은 자아를 높이는 것을 덕이라고 칭송한다. 겸손을 약함으로 보는 이 세상에서, 목회자인 우리는 사심 없는 겸손함의 본이 되어 세상 문화에 맞서며 살아가야 한다.

교만의 위험

하나님의 자녀들은 겸손하라는 명령을 받은 자들이다. 성경은 반역을 일으킨 마귀와 그에 동조한 천사들이 저지른 흉악한 죄를 교만이라고 본다. 아담과 하와는 교만이라는 죄를 지어 동산에서 쫓겨났다. 교만은 하나님의 법에 맞서 반역을 꾀하게 하는 끔찍한 죄다. 하나님을 보좌에서 쫓아내려고 꾀하는 것, 하나님의 완전한 절대 주권에 저항하고, 하나님을 자아로 대체하려고 하는 것이 바로 교만이기 때문이다. 이러한 교만은 자연스럽게 모든 사람의 마음을 사로잡았다.

교만은 그리스도께 나아오기 어렵게 만든다. 그 누가 자아를 증오하고 부인하려 하겠는가? 더 이상 자신이라는 존재에 매달리지 않기란 어려운 일이다. 자신의 욕망과 야망, 꿈과 목표를 제쳐 두고 빈손으로, 망가진 채로, 뉘우치는 마음으로 그리스도께 나아오기가 어디 그리 쉬운 일이겠는가? 하지만 예수님은 사람이 자신을 미워하지 않으면 하나님 나라에 들어올 수 없다고 말씀하셨다.

몇 년 전, 신학교에서 어느 1학년 학생이 눈을 동그랗게 뜨고 나에게 이렇게 물었다. "맥아더 교수님, 교수님은 어떻게 교만을 극복해 내셨습니까?" 진실하지만 어리석은 질문이었다. 왜냐하면, 누구도 이 타락한 육체를 떠날 때까지 교만을 극복할 수 없기 때문이다. 교만과 싸우는 일은 영화의 날까지 계속될 것이다. 하지만 자신의 교만을 그대로 붙잡고 있어야 한다는 것은 아니다. 구원을 받고, 성화되기 위해서는 반드시 교만이 깨져야 한다.

목회자의 교만

내가 두려워하는 것이 있다. 셰퍼드 콘퍼런스와 같은 세미나들을 다니고, 옳은 책들을 읽고, 옳은 지식을 축적한 목회자들이 의욕과 열정이 충만한 나머지 나가서 잘못된 방식으로 진리를 위한 싸움을 하는 것이다. 나는 종종 잘 준비된 목회자들이, 진리를 배우고 받아들이는 데 더딘 사람들을 마구 공격하는 모습에 두려움을 느낀다. 목회자여, 당신이 더 많이 알고 더 성숙해질수록, 그래서 당신의 사역이 더욱 영향력 있게 되고, 삶에 많은 축복이 따를수록, 교만이 자라나게 될 가능성은 더 커진다.

바울이 고린도후서에서 주님이 자신에게 "사탄의 사자를 주셨다고"(고후 12:7) 한 것이 바로 이 뜻이다. 나는 이 말씀이 고린도에 와서 교회에 물의를 일으킨 거짓 교사 무리를 지칭한 것이라고 믿는다. 그 무리가 일으킨 혼돈을 보고 사도 바울은 큰 충격에 빠졌다. 자기 인생의 많은 부분을 쏟아부은 교회가 거짓 가르침으로 갈라지는 모습을 보니, 엄청난 괴로움을 느낄 수밖에 없던 것이다. 그는 주님께 그 가시 곧 사탄의 사자가 떠나가게 해달라고 세 차례나 기도드렸다. 하지만 그는 육체가 교만해질 수 있기 때문에 하나님이 그 가시를 주셨음을 깨닫고는, 하나님이 이 사탄의 사자를 보내신 이유가 자만하지 않게 하려 하심이라고 말한다.

바울은 많은 계시를 보았고, 천국에도 다녀왔으며, 이루 형언할 수 없는 것들을 보았다. 그는 셋째 하늘에도 이끌려 갔으며, 직접 부활하신 주 예수 그리스도의 모습을 하기도 했다(고후 12:1-7). 이처럼 바울은 교만해질 수 있는 일을 많이 겪었다. 그래서 주님은 자기의 종이 교만해지지 않도록 섭리 가운데 마귀를 보내신 것이다. 이 고통 속에서 바울은 하나님의 은혜가 충분하며, 하나님의 능력은 자신의 약함 가운데 온전해진다는 사실을 깨달았다. 사랑하는 자여, **당신은 한계에 다다랐**

을 때 하나님의 능력을 경험할 수 있다.

겸손에 대한 가르침

누가복음 9장에서 예수님은 겸손에 대해서 가르치신다. 이때는 제자들이 예수님과 2년 반이 넘는 기간을 24시간 내내 함께 다닌 시점이었다. 그들은 언제나 예수님과 함께했기에 모든 장소가 교실이었고, 모든 시간이 수업이었다. 이 제자들은 끊임없이 가르침을 받았다. 예수님이 그들에게 가르치신 모든 내용은 절대적으로 옳은 것이었다. 예수님이 하신 모든 말씀은 하나님의 마음에서 나온 것이므로 제자들은 완벽한 가르침을 받았던 것이다.

더불어, 제자들은 하나님 나라의 복음을 마을마다 전하며 예수 그리스도를 대변하는 권위도 부여받았다. 이 권위는 실로 엄청나, 그들의 메시지를 받아들이지 않는 마을에서는 사람들에게 심판을 선포하며 발에서 먼지를 떨어내고 떠나기도 했다. 제자들은 귀신을 내쫓고 질병을 치유하는 능력도 받았다. 평범했던 사람들이 예수 그리스도의 이름으로 엄청난 진리와 권위, 그리고 신적인 능력을 받은 것이다. 그 결과, 그들의 육체는 교만을 이겨 내기 어렵게 되었고, 우리 주님은 이런 제자들에게 겸손이 무엇인지 가르치셔야 했다. 누가복음 9장에 바로 그 가르침이 나타나며, 겸손에 대한 예수님의 가르침은 우리에게도 그대로 적용된다.

누가복음 9장 초반을 보면, 제자들은 귀신을 제어하고, 병을 고치며, 하나님의 나라를 전파하고, 마을에 심판을 선포하며, 발에서 먼지를 떨어 버릴 수 있는 능력과 권위를 받는다. 성경은 그들이 이 능력과 권위를 가지고 "나가 각 마을에 두루 다니며 곳곳에 복음을 전하며 병을 고치더라"(눅 9:6)고 전한다. 이에 더하여, 베드로와 요한과 야고보는 예수님과 함께 산에 올라갔는데, 마침 그곳에서 예수님이 자신의 육체를 벗어 버리고 변화되셨다(28-29절). 그 산에서 세 제자는 하나님의 빛나는 영광을 보았고, 모세와 엘리야를 만났다. 경이롭고, 특별하고, 비할 데 없는 사건을 경험한 것이다.

이 모든 일을 겪은 후에 겸손하기란 힘든 일이었다. 그들이 산에서 내려오자 제자 중에서 "누가 크냐 하는"(9:46) 변론이 일어났다. 이런 언쟁 중에 어떠한 말이 오갔을 것 같은가? 아마도 제자 중 한 사람은 이렇게 말했을 것이다. "글쎄, 너희는 절대 모르겠지만, 아마 내가 가장 크지 않을까?" 그러자 야고보는 이렇게 답했을 것이다. "네가 큰 자라면 우리와 함께 그 산에 있었어야 하지 않을까?" 그 즉시 가장 큰 자가 될 수 있는 사람은 세 명으로 압축되었을 것이다. 그리고 그 셋 중 한 사람은 이렇게 말했을 것이다. "우리는 산에 올라갔었지만, 너희는 여기에 그대로 머물러 있었지." 이에 다른 제자가 끼어들며 "우리가 들렀던 마을에서 너는 몇 명이나 병을 고쳐 주었지?"라고 말했을 것이다. 그러면 이러한 대답이 나왔을 것이다. "나야 뭐 가볍게 몇 명 고쳐 주었지." 상대방은 이렇게 반박했을 것이다. "그래? 나는 중한 질병을 앓는 사람들을 다섯 명이나 고쳐 주었다고!" 이처럼 제자들 사이에서 어떤 논쟁이 있었을지 쉽게 상상할 수 있을 것이다.

제자들의 명단이 마태복음, 마가복음, 누가복음, 사도행전에 기록되어 있다는 사실은 의미심장하다. 그 명단들은 모두 네 제자로 이루어진 세 무리로 구분되어 있다. 그런데 그 세 무리의 순서는 그리스도와 친밀도가 떨어지는 순으로 이루어져 있다. 각 무리를 살펴보면 모든 제자가 자신이 속했던 무리 안에 그대로 있고, 각 무리의 첫 번째로 등장하는 이름도 변하지 않는다. 이는 무리마다 지도자가 있었다는 뜻이다. 베드로는 예수님과 가장 친밀한 무리에서도 가장 처음으로 이름이 나온다. 그는 지도자들 사이에서도 지도자였던 것이다. 이를 보면 제자들 가운데 서열이 있었다는 것을 알 수 있다. 첫 번째 무리는 매우 두드러진다. 베드로와 더불어 우레의 아들로 알려진 야고보와 요한이 그 무리에 속했다. 제자들은 이처럼 서열이 있는 환경에서 살았기 때문에, 자신들의 모든 영적인 경험, 능력을 증명할 기회, 예수님과 함께한 개인적인 순간, 심지어 산에서 겪은 놀라운 사건까지도 서로 비교하면서 누가 가장 큰 자인지를 두고 다투었다.

그 논쟁이 얼마나 심각했는지, 야고보와 요한은 어머니에게 예수님께 가서 자신들을 그의 우편과 좌편에 앉도록 간청해 달라고 부탁까지 할 정도였다. 우레의 아들들이 이렇게 한 이유는, 그들의 어머니가 예수님의 어머니와 친인척 관계라 예수님이 혹시나 가까운 사람들에게는 특혜를 주시지 않을까 기대했기 때문이다. 이들은 바른 메시지를 지니고 있었고, 하나님이 선별하신 대표자들이었지만, 여전히 교만의 문제에 사로잡혀 있었다. 이 본문에서 예수님은 제자들뿐만 아니라 우리에게도 필요한 겸손에 대해 가르침을 전하신다.

교만은 연합을 해친다

예수님이 가르치신 첫 번째 원칙은, 교만은 연합을 해친다는 것이다. 누가는 이렇게 기록했다. "제자 중에서 누가 크냐 하는 변론이 일어나니"(9:46). "변론"으로 번역된 헬라어 단어는 연합에 균열을 일으키는 다툼을 뜻한다. 이 제자들은 한 팀이었고, 서로 경쟁해서는 안 되는 사이였다. 1세대 복음 전도자였던 이들은 생명을 그리스도께 바치고 서로에게 마음을 다해야 했다. 하지만 그들은 오히려 중대한 임무를 하는 외중에 연합을 깨뜨리고 있었다. 교만은 가장 친밀한 연합도 해칠수 있다. 예수님은 자신이 곧 십자가에서 고난을 겪게 될 것이라고 제자들에게 말씀하셨지만, 그들은 예수님의 말씀에 전혀 귀 기울이지 않았다. 그들은 개인적인 영광을 바라는 열망에 사로잡혀 서로 불화하고 있었다. 이처럼 교만은 관계를 해친다.

이러한 예를 또 찾아보자. 고린도 신자들의 관계도 교만으로 인해 파괴되었다. 바울은 고린도후서 12장 20절에서 그들의 교회를 방문하는 것이 두렵다고 말한다. 왜냐하면, 그들 사이에 "다툼과 시기와 분냄과 당 짓는 것과 비방과 수군거림과 거만함과 혼란이 있을까" 걱정되었기 때문이다. 바울조차도 교만으로 인한 내분을 어찌 다루어야 할지 몰랐던 것이다.

교만은 많은 해악을 끼친다. 그래서 바울은 빌립보서 1장 27절에서 성도들이 "한뜻으로 복음의 신앙을 위하여 협력"해야 한다고 말한 것이다. 그는 빌립보 교인들에게 서로 경쟁하지 말고 연합을 지키라고 권한다.

> 그러므로 그리스도 안에 무슨 권면이나 사랑의 무슨 위로나 성령의 무슨 교제나 긍휼이나 자비가 있거든 마음을 같이하여 같은 사랑을 가지고 뜻을 합하며 한마음을 품어 아무 일에든지 다툼이나 허영으로 하지 말고 오직 겸손한 마음으로 각각 자기보다 남을 낫게 여기고 각각 자기 일을 돌볼뿐더러 또한 각각 다른 사람들의 일을 돌보아 나의 기쁨을 충만하게 하

라 너희 안에 이 마음을 품으라 곧 그리스도 예수의 마음이니 그는 근본 하나님의 본체시나 하나님과 동등 됨을 취할 것으로 여기지 아니하시고 오히려 자기를 비워 종의 형체를 가지사 사람들과 같이 되셨고 사람의 모양으로 나타나사 자기를 낮추시고 죽기까지 복종하셨으니 곧 십자가에 죽으심이라(빌 2:1-8).

당신은 목사로서 안간힘을 쓰며 연합이라는 주제로 설교를 할 수는 있을 것이다. 하지만 교회 안에 교만이 남아 있는 한 관계는 계속 파괴된다는 것을 잊지 말아야 한다.

교만은 상대적인 격차를 발생시킨다

예수님이 가르치신 두 번째 원칙은, 교만은 상대적인 격차를 발생시킨다는 것이다. 변론의 본질은 서로를 비교하여 누가 더 큰지 결정짓자는 것이다. 교만은 다른 사람보다 자신이 우월하기를 열망하며 자신을 높이려고 하는 것이다. 또한, 다른 사람과 자신을 비교하는 것이다. 예수님은 바리새인들이 그런 모습을 보인다고 책망하셨다. 이 지도자들은 사람들이 자신을 알아주는 것을 좋아했다. 연회에 가서는 명예가 있는 자리를 선호했고, 회당에서도 중요한 위치에 있고 싶어 했다. 시장에서는 존경의 인사를 받는 것을 좋아했고, 사람들이 랍비라고 불러주면 기뻐했다. 교만한 마음은 가장 높은 자리를 두고 끊임없이 다른 사람들과 싸우고 비교하게 하며, 상대적인 격차를 발생시킨다. 하지만 예수님은 위대함의 정의를 전혀 다르게 내리신다. 예수님은 이렇게 말씀하신다. "무릇 자기를 높이는 자는 낮아지고 자기를 낮추는 자는 높아지리라"(눅 14:11).

교만은 타락을 드러낸다

예수님이 가르치신 세 번째 원칙은, 교만은 죄와 타락을 드러낸다는 것이다. 누가는 "그 마음에 변론하는 것을 아시고"(9:47)라고 기록한다. 예수님은 언제나 사람의 마음을 아신다. 당신은 당신의 생각을 끊임없이 읽으시는 하나님과 3년을 보낼 수 있겠는가? 예수님이 제자들과 그렇게 행하신 것은 하나님이 불완전한 그릇을 사용하신다는 사실을 증명하는 위대한 증거일 것이다. 하나님은 우리의 모든 생각을 아시지만, 오류를 범하는 연약한 우리를 여전히 사용하신다.

당신이 분열이나 영적인 서열을 만들지 않으려고 아무리 노력한다 해도, 시간이 흐르면 마음에 있는 죄들이 나타나기 마련이다. 시간은 진실을 드러내는 법이다. 교만한 목회자라도 얼마간은 자신의 교만을 숨길 수 있겠지만, 결국에 사람들은 그가 교만한 마음으로 움직이는 목사라는 사실을 알게 된다. 이러한 이유로 사역을 짧게 마치게 된 목회자들도 있다.

주님은 이에 대해 답을 주셨다. 단지 교만이 초래하는 피해, 교만이 일으키는 상대적인 격차는 차치하고서라도 교만 자체가 죄악이라는 것이다. 예수님은 제자들이 마음에 생각하시는 바를 알고 "어린아이 하나를 데려다가 자기 곁에"(9:47) 세우셨다. 그 아이는 품에 안을 수 있을 정도의 작은 아이였다(막 9:36 참고). 이 장면은 이룬 것도 없고, 업적도 없고, 자부심도 전혀 없는 사람이 주님께 나아오는 모습을 생생하게 그려 낸다. 하나님은 당신이 얼마나 많은 학위를 가졌는지, 얼마나 광범위하게 책을 읽었는지에는 관심이 없으시다. 당신이 얼마나 소통을 잘하는지, 얼마나 강력한 통솔력을 지녔는지에도 그렇게 큰 관심을 두지 않으신다. 하나님께 나아갈 수 있는 유일한 길은 온유하고 겸손한 어린아이처럼 되는 것이다.

당시 문화권에서 어린이들은 모든 사람 중에 가장 약하고, 가장 무시당하고, 가장 연약한 존재였다. 그들은 가치 없는 존재로 여겨졌고, 대다수는 어른으로 자랄 때까지 살아남지 못했다. 예수님은 이 어린아이를 보이시면서, 제자들이 실상은 어린아이처럼 행동하면서 자신을 왕처럼 생각하고 있다는 사실을 꼬집으셨다. 교만이라는 죄는 사람이 하나님께 전적으로 의지해야 한다는 점을 인식하지 못하게 만든다.

교만은 하나님을 거부한다

예수님이 가르치신 네 번째 원칙은, 교만은 하나님을 거부한다는 것이다. 예수님은 누가복음 9장 48절에서 이렇게 말씀하신다. "누구든지 내 이름으로 이런 어린아이를 영접하면 곧 나를 영접함이요 또 누구든지 나를 영접하면 곧 나를 보내신 이를 영접함이라." 어린아이는 예수님의 제자들을 대표하는 존재다. 예수님은 우리가 어린아이와 같이 되지 않으면 하늘나라에 갈 수 없다고 말씀하셨다. 그리스도를 거절하는 자는 다른 성도들 안에 있는 하나님의 임재를 거부하는 것이다. 하나님의 자녀는 주님께 소중한 존재이므로 우리에게도 귀중한 존재일 수밖에 없다.

목사로서 우리는 절대로 다른 그리스도인들을 위해 시간을 낼 수 없다고 말하지 말아야 한다. 왜냐하면, 성령님은 모든 성도 안에 거하시기 때문이다. 제자들은 예수님이 어린아이와 어울리면서 시간을 낭비하신다고 느꼈다. 하지만 예수님이 그들에게 어떤 말씀을 하셨는지에 주목하라. "어린아이들이 내게 오는 것을 용납하고 금하지 말라 하나님의 나라가 이런 자의 것이니라"(막 10:14). 우리는 다른 성도들을 거부하고, 상처 주고, 과소평가하고 있지는 않은지 주의해야 한다. 이런 행동은 그들 안에 거하시는 그리스도께 상처를 주는 것이기 때문이다. 교만은 그리스도가 거하고 계시는 다른 성도들보다 자신이 낫다고 생각하는 것이다. 따라서 교만은 하나님을 거부하는 것이다.

교만은 사실을 뒤엎는다

예수님이 가르치신 다섯 번째 원칙은, 교만은 사실을 뒤엎는다는 것이다. "너희 모든 사람 중에 가장 작은 그가 큰 자니라"(눅 9:48). 이러한 진리는 세상을 전복시키는 것이며, 전통적인 지혜를 뒤집는 것이다. 세상의 지혜는 가장 인기 있고, 가장 잘 알려지고, 가장 영향력 있고, 가장 강력한 사람이 가장 위대한 자라고 말한다. 교만은 종이 가장 위대한 자라는 사실을 뒤엎으려고 한다. 바울은 고린도전서 1장 26-28절에서 이 진리를 강조하며 주님은 자신의 교회를 고귀한 자, 강력한 자들로 세우지 않으시고, 오히려 낮고 천하고 약한 자들로 이루셨다고 말한다. 하나님은 이렇게 하셔서 영광이 하나님의 것이며, 하나님의 목적 이외에는 교회가 존재하는 이유가 없음을 보이시는 것이다.

사랑하는 자들이여, 우리는 가장 낮고 가장 작은 자들이다. 우리의 전쟁은 누가 가장 잘 섬기는가에 초점이 맞춰져야 한다. 왜냐하면, 성경은 "너희 중에 누구든지 크고자 하는 자는 너희를 섬기는 자가 되고"(마 20:26)라고 말씀하기 때문이다. 교만은 사실을 뒤엎으려고 한다. 기독교 세계에서마저도 이러한 현상이 나타난다. 존경받고, 인기 있고, 모든 일을 성취한 사람들은 끊임없이 자신을 높이려는 경향을 보이게 된다. 우리는 하나님을 섬기는 성직자로서 반드시 힘써 이 전투를 수행해야 하며, 예수님과 같이 낮아지기 위해 애써야 한다.

교만은 배타적으로 반응한다

예수님이 가르치신 여섯 번째 원칙은, 교만은 배타적으로 반응한다는 것이다. 이 가르침을 알기 위해서는 누가복음 9장 49절을 살펴봐야 한다. "요한이 여짜오되 주여 어떤 사람이 주의 이름으로 귀신을 내쫓는 것을 우리가 보고 우리와 함께 따르지 아니하므로 금하였나이다." 여기서 우리는 요한이 배타적으로 반응하는 모습을 보게 된다. 요한은 역동적이고 의욕이 넘쳤으나, 온유한 사람은 아니었다. 그는 막 변화산에서 내려왔지만, 온유하지 못한 모습은 예전 그대로였다. 요한은 누군가가 예수 그리스도의 이름으로 귀신을 내쫓고 있는 모습을 보고 그를 막으려고 한다. 그 사람은 예수님을 따르는 제자가 아니었기 때문이다. 요한은 본질적으로 이렇게 말한 것이다. "거기 당신, 당신은 우리 무리에 속한 사람이 아니잖아. 그러니 우리 이름표를 붙이고 다니지 말라고."

우리는 이 사람이 그냥 귀신을 쫓아낸 것이 아니라, 예수님의 이름으로 귀신을 쫓아내고 있었다는 사실을 안다. 아마도 그는 예전에 파송되었던 70명의 제자 중 하나였을 것이다. 하지만 어쨌든 그는 열두 제자가 아니었다. 예수님의 이름으로 무언가를 한다는 것은 예수님의 정체성과 사명에 동조한다는 사실을 의미한다. 그는 사도는 아니었지만 분명히 예수님을 믿는 사람이었고, 그리스도의 영광을 위해 일하는 자였다. 헬라어 원문을 보면, 그 사람은 자신이 하던 일을 계속하려고 했는데, 요한과 다른 이들이 그를 따라가면서 하는 일을 막으려고 했다는 점이 분명하게 드러난다. 그 사람이 자기 무리가 아니라는 이유로 말이다.

교만은 언제나 파벌을 만들고 한정한다. 이 사람은 돈을 주고 성령님의 능력을 사려 했던 마술사 시몬(행 8:18-19)과 같이 예수님을 전혀 믿지 않는 사람이 아니었다. 다만 예수님의 제자 무리에 직접적으로 연결되어 있지 않았던 것뿐인데, 요한은 이를 문제 삼았던 것이다.

나는 때로 내가 왜 특정 단체나 특정 인물과 관계를 맺는 건지, 그리고 그들은 왜 나와 관계를 맺는 건지 주변 사람들에게서 질문을 받곤 한다. 만약 내가 우리 무리에 있는 사람들에 한해서 관계를 제한한다면, 세상은 외로운 곳이 될 것이다. 교만이 바로 그렇게 만든다. 교만은 이렇게 말한다. "나는 당신보다 더 많이 안다. 당신이 과연 나와 함께 일할 수 있을지 잘 모르겠다. 당신은 고칠 것이 있다. 당신은 도움이 필요하다. 당신은 그렇게 이해력이 뛰어나지 않다. 당신이 그렇게만 된다면 당신과 함께 일하겠다." 하지만 겸손은 이렇게 말한다. "당신이 그리스도의 이름으로 이 일을 하고 있고, 그리스도를 섬기기 위해 최선을 다하고 있다면, 나도 당신과 함께하겠다." 겸손한 사람들은 이처럼 서로를 너그럽게 포용한다.

만약 누군가가 그리스도의 편이고, 그리스도를 섬기기 위해 최선을 다한다면, 그를 막으려고 하지 말라. 예수님은 요한에게 이렇게 답하셨다. "금하지 말라 너희를 반대하지 않는 자는 너희를 위하는 자니라"(눅 9:50). 진정한 교회는 다양성이 허락된 공간이다. 나는 전 세계를 다 녔고, 예배 문화와 예배 양식, 표현 방식이 지역마다 다르다는 점을 깨달았다. 어떤 영역에서는 그들과 나 사이에 차이점이 있을 수 있고, 그들이 그리스도의 편이라면 그들이 하는 노력을 막지 말라는 명을 받은 것이다. 하지만 당신이 옳다고 생각하면 겸손하기란 어렵다. 우리는 반드시 스스로 겸비하고 우리가 여전히 과정 중에 있다는 점을 깨달아야 한다.

겸손은 다른 사람들을 높임으로써 연합을 추구하는 것이다. 겸손은 상대적인 비교를 거부한다. 겸손은 이기적인 내적 자아를 정결하게 만든다. 겸손은 하나님만을 예배의 대상으로 높이는 자들에게 속한 것이다. 겸손은 동료 성도들을 배척하는 것이 아니라 존경하고 사랑해야 한다는 것을 깨달은 자들에게 속한 것이다. **겸손은 계속 한길을 가는 것이 높이 가는 길이라는 것을 이해한 자들에게 속한 것이다.** 겸손은 참된 성도들도 다양한 양상을 지닌다는 점을 받아들이는 자들의 특징이다.

교만은 자비를 억누른다

일곱 번째이자 마지막으로 예수님이 가르치신 원칙은, 교만은 자비를 억누른다는 것이다. 우리는 누가복음 9장의 마지막 부분에 갈수록 갈릴리 사역이 마무리되고, 예수님이 예루살렘, 그리고 마침내는 십자가에 오르실 그 날이 다가오고 있음을 알게 된다(51절). 장면은 변하지만 겸손에 대한 가르침은 계속된다. 그리고 이제 어떻게 교만이 자비를 억누르는지 보게 된다. 자비를 보여 준다는 것은 너그럽고 친절하게 굴며, 이타적으로 행동하는 것을 말한다. 그 반대는 무자비다. 무자비는 악취가 나는 사람들에게 해당한다. 이들은 복수심과 독설, 사악함으로 가득 차 있다. 이 경우로 보면, 몇몇 제자는 분명히 무자비한 자들이었음을 알게 된다. 성경은 말한다. "사자들을 앞서 보내시매 그들이 가서 예수를 위하여 준비하려고 사마리아인의 한 마을에 들어갔더니 예수께서 예루살렘을 향하여 가시기 때문에 그들이 받아들이지 아니하는지라 제자 야고보와 요한이 이를 보고 이르되 주여 우리가 불을 명하여 하늘로부터 내려 저들을 멸하라 하기를 원하시나이까"(눅 9:52-54).

사마리아인은 북왕국에 남은 셈족이 이교도와 통혼하여 생겨난 혼혈인이었다. 북왕국이 앗수르의 침공을 받은 후, 그곳에 살던 사람들은 이교도와 결혼하고 앗수르 왕에게 충성하게 되었다. 그래서 유대인들은 그들을 민족과 신앙을 버린 잡종으로 여기며 혐오했던 것이다.

유대인들은 이처럼 사마리아인들을 거부했지만, 예수님은 그러지 않으셨다. 요한복음 4장을 보면, 예수님은 사마리아인들에게도 사역을 하셨다. 복음은 이방인들을 위한 것이기도 하기 때문이다. 누가복음 9장에서 예수님은 사마리아의 한 마을을 방문하여 하나님의 나라를 선포하신다. 예수님은 그곳에 다가가시면서 미리 사자를 보내어 준비하게 하셨다. 하지만 그곳에 살던 사람들은 예수님을 거부하고 그가 오시는 것을 막았다. 예수님이 예루살렘을 향해 가고 계셨기도 했고, 그들 또한 유대인들을 증오했기 때문이다. 사마리아인들은 예루살렘에서 예배하는 것을 허가받지 못하여, 그리심에서 자신들만의 예배 처소를 만들어야 했다. 설상가상으로 그들이 그리심에 건축한 성전은 기원전 128년에 파괴되고 말았다. 이 일로 그들은 유대인들을 더욱 증오하게 된 것이다.

야고보와 요한은 그들이 이렇게 거부하는 모습을 보고 주님께 묻는다. "우리가 불을 명하여 하늘로부터 내려 저들을 멸하라 하기를 원하시나이까." 믿지 않는 사람들에게 이런 반응을 보이는 것은 다소 이상한 일이다. 그들은 선교사의 마음을 지니지 못했던 것이다. 그리고 과연 이 제자들에게 그러한 권능을 발휘할 능력이 있기는 한 것일까? 그들은 어떻게 이러한 생각을 하게 된 것일까? 그들이 방금까지 변화산에서 엘리야와 함께 있었다는 사실을 기억하라. 아마도 그들은 열왕기하 1장에 기록된 사건을 떠올리며 이러한 말을 했을 것이다.

북왕국의 왕이었던 아하시야는 오십부장과 그의 군사 50명을 보내어 엘리야를 잡아 오라고 명한다. 오십부장은 엘리야를 보고 이렇게 말한다. "하나님의 사람이여 왕의 말씀이 내려오라 하셨나이다"(9절). 다른 말로 하자면 "당신은 체포되었소."라는 엄포였던 것이다. 이에 엘리야는 이렇게 답한다. "내가 만일 하나님의 사람이면 불이 하늘에서 내려와 너와 너의 오십 명을 사를지로다"(10절). 그러자 불이 하늘에서 내려와 그들을 살라 버렸다. 어리석은 왕은 또 다른 무리를 보냈고, 이 무리의 오십부장은 이렇게 말한다. "하나님의 사람이여 왕의 말씀이 속히 내려오라 하셨나이다"(11절). 이에 엘리야는 또 이렇게 답한다. "내가 만일 하나님의 사람이면 불이 하늘에서 내려와 너와 너의 오십 명을 사를지로다"(12절). 그러자 다시 한 번 하나님의 불이 하늘에서 내려와 그 무리도 살라 버렸다.

왕은 세 번째 무리를 보낸다. 그런데 이 무리의 오십 부장은 현명했다. 그는 엘리야 앞에 나아와 무릎 꿇고 엎드리며 간구한다. "하나님의 사람이여 원하건대 나의 생명과 당신의 종인 이 오십 명의 생명을 당신은 귀히 보소서"(13절). 그리고 계속해서 이렇게 말한다. "불이 하늘에서 내려와 전번의 오십부장 둘과 그의 군사 오십 명을 살랐거니와 나의 생명을 당신은 귀히 보소서"(14절). 그러자 여호와의 사자가 엘리야에게 다음과 같이 말했고, 엘리야는 그대로 행했다.

너는 그를 두려워하지 말고 함께 내려가라 하신지라 엘리야가 곧 일어나 그와 함께 내려와 왕에게 이르러 말하되 여호와의 말씀이 네가 사자를 보내 에그론의 신 바알세붑에게 물으려 하니 이스라엘에 그의 말을 물을 만한 하나님이 안 계심이냐 그러므로 네가 그 올라간 침상에서 내려오지 못할지라 네가 반드시 죽으리라 하셨다 하니라(15-16절).

우리는 17절에서 "여호와의 말씀대로" 왕이 죽었다는 사실을 확인할 수 있다.

다시 누가복음 9장으로 돌아가 보자. 제자들은 엘리야가 했던 일을 기억하고 그들도 하늘로부터 불을 내려 저들을 살라 버리겠다고 한다. 하지만 제자들은 주님께 그렇게 하라는 허락을 듣기는커녕 호되게 질책을 당한다. "그분께서 돌아서서 그들을 꾸짖으시며 이르시되, 너희가 어떤 영에 속해 있는지 너희가 알지 못하는도다. 사람의 아들은 사람들의 생명을 멸하러 오지 아니하고 구원하러 왔느니라, 하시니라. 그들이 다른 마을로 가니라"(55-56절, 한글 KJV).

예수님은 자비의 사역을 수행 중이셨는데, 제자들의 교만이 자비를 억눌러 버렸다. 우리는 복음의 반대자들을 적으로 만들지 말아야 한다. 우리와 의견이 다른 모든 사람에 대해서 부당하게 꼬리표를 붙이고, 공격하고, 욕한다면, 우리는 선교지에서 격리될 뿐이다. 잃어버린 자들은 적이 아니다. 그들은 우리의 선교지. 언젠가 불은 내릴 것이다. 하지만 그 날까지 우리는 자비의 사역에 참여하도록 명을 받았다.

이 작은 사마리아 마을은 실제로 불에서 구원받게 된다. 이후에 사도행전 8장을 보면, 초대 교회의 집사인 빌립이 사마리아에서 설교를 하는 장면이 나온다. 아마도 많은 사마리아인이 빌립의 설교를 듣고 영원한 불에서 구원받았을 것이다.

우리는 목회자로서 자비의 사역에 참여한 자들이며, 믿지 않는 자들에게 나아가도록 부름 받은 자들이다. 따라서 우리는 그들과 멀어져서는 안 된다. 하지만 교만은 자비를 억누르기 때문에 우리로 하여금 그렇게 하도록 만들 것이다. 우리가 진리를 알고, 진리를 소유하고 있는 것은 사실이다. 하지만 우리는 이 지식으로 교만하지 말아야 한다. 오히려 우리는 사랑과 겸손함으로 진리를 전해야 한다. 예수님은 말씀하셨다. "너희 하늘 아버지가 자비로우신 것처럼 너희도 자비로워라. 그리고 그리스도가 스스로 겸손하신 것처럼 너희도 겸손하여라."

PRAYER

아버지, 주님의 말씀은 귀합니다.
주님의 말씀은 풍성합니다.
주님의 말씀은 강력합니다.
겸손에 대한 이 원칙들을 잘 배우게 하소서.
예수님은 하늘에서 불을 내리실 수 있었지만,
그렇게 하지 않으시고 다른 곳으로 가셨습니다.
우리가 겸손만을 나타내고, 추악한 교만은 드러내지 않게 하소서.
다시 한 번 아버지의 은혜와 아버지의 마음에 전념하기 원합니다.
그 은혜와 말씀만이 우리를 세울 수 있으며,
우리에게 기업이 됩니다.
이를 기쁨으로 기리겠습니다.
그리스도의 이름으로 기도합니다.
아멘.

2
Ligon Duncan

제사장이 저주의 말을 두루마리에 써서
그 글자를 그 쓴 물에 빨아 넣고 _ 민 5:23

셰 퍼 드
+
라이브러리

THE SHEPHERD'S
LIBRARY

진내의 정결

리곤 던컨, 2007
민수기 5:11-31

지난 8년 동안, 나는 주일 아침에는 모세오경을 설교하고, 주일 저녁에는 시편을 설교했다. 그런데 모세오경을 설교하다가 민수기에 가까워질수록 두려운 마음이 들었다. 구약 학자인 내 친구 존 커리드는 모세오경 전체 주석을 쓰고 있는데, 창세기, 출애굽기, 레위기, 신명기를 쓰고 다시 민수기로 돌아가는 순서를 택했다. 이처럼 구약 학자도 민수기는 어느 정도 두려움과 떨림으로 접근한다.

아마도 민수기는 당신이 성경에서 제일 좋아하는 책은 아닐 것이다. 이 책을 특별히 배우고자 하는 열의도 없을 것이다. 어쩌면 오랫동안 이 부분은 읽어 보지 않았을 수도 있고, 이에 대한 설교는 더더욱 하지 않았을지도 모른다. 민수기는 36장, 1,288절로 이루어진 책이다. 그 내용은 주로 법률, 모래, 사막, 불평, 방황에 대한 것이다. 그다지 희망적인 내용 같지는 않다. 그렇지 않은가?

하지만 나는 민수기가 얼마나 중요하고, 흥미롭고, 실질적이고, 삶에 적용할 것이 많은 책인지를 보여 주려고 한다. 동시에 우리가 민수기를 볼 때 직면하게 될 몇몇 도전에 대해서도 다루려고 한다.

민수기를 볼 때 직면하게 되는 도전

역사책

우선, 민수기는 역사책이다. 그런데 지금 우리 세대는 역사를 그다지 좋아하지 않는다. 역사에 대해서 잘 모르기 때문이다. 20세기 초, 헨리 포드는 역사는 엉터리라고 가르쳤다. 우리는 20년 전에 일어났던 사건들이 현재 일어나는 사건들과 그다지 관계가 있다고 생각하지 않는다. 그리고 설사 그렇다고 쳐도 그것들을 기억하지 않는 편을 택한다. 영국의 학자인 앰브로즈 비어스는 농담으로 이렇게 말했다. "전쟁이란 하나님이 미국인들에게 지리를 가르치시는 방법이다."[1]

나는 역사에도 이 말이 해당한다고 말하고 싶다.

당신이 동의하든 동의하지 않든, 우리가 설교하는 이 책은 역사책이다. 당신이 역사를 좋아하지 않는다고 하더라도 성경의 역사는 당신이 이제껏 읽었던 어떤 역사와도 같지 않다. 캘리포니아 주민들은 예전 주지사였던 로널드 레이건을 기억할 것이다. 그는 당신이 실제로 경험한 것처럼 생생한 이야기를 통해서 역사를 들려줄 수 있는 사람이었다. 모세 역시 그렇게 할 수 있는 인물이었다. 모세는 당신이 그 이야기 한가운데 있는 것처럼 역사를 풀어나간다. 그는 이 사람들이 당신의 가족이고, 이 이야기가 당신의 이야기라는 사실을 깨닫도록 만든다. 나는 미국 최남단 출신이다. 가끔 내 아버지는 나를 묘지에 데려 가시고는 이렇게 말씀하셨다. "아들아, 이들이 너의 가족이란다." (내가 남부 사람들은 이상한 사람이라고 말하면 믿어도 좋다.) 모세는 3,400년 전으로부터 우리에게 이렇게 말하고 있다. "이들이 너의 가족이다. 이들에게서 배우라."

불순종의 책

민수기를 가르치고, 설교하고, 배우기를 어렵게 만드는 또 하나의 요인은 민수기가 끔찍한 행동을 저지른 사람들의 이야기로 가득하다는 점이다. 누가 그런 이야기를 듣고 싶어 하겠는가? 오히려 사람들은 우리의 본성에 대해서 긍정적이고, 낙관적이고, 즐겁고, 희망적인 이야기를 하자고 한다. 하지만 우리는 목회자다. 우리의 주인과 마찬가지로 우리는 의인이 아닌 죄인들에게 나아가도록 부르심을 받았다. 심지어 우리의 교회 안에도 죄와 투쟁하는 사람들이 있다. 사람들은 성령님의 강력한 역사로 그리스도를 믿는 신앙으로 나아가 예수 그리스도와 연합하도록 부르심을 받았다. 하지만 중생시키는 성령님의 주권적인 역사를 통해 영광스럽게 완전히 변화된 사람들일지라도 여전히 죄와 싸운다.

목회자의 삶은 사람 같지도 않은 사람들을 다루는 일로 점철되어 있다. 그렇다면 민수기보다 더 도움이 될 책이 있겠는가? 우리는 이스라엘 사람들과 같다. 우리는 우리의 죄에 대해서는 생각하지 않으려고 한다. 이러한 모습은 우리가 살펴야 할 매우 중요한 문제다. 우리는 우리의 죄를 깊이 생각하고 인정해야 한다. 우리의 죄가 얼마나 위험한지, 죄를 지을 때 어떤 결과가 나타나는지 제대로 봐야 한다. 그리고 죄를 회개하고 제대로 처리해야 한다. 민수기는 그렇게 할 수 있도록 우리를 도울 것이다.

독특하게 구성된 책

세 번째로, 민수기는 여러 가지 이야기로 되어 있는데, 때로 법률이나 괴상한 절차를 다루는 내용이 제멋대로 삽입된 것같이 보이기도 한다. 하지만 모세는 위대한 이야기꾼이었기에, 이 책의 구성은 탁월하다. 이 책의 이야기들은 법률에 관한 내용과 밀접한 관계가 있다. 법률에 관한 내용은 절차를 다루는 내용과 연관되어 있다. 즉, 이 모든 내용을 포괄하는 근본적인 논리가 있는 것이다. 물론 모세는 위대한 대필 작가일 뿐이다. 본질적으로는 하나님, 즉 성령님이 이 글을 쓰신 것이다. 따라서 이러한 구성이 나오게 된 논리를 이해하기만 한다면, 다양한 방식으로 진리를 알게 하는 모세의 흐름을 따라 이 책의 진가를 더욱 잘 파악하게 될 것이다.

바울이 민수기에 대해 이야기한 9가지

혹시 아직도 민수기의 중요성을 확신하지 못했을 수도 있으니, 신약성경, 특히 사도 바울과 고린도전서 10장으로 여러분을 안내하고자 한다. 그리고 나서는 우리 모두 다 잘 알고 있고 즐겨 부르는 찬송가의 내용을 한번 살펴보려고 한다. 이렇게 하는 이유는 민수기가 우리의 삶에 잘 적용될 수 있는 책이자, 많은 도움이 되는 책이며, 우리를 성숙하게 하는 매우 중요한 책이라는 사실을 여러분에게 확신시켜 주고자 함이다.

고린도전서 10장 1-13절을 찾아보자. 바울이 이 본문에서 하는 모든 이야기는 광야에서 발생한 사건으로, 모세가 출애굽기와 민수기에 기록한 내용에 관한 것들이다. 이 사도가 고린도에 있는 그리스도인들에게 전하려고 했던 핵심 메시지는 모두 민수기에서 나온 내용이었다. 바울은 민수기가 우리에게 도움이 되고, 삶에 적용할 것이 많으며, 우리를 성숙하게 하는 중요한 책이라고 말하고 있는 것이다. 바울은 더 나아가 민수기가 우리를 위해 기록되었다고 말한다. 민수기에 기록된 사건들이 우리의 유익을 위해 기록되었으며, 하나님은 우리가 그들에게서 어떻게 살아가야 하는지를 배우기 원하셨다고 말한다.

바울이 기록한 내용을 보자.

형제들아 나는 너희가 알지 못하기를 원하지 아니하노니 우리 조상들이 다 구름 아래에 있고 바다 가운데로 지나며 모세에게 속하여 다 구름과 바다에서 세례를 받고 다 같은 신령한 음식을 먹으며 다 같은 신령한 음료를 마셨으니 이는 그들을 따르는 신령한 반석으로부터 마셨으매 그 반석은 곧 그리스도시라 그러나 그들의 다수를 하나님이 기뻐하지 아니하셨으므로 그들이 광야에서 멸망을 받았느니라 이러한 일은 우리의 본보기가 되어 우리로 하여금 그들이 악을 즐겨 한 것같이 즐겨 하는 자가 되지 않게 하려 함이니 그들 가운데 어떤 사람들과 같이 너희는 우상 숭배하는 자가 되지 말라 기록된바 백성이 앉아서 먹고 마시며 일어나서 뛰논다 함과 같으니라 그들 중의 어떤 사람들이 음행하다가 하루에 이만삼천 명이 죽었나니 우리는 그들과 같이 음행하지 말자 그들 가운데 어떤 사람들이 주를 시험하다가 뱀에게 멸망하였나니 우리는 그들과 같이 시험하지 말자 그들 가운데 어떤 사람들이 원망하다가 멸망시키는 자에게 멸망하였나니 너희는 그들과 같이 원망하지 말라 그들에게 일어난 이런 일은 본보기가 되고 또한 말세를 만난 우리를 깨우치기 위하여 기록되었느니라 그런즉 선 줄로 생각하는 자는 넘어질까 조심하라 사람이 감당할 시험 밖에는 너희가 당한 것이 없나니 오직 하나님은 미쁘사 너희가 감당하지 못할 시험당함을 허락하지 아니하시고 시험당할 즈음에 또한 피할 길을 내사 너희로 능히 감당하게 하시느니라.

여러분도 이 본문을 통해 사도 바울이 민수기에서 전하려고 한 9가지를 깨달을 수 있기 바란다.

첫째, 바울이 "우리를 깨우치기 위하여" 광야에서 일어난 사건을 기록했다는 점에 주목하라. "우리는 반드시 구속사적인 설교만 해야 한다"고 하는 사람들이 있다. 그들은 구속사적인 설교를 해야만 어떠한 본문에서도 하나님의 구속 목적이라는 큰 그림으로 관심을 돌릴 수 있다는 뜻에서 그렇게 주장한다. 이러한 견지를 유지하는 이들은 구약 성경의 내용으로는 적용을 하지 말아야 하며, 설교할 때 구약 성경에서는 어떠한 예도 들지 말아야 한다고 주장한다. 그렇게 하면 도덕주의가 되기 때문이라고 한다. 하지만 오히려 **우리는 그리스도의 구속 사역에 집중하면서도 어느 특정한 이야기가 어떻게 이 위대한 성경의 주제가 발전해 나가는 데 이바지하는지 집중해야 한다.**

물론 구속사적 설교를 옹호하는 사람들이 강조하는 것 중에는 우리에게 도움이 되는 내용이 많이 있다. 십자가와 복음에 집중하지 않는 주석들을 바로잡는 데도 도움이 된다. 하지만 이러한 관점에는 문제가 있으며, 신약 성경을 보면 분명히 그 문제가 발생한다. 신약 성경은 구약 성경의 예를 들어 그리스도인들에게 적용하기 때문이다. 그 내용은 긍정적인 것일 때도 있고, 부정적인 것일 때도 있다. 고린도전서 10장 1-13절에서 사도 바울이 바로 이러한 일을 하고 있다. 바울은 민수기의 기록을 따라 이스라엘 백성이 광야에서 자행한 일을 언급하며, 고린도인들과 우리에게 이렇게 말한다. "그들이 한 짓을 똑똑히 보았는가? 너희는 그렇게 하지 말라."

예수님도 제자들을 돌아보시면서 구약 성경의 예를 들어 말씀하셨다. "롯의 처를 기억하라"(눅 17:32). 야고보는 구약 성경의 긍정적인 예를 들어 이렇게 말했다. "이 사람들이 그리스도인답게 기도하도록 만들긴 해야 하겠는데, 가만 보자. 누가 적절한 예가 될 수 있을까? 그렇지! 엘리야가 있군! 엘리야처럼 기도하라. 그 땅에는 가뭄이 있었지만, 이 사람이 기도를 드리자 하나님이 비를 내려 주셨다. 그리스도인들이여, 너희는 바로 이렇게 기도해야 한다. 엘리야처럼 기도하라"(약 5:16-18 참고).

신약에는 영감을 받은 성경의 저자가 구약을 사용하여 성도들에게 그리스도인의 삶을 살도록 격려하고 권하는 본보기들이 가득하다. 바울이 고린도전서 10장에서 하는 일도 바로 그런 것이다. 바울은 광야에서 일어났던 일들이 우리에게 본보기가 되기 위한 것이라고 말한다 (5-6절).

둘째, 바울은 광야에서 일어났던 사건들이 우리에게 주는 도덕적인 경고로서 하나님이 고안하신 것이라고 말하고 있다는 점에 주목하라. 6절을 보자. "이러한 일은 우리의 본보기가 되어 우리로 하여금 그들이 악을 즐겨 한 것같이 즐겨 하는 자가 되지 않게 하려 함이니." 그러한 일들은 우리에게 죄의 위험성을 경고하기 위해 도덕적 훈계를 주고자 고안된 것이다.

셋째, 다시 한 번 주목해 보라. 6절에서 바울은 이러한 일들이 우리의 본보기로만 삼기 위해 기록된 것이라고 말하지 않는다. "이러한 일은 우리의 본보기가 되어 …… 않게 하려 함이니"라고 바울은 말한다. 우리는 이 말씀에서 숨이 막힐 정도로 깜짝 놀라야 한다. 남자들은 아내를 잃었고, 여자들은 남편을 잃었다. 부모들은 자녀를 잃었고, 자녀들은 부모들과 조부모들을 광야에서 잃었다. 바울은 절대로 하나님의 백성이 광야에서 경험한 일들을 가볍게 여기는 것이 아니다. 하지만 그는 이 일들이 하나님이 당신에게 본보기로 보여 주시려고 일어나게 하신 것이라고 분명하게 말한다. 이는 하나님이 당신을 얼마나 사랑하시는지, 당신을 얼마나 관심 있게 보살피시는지를 보여 준다. 하나님은 생명을 헛되게 낭비하는 분이 아니시다. 하나님은 생명을 창조하신 분이기 때문이다. 하나님은 결코 자기 백성의 생명을 가볍게 대하지 않으신다. 하지만 셀 수 없이 많은 사람의 생명이 하나님의 섭리 안에서 영향을 받은 것이다. 바울은 말했다. "이 일은 당신을 위하여 일어났다." 더 나아가 우리는 "그들은 우리의 가족이다."라고 말해야 한다.

넷째, 민수기의 사건들은 그리스도인들에게 교훈이 된다. 7절을 보라. "그들 가운데 어떤 사람들과 같이 너희는 우상 숭배하는 자가 되지 말라." 그리고 11절을 보라. "그들에게 일어난 이런 일은 본보기가 되고 또한 말세를 만난 우리를 깨우치기 위하여 기록되었느니라." 하나님은 섭리 가운데 민수기에 기록된 사건들 속에서 이미 새 언약을 믿는 자들을 염두에 두고 계신 것이다.

다섯째, 바울이 특히 이 교훈들을 네 가지 영역에 걸쳐 신약의 성도들에게 적용했다는 점에 주목하라. (1) "우상 숭배하는 자가 되지 말라"(7절)는 것이다. 성경 전체는 우상 숭배에 대한 총공격으로서 기록되었다고 할 수 있다. 바울은 민수기에서 우리가 우선 우상을 숭배하는 자가 되지 말아야 한다는 점을 배우기 원했다. 당신은 이것이 그리스도인의 모임의 생명력을 지키는 데 얼마나 중대한 일인지 상상조차 못할 것이다. 그저 교회 의자에 앉아 있는 한 무리에 속한 개인이 아니라 진정한 제자가 되기 위해, 우리는 삶의 모든 영역에서 참되신 한 분 하나님을 예배하는 데 전심을 기울여야 한다.

(2) 바울은 광야에서 방황했던 이스라엘의 이야기를 통해 부도덕해서는 안 된다고 선포한다. 오늘날 유해한 문화의 공격을 받는 많은 사람이 이렇게 생각하기 시작했다. '우리는 도덕적인 문제에 관해서 너무나 편협하다. 교회는 우리 문화에 존재하는 성적 다양성을 인정할 만큼 대범해야 한다.' 이와 정반대로 사도 바울은 8절에서 이렇게 말한다. "그들 중의 어떤 사람들이 음행하다가 하루에 이만삼천 명이 죽었나니 우리는 그들과 같이 음행하지 말자."

(3) 바울은 우리에게 이스라엘이 한 것처럼 주제넘게 하나님을 시험해서는 안 된다고 말한다.

(4) 우리는 그들처럼 섭리를 원망하지 말아야 한다(7-10절). 바울은 이런 식으로 민수기를 신약 시대 성도들에게 적용하여 도덕적인 교훈을 주었다.

여섯째, 이 일은 그리스도인들을 위하여 일어나기만 한 것이 아니라, 11절에서 보듯이 그리스도인들을 위하여 "기록되었다"고 한다. 하나님은 의도적으로 이 사건들을 우리를 위해 기록하셨다. "그들에게 일어난 이런 일은 본보기가 되고 또한 말세를 만난 우리를 깨우치기 위하여 기록되었느니라." 이 이야기가 성경에 기록으로 남게 된 것은 새로운 언약 백성에게 유익이 되게 하기 위한 하나님의 계획이었던 것이다.

일곱째, 사도 바울은 이 본문에서 우리가 이스라엘 사람들처럼 타락하지는 않을 것이라고 자만하지 말라고 경고한다. "새 언약의 그리스도인들이여, 단지 당신이 십자가의 영광을 보았다는 이유로 광야의 이스라엘 자손들처럼 타락의 유혹에 넘어가지는 않을 것이라고 자신하지 말라."

여덟째, 우리는 유혹을 이기고 실패를 피하기 위해 이스라엘 사람들이 겪은 유혹과 실패에서 배워야 한다(13절). 진부한 말이기는 하지만 역사에서 배우지 못한 사람은 그 역사를 되풀이하게 된다는 말을 들어 본 적이 있을 것이다. 그렇다. 그리고 이는 영적으로도 사실이다. "그리스도인들이여, 그들의 실패를 보라. 그들이 당한 유혹을 보라. 그리고 그것들을 피하라."

아홉째, 사도 바울은 이 모든 광야 이야기의 중심에는 그리스도가 있다고 말한다(4절). 그리스도는 그들을 따르는 반석이었다. 따라서 이 이야기의 핵심은 그리스도를 높이는 것이다.

찬송가에서 찾아볼 수 있는 증거

바울의 말로도 충분하지 않다면, 다음의 찬양 한 곡을 생각해 보길 권한다. 바로 웨일스의 위대한 기독교 시인 윌리엄 윌리엄스가 쓴 "나그네와 같은 내가"(Guide Me, O Thou Great Jehovah)라는 찬송이다. 이 찬송은 윌리엄 윌리엄스가 그리스도인으로서 민수기에 기록된 이야기를 묵상한 내용으로, 민수기를 그리스도인들에게 적용한 것이라고 할 수 있다. 이 찬양을 불러 본 적이 있는가? 그렇다면 당신은 현대 성도들에게 적용한 민수기의 내용을 찬양했던 것이다.

민수기 5장 소개

이제쯤이면 당신이 민수기가 영광스럽고, 유익하며, 우리 삶에 적용할 수 있고, 연구해 볼 가치가 있는 흥미로운 책이라는 사실을 깨달았으리라 믿는다. 그렇다면 민수기 5장으로 가보려고 한다. 이 장은 세 부분으로 간추릴 수 있는데, 1-4절은 사람을 더럽히고 진에서 방출하도록 하는 신체적인 부정을 다룬다. 5-10절은 사람을 더럽히고 진에서 방출하도록 하는 도덕적인 죄를 다룬다. 마지막으로 11-31절은 혼인 관계의 부정 또는 그에 대한 두려움으로 초래되는 가정 내의 갈등을 다룬다. 이 세 가지 내용이 한 장에 모여 있는 이유는, 모두 진을 더럽히는 문제와 관련 있기 때문이다.

민수기의 처음 다섯 장은 이스라엘 사람들이 그들 중에 계신 하나님과 어떻게 함께 살아야 하느냐의 문제를 다룬다. 하나님은 거룩하신 분이기에 그의 백성은 하나님처럼 거룩해지기 위해 몇 가지 요구 사항을 지켜야 했다. 따라서 5장은 필수적인 부분이라고 할 수 있다. 진을 더럽히고, 하나님의 명예를 더럽히는 것이 무엇인지를 분명히 밝히는 내용이기 때문이다. 이스라엘 사람들은 결국 더럽혀진 사람들의 문제를 매우 진지하게 다루어야 했다.

민수기 5장 1-10절 말씀은 더럽혀진 사람들에게서 분리되는 것이 실제로 매우 중요한 문제라는 사실을 직접적으로 보여 준다. 이 목록에 포함된 모든 신체적인 부정함은 그들의 진, 그리고 사실상 그들의 생명에 잠재적인 위험이 되었기 때문이다.

당시에는 항생제가 없었다. 따라서 질병이 산불처럼 진내에 걷잡을 수 없이 퍼질 수도 있었을 것이다. 사체를 만져 박테리아와 접촉하거나, 혈액 질환이 있는 사람과 닿아 박테리아가 옮거나, 나환자와 접촉하여 위험한 전염병이 번지면 공동체에 큰 해가 될 것이다. 이는 신체적인 부정함을 지닌 사람들을 진에서 격리해야 하는 명백한 근거가 된다.

물론 그들을 그런 식으로 구분해야 하는 신학적인 이유는 분명하다. 이 전체 본문은 하나님이 어떤 분이신지를 우리에게 가르쳐 주고 있다. 이러한 맥락에서 보자면, 중요한 사실은 하나님이 거룩하시고, 하나님이 우리 가운데 거하신다는 점이다. 거룩하신 하나님이 우리 가운데 거하시므로 하나님과 가까이 살려면 우리는 몇 가지 조건을 지켜야 한다. 이러한 법들은 하나님 중심적이다. 이러한 법들은 궁극적으로 하나님을 가리키는 것이며, 하나님이 어떤 분이신지, 하나님이 어떤 일을 하셨는지 가르쳐 준다.

이 부분은 자명한 내용이라고 할 수 있다. 하지만 이어서 나오는 왜곡된 혼인 관계에 관한 부분은 일견 괴상하고, 우리에게 적용할 수 없을 것처럼 보인다. 이제 이 내용으로 여러분의 관심을 돌려보려고 한다. 11-31절 말씀을 살펴보자.

여호와께서 모세에게 말씀하여 이르시되 이스라엘 자손에게 말하여 그들에게 이르라 만일 어떤 사람의 아내가 탈선하여 남편에게 신의를 저버렸고 한 남자가 그 여자와 동침하였으나 그의 남편의 눈에 숨겨 드러나지 아니하였고 그 여자의 더러워진 일에 증인도 없고 그가 잡히지도 아니하였어도 그 남편이 의심이 생겨 그 아내를 의심하였는데 그의 아내가 더럽혀졌거나 또는 그 남편이 의심이 생겨 그 아내를 의심하였으나 그 아내가 더럽혀지지 아니하였든지 그의 아내를 데리고 제사장에게로 가서 그를 위하여 보리 가루 십분의 일 에바를 헌물로 드리되 그것에 기름도 붓지 말고 유향도 두지 말라 이는 의심의 소제요 죄악을 기억나게 하는 기억의 소제라 제사장은 그 여인을 가까이 오게 하여 여호와 앞에 세우고 토기에 거룩한 물을 담고 성막 바닥의 티끌을 취하여 물에 넣고 여인을 여호와 앞에 세우고 그의 머리를 풀게 하고 기억나게 하는 소제물 곧 의심의 소제물을 그의 두 손에 두고 제사장은 저주가 되게 할 쓴 물을 자기 손에 들고 여인에게 맹세하게 하여 그에게 이르기를 네가 네 남편을 두고 탈선하여 다른 남자와 동침하여 더럽힌 일이 없으면 저주가 되게 하는 이 쓴 물의 해독을 면하리라 그러나 네가 네 남편을 두고 탈선하여 몸을 더럽혀서 네 남편 아닌 사람과 동침하였으면 (제사장이 그 여인에게 저주의 맹세를 하게 하고 그 여인에게 말할지니라) 여호와께서 네 넓적다리가 마르고 네 배가 부어서 네가 네 백성 중에 저줏거리, 맹셋거리가 되게 하실지라 이 저주가 되게 하는 이 물이 네 창자에 들어가서 네 배를 붓게 하고 네 넓적다리를 마르게 하리라 할 것이요 여인은 아멘 아멘 할지니라 제사장이 저주의 말을 두루마리에 써서 그 글자를 그 쓴 물에 빨아 넣고 여인에게 그 저주가 되게 하는 쓴 물을 마시게 할지니 그 저주가 되게 하는 물이 그의 속에 들어가서 쓰리라 제사장이 먼저 그 여인의 손에서 의심의 소제물을 취하여 그 소제물을 여호와 앞에 흔들고 제단으로 가지고 가서 제사장은 그 소제물 중에서 한 움큼을 취하여 그 여자에게 기억나게 하는 소제물로 제단 위에 불사르고 그 후에 여인에게 그 물을 마시게 할지라 그 물을 마시게 한 후에 만일 여인이 몸을 더럽혀서 그 남편에게 범죄하였으면 그 저주가 되게 하는 물이 그의 속에 들어가서 쓰게 되어 그의 배가 부으며 그의 넓적다리가 마르리니 그 여인이 그 백성 중에서 저줏거리가 될 것이니라 그러나 여인이 더럽힌 일이 없고 정결하면 해를 받지 않고 임신하리라 이는 의심의 법이니 아내가 그의 남편을 두고 탈선하여 더럽힌 때나 또는 그 남편이 의심이 생겨서 자기의 아내를 의심할 때에 여인을 여호와 앞에 두고 제사장이 이 법대로 행할 것이라 남편은 무죄할 것이요 여인은 죄가 있으면 당하리라.

민수기 5장에서 주목할 점

이 본문에서 주목해야 할 다섯 가지가 있다. 첫째, 외적으로만 판단한다면 이 의식은 괴상하게 보일 수 있다. 하지만 우리는 이 의식에 담긴 포괄적인 신학적 의의를 봐야 한다. 이 의식은 굉장히 남성 우월주의적인 것처럼 비치기도 하기 때문이다. 둘째, 우리는 이 의식이 하나님의 모든 백성에게 성적 순결이 중요하다는 사실을 가르치고 있음을 알아야 한다. 성적 순결은 단지 당신 개인에 관한 문제가 아니다. 또한, 당신과 하나님의 관계에 관한 문제만인 것도 아니다. 이는 하나님의 모든 백성에게 영향력을 미치는 문제다. 셋째, 우리는 이 의식이 성경에 나오는 하나님이 정하신 규례들과 더 나아가 세례와 성찬식에 대해서도 가르친다는 점을 봐야 한다. 넷째, 우리는 이 의식이 결혼의 중요성과 더불어 결혼이 하나님의 백성인 우리에게 어떤 의미가 있는지 가르치고 있다는 점을 봐야 한다. 다섯째, 우리는 이 의식이 그리스도가 십자가에서 행하신 사역에 대해서 가르치는 바를 주목해야 한다.

이 다섯 가지를 더욱 명확하게 하기 위하여 다른 말로 표현해 보겠다. 하나, 큰 그림을 보라. 둘, 성적 순결이 하나님의 모든 백성에게 중요한 이유를 보라. 셋, 서약을 묘사하고 있는 내용으로 이 본문을 보

라. 넷, 이 본문이 결혼의 신성함에 대해 무슨 이야기를 하는지 보라. 다섯, 이 말씀이 그리스도의 구속 사역에 대해 무슨 이야기를 하는지 보라.

큰 그림

첫째, 우리는 이 본문의 목적을 이해해야 한다. 설사 당신이 고대 근동에 대해서 잘 알지 못한다고 하더라도, 여기에서 묘사된 재판 과정이 다른 문화권에서도 종종 발견되는 시죄법(trial by ordeal, 물, 불, 독 등을 써서 피고에게 육체적 고통이나 시련을 가하고, 그 결과에 따라 죄의 유무를 판단하는 재판 방법—편집자 주)과 전혀 다르지 않다는 점을 쉽게 알 수 있을 것이다. 고대 세계에서는 범죄를 입증하지 못했을 때, 범인으로 추정되는 사람의 죄의 유무를 가리기 위해 시죄법을 사용했다.

하지만 유사성은 거기까지일 뿐이다. 본문에서는 분명한 차이점, 즉 유한한 인간의 마음으로는 도저히 알 수 없을지라도 하나님의 방법은 공정하고 지혜롭다는 사실을 우리에게 보여 준다. 예를 들어, 마우리아 왕조의 법전이나 고대 세계의 다른 문화권에서 만들어진 법률들을 보면, 피의자는 무죄가 밝혀질 때까지 죄인 취급을 받았다. 시죄법을 거행할 때는 잔인한 검증 방법을 사용하기도 했다. 예를 들어, 간통 혐의를 받는 여성은 끓는 물이 담긴 솥에 한 손을 담가야 했고, 손을 꺼냈을 때 아무 상처가 없으면 무죄로 여겨졌다. 때로는 용의자들에게 강제로 시뻘겋게 달아오른 쇠막대를 쥐게 하기도 했는데, 쇠막대를 손에서 떼어 낼 때, 쇠막대에 손이 붙지 않고 손에 피부가 남아 있으면 무죄라고 했다.

하지만 민수기 5장의 내용은 전혀 다르다. 우리는 그 모든 시험 과정이 하나님의 말씀이 실제로 역사하느냐 그렇지 않으냐에 달렸다는 사실을 보게 된다. 여기에는 마법적인 요소가 전혀 없다. 잔인한 검증 과정도 없다. 오히려 이러한 판별 과정은 하나님의 말씀이 사실이며, 말씀은 마음의 가장 깊은 곳도 살필 수 있다는 사실을 전제로 한다.

이 경우에 그 여성은 말 그대로 하나님의 말씀을 마시게 된다. 그러면 그 말씀이 그 여성을 심판하는 것이다. 다른 고대 중동에서 시행했던 시죄법과는 다르게 이 과정은 신체적으로 안전했다. 먼지를 탄 물을 마시는 것이 유쾌한 일은 아니었겠지만, 그 물을 마신다고 해서 신체적으로 해로울 것은 전혀 없었다. 또한, 이 과정이 세심하게 통제되었고, 공개적으로 이루어졌다는 사실을 기억해야 한다.

따라서 우리 문화의 관점에서는 이상하게 보일 수 있지만, 크게 보자면 하나님이 정하신 시죄법은 공정하고 지혜로운 것이었다. 하지만 여전히 의문이 남아 있을 것이다. "왜 이 본문이 여기에 있는 것인가?" 이에 대한 답은 이 구절에서 바로 찾아볼 수 있다. 답은 매우 간단하다. 간음은 그 사람을 부정하게 할 뿐 아니라, 결국은 그 진을 오염시키기 때문이다. 나병, 출혈, 사체가 진을 더럽히는 것처럼 간음 역시 하나님의 진을 더럽힌다. 이런 방법으로 하나님은 신앙과 행동은 함께 가는 것이라고, 진리와 실천은 함께 가는 것이라고, 믿음과 삶은 함께 가는 것이라고 말씀하신다. **하나님을 사랑하면서 이교도처럼 살아갈 수는 없다. 하나님을 사랑한다면 반드시 제자처럼 살아야 한다.**

이 전체 구절은 자신의 백성이 한결같은 제자도를 지키도록 하는 데 하나님이 지대한 관심을 가지고 계심을 강조하는 내용이다. 한결같은 제자도란 마음과 말과 삶이 일관된 것을 말한다.

성적 순결의 중요성

둘째, 이 구절은 성적 순결이 하나님의 모든 백성에게 중요하다는 사실을 분명히 밝힌다. 여기에는 당신의 성적 순결과 나의 성적 순결도 포함된다. 아내를 의심하며 감정이 상한 남편이 있다고 하자. 그런데 그 남편의 질투심이 얼마나 불타고 있는지와 상관없이 남편의 손으로 이 문제를 해결하지 못하도록 했다는 점이 흥미롭지 않은가? 남편은 스스로 이 일을 처리하는 대신 반드시 제사장에게 가야 했다. 예수님의 가르침 중 "교회에 말하고"(마 18:15-20 참고)라는 말씀에서 그 반향이 울리는 것 같지 않은가? '웨스트민스터 신앙고백', '1689 침례신앙고백', '사보이 신앙고백' 모두 간음과 이혼의 문제에 관해서는 개개인의 양심의 문제로 남겨 두지 말고 반드시 이 문제를 교회로 가져올 것을 강조한다. 민수기에서 모세는 하나님의 백성에게 성적인 부도덕함은 영적인 문제이므로 하나님의 모든 백성에게 영향을 미치게 된다고 가르친다. 개인적인 성적 부도덕함 또는 부당한 질투심은 하나님의 모든 백성에게 영향을 미치는 문제인 것이다.

여기에서 이렇게 반문할지도 모른다. "왜 질투심에 불타는 남편에 관한 법밖에 없는가? 그것만으로도 남성 우월주의적인 사고방식이라고 할 수 있지 않은가?" 이에 나는 세 가지로 답하겠다. 첫째, 나도 잘 모른다. 사실 구약의 다른 내용을 고려할 때, 이 법률이 실제로 실행되었는지 확인할 길이 없다. 이 부분을 제외한 구약 성경 어디에도 이에 대한 기록이 남아 있지 않기 때문이다. 그래서 나는 이 법이 질투하는 남편만을 위한 것인지, 질투하는 부인에게도 해당하는 것인지 잘 모르겠다.

하지만 둘째, 이 구절을 보고 하나님의 법은 남편들에게만 유리하도록 경도된 남성 우월주의적인 것이라고 할 수는 없다. 왜냐하면, 간음에 관한 법률은 남편과 부인 모두에게 해당하기 때문이다. 모세는 이미 부정을 저지른 남편과 아내 모두 사형에 처한다고 했다. 하나님이 남편들은 눈감아 주시고, 가련하고 무방비 상태인 여성들은 괴롭히시는 것이 아니다.

셋째, 사실 여기에는 부정을 저질렀다고 부당하게 의심받는 아내를 보호하기 위한 논리가 있다. 전 세계 여러 문화를 보면, 심지어 오늘날에도 남편이 자기 아내를 질투하여 아내가 결국 큰일을 당하게 되는 일이 벌어지기도 한다. 하지만 마을의 대표를 찾아와서 상의하는 일은 없다. 그저 남편 혼자 일을 해결해 버리는 것이다. 그런데 이 구절을 보면 남편은 그렇게 할 수 없다. 아내를 의심하는 남편은 반드시 그 아내를 제사장에게 데려와야 했다. 이렇게 공개적인 과정을 통해서도 남편이 이해하지 못한다면, 무엇으로도 남편을 이해하게 할 수 없을 것이다. 남자는 때로 심각한 질투에 빠질 수 있다. 따라서 하나님은 그분의 지혜와 섭리로 이스라엘 백성이 사악한 유혹에 빠지지 않도록 안전한 길을 규정하신 것이다.

이 본문은 성적인 부도덕성이 영적인 문제이며, 성적인 부도덕성을 의심할 때 생기는 부당한 질투 또한 영적인 문제임을 가르쳐 준다. 즉, 이 두 가지는 하나님의 모든 백성에게 영향을 미치는 문제들인 것이다.

서약을 묘사함

셋째, 그들은 자기 자신을 저주하는 맹세를 한다. 자신에게 저주를 내리고, 파멸을 선포하며, 심판을 내리겠다는 맹세를 하는 것이다. 17절을 보면, 의심받는 아내는 반드시 거룩한 물, 곧 성전 뜰의 흙을 탄 물을 마셔야 했다. 여기서 우리는 성전 뜰의 흙이 속죄소 매우 가까운 곳에 있었다는 사실을 기억해야 한다. 속죄소는 하나님이 임재하셔서 자기 백성과 만나 주시는 장소였다. 따라서 성전 뜰의 흙은 거룩한 땅에서 나온 것이라고 할 수 있다. 이스라엘의 자손은 모세오경을 받은 자들이라는 사실 또한 기억해야 한다. 그들은 흙을 먹고 살게 된 뱀의 이야기를 마음속 깊이 새기고 있었다. 그들은 자신의 선조들이, 자기 부모가, 그리고 심지어 그들 자신이 금송아지를 태운 재를 마셔야 했다는 사실도 기억하고 있었다. 따라서 간음을 저질렀다고 의심받는 여자는 언약궤, 즉 하나님의 심판을 일깨우는 대상에 가까이 있던 거룩한 것을 자신의 몸 안에 받아들여야 했던 것이다.

18절에 따르면, 의심받는 여자는 이 서약을 할 때 그 손에 주님께 드릴 제물을 준비해야 했다. 예수님의 말씀을 보면 이 구절을 이해하는 데 도움이 될 것이다. "그러므로 예물을 제단에 드리려다가 거기서 네 형제에게 원망 들을 만한 일이 있는 것이 생각나거든 예물을 제단 앞에 두고 먼저 가서 형제와 화목하고 그 후에 와서 예물을 드리라"(마 5:23-24). 예수님이 가르치신 내용의 핵심은 위선을 행하면서 예물을 드리지 말라는 것이다. 혐의를 받는 여성은 제물을 드리면서 다음과 같은 압박을 받게 된다. "당신이 이 일을 행했다면, 당신이 유죄라면, 당신은 하나님의 집에서 위선자로 예배를 드리는 것이다. 따라서 하나님의 저주가 당신에게 임할 것이다."

이제 목회적으로 말해 보자. 이 의식의 모든 요소는 그 여성에게 진실할 것과 만약 죄가 있다면 회개하는 것이 매우 중요하다는 사실을 보여 준다. 이는 하나님의 호의를 나타내는 것이다! 하나님은 죄가 우리를 속여, 우리 마음 가장 은밀한 곳에 숨어 있다는 사실을 아셨다. 우리의 죄는 절대로 공개적으로 드러나려 하지 않는다. 따라서 하나님은 공격적으로 그 죄를 추적하시고, 사람이 자신에게 죄가 있음을 알고 은혜와 회개가 필요함을 인정하도록 의식을 제정하신 것이다.

본질적으로 우리는 이 장면에서 서약을 맺는 상황을 생생하게 보게 된다. 이 여성은 자기 자신에게 하나님의 저주의 말씀을 내림으로써 서약을 맺는다. 이렇게 서약을 맺는 상황은 세례식과 성찬식이라는 의식을 통해서 긍정적인 모습으로도 나타나게 된다. 세례식에 사용하는 물은 우리가 성령님의 역사를 통해 그리스도와 연합하게 되었다는 사실을 일깨워 준다. 성찬식은 우리가 오직 그리스도 안에서 초대를 받아 하나님의 식탁에서 하나님과 교제를 나누게 되었다는 사실을 일깨워 준다. 민수기 5장에서 저주에 대한 그림을 봤다면, 세례식과 성찬식에서는 약속의 그림을 보는 것이다.

결혼의 신성함

넷째, 민수기 5장은 결혼의 신성함을 확인해 준다. 이 공개적인 조치는 결혼의 중요성을 강조한다. 또한, 부부의 정절이 온 공동체, 그리고 하나님과 우리의 관계에 영향을 미치는 영적인 문제라는 점도 보여 준다. 모세가 말하려고 하는 핵심 주제는 결혼 생활에서 부정을 저지르면 하나님의 백성이 될 수 없다는 것이다. 신약은 결혼이 복음의 실사판이라고 하면서 이러한 개념을 더욱 강조한다. 결혼은 그리스도와의 연합을 묘사한다. 이는 하나님과 하나님의 백성이 맺는 관계, 즉 은혜로만 얻을 수 있는 관계를 묘사한다. 따라서 우리는 복음을 위하여 결혼 생활을 통해 복음을 살아내야 한다. 베드로는 바로 이런 이유로 남편들에게 아내를 바르게 대해야 한다고 말한다. 그리고 그는 "너희 기도가 막히지 아니하게 하려 함이라"(벧전 3:7)라고 한다. 왜냐하면, 결혼은 복음을 묘사하는 것이기 때문이다.

나는 특히 하나님의 교회를 이끄는 지도자들에게 이 말을 하고 싶다. 당신의 결혼 생활에서 가장 중요한 것이 무엇인가? 바로 복음이다! 당신이 그리스도를 사랑하고, 당신의 아내도 그리스도를 사랑하며, 당신이 그리스도의 사람들을 즐겁게 섬긴다고 하더라도, 당신과 아내의 관계가 바르지 않다면, 그 틀어진 관계를 바로잡는 일을 최우선 과제로 삼아야 한다. 왜냐하면, 그것이 당신에게 주어진 가장 위대한 복음의 기회이기 때문이다. 당신이 결혼 생활을 등한시한다면, 그 외에 어떤 위대한 일을 한다고 해도 아무 의미가 없게 될 것이다. 당신의 결혼 생활은 복음에, 하나님의 백성에게, 그리고 특별히 우리가 목회하는 사람들의 결혼 생활에 매우 중요한 것이기 때문이다. 바울이 장로의 자격으로 삼은 것 중의 하나는 한 아내의 남편으로서 자기 집을 잘 다스리는 것이었다(딤전 3:2-5). 이러한 논리는 민수기에도 그대로 적용된다.

따라서 사도 바울이 고린도전서에서 배우자에게 충실하지 않은 자들은 하나님의 백성 가운데 거할 곳이 없다고 한 것은 당연한 말이라고 할 수 있다(고전 6:12-20). 하나님 나라에는 음행하는 자가 없을 것이라고 한 요한의 말 역시 당연한 것이다(계 22:15). 하지만 그렇다고 해서 성적인 부정함이 절대로 용서받을 수 없는 죄라는 의미는 아니다. 다만 부정함은 절대적으로 심각한 일이며, 복음의 핵심에 대척하는 것이라는 뜻이다. 유일한 해결책은 변화된 삶을 통해 실질적으로 회개했음을 보이는 것이다.

그리스도의 사역

다섯째, 민수기 5장의 내용은 그리스도의 구속 사역을 가리킨다. 그리스도인이라면 저주를 마신다는 이 말씀을 읽으며 기꺼이 그러한 저주를 마셨던 한 사람을 떠올릴 것이다. 23-24절을 보자. "제사장이 저주의 말을 두루마리에 써서 그 글자를 그 쓴 물에 빨아 넣고 여인에게 그 저주가 되게 하는 쓴 물을 마시게 할지니 그 저주가 되게 하는 물이 그의 속에 들어가서 쓰리라." 누가는 나병 환자, 혈루증 여인, 죽은 소녀에 대해 쓰면서 민수기 5장 1-4절 말씀을 다시 다룬다. 구약 시대 하나님의 백성이라면 하나같이 예수님께 이렇게 말했을 것이다. "예수님, 이 사람을 만지지 마십시오. 당신도 부정해질 것입니다." 하지만 누가에 따르면, 예수님은 나병 환자를 만지셨지만 부정해지지 않으셨다. 오히려 나병 환자가 정결해졌다(눅 5:12-16).

누가복음 8장 40-56절을 보면, 예수님은 죽어 가는 회당장의 딸을 보러 가신다. 그런데 그 길에 혈루증에 걸린 한 여인이 예수님을 만진다. 그때 거기에 있던 히브리인들은 모두 이렇게 생각했을 것이다. '아, 이 여인은 부정한 여인이야.' 하지만 놀라운 일이 벌어졌다. 누가는 예수님이 부정해지신 것이 아니라 여자가 정결해졌다고 기록한다. 얼마 지나지 않아 예수님은 죽은 아이가 있는 곳으로 가서 이렇게 말씀하신다. "아이야 일어나라"(54절). 예수님은 사체 가까이에 계셨지만 부정해지지 않으셨다. 오히려 예수님은 이 소녀의 생명을 회복시켜 주셨다. 우리는 누가복음을 통해서 우리 주 예수님이 얼마나 비범한 분이신지 보게 된다. 예수님은 부정한 것을 정결하게 만드시는 분인 것이다.

사도 바울은 고린도전서에서 민수기 5장을 언급하고 나서 이렇게 말한다. "식후에 또한 그와 같이 잔을 가지시고 이르시되 이 잔은 내 피로 세운 새 언약이니 이것을 행하여 마실 때마다 나를 기념하라 하셨으니"(고전 11:25). 계속해서 바울은 말한다. "사람이 자기를 살피고 그 후에야 이 떡을 먹고 이 잔을 마실지니 주의 몸을 분별하지 못하고 먹고 마시는 자는 자기의 죄를 먹고 마시는 것이니라"(고전 11:28-29). 예수님은 그 잔이 무엇인지 아셨고, 그 잔을 마실 수 있는 유일한 존재는 자신, 그리고 믿음을 통해 성령과 은혜로 예수 안에 있는 자들뿐이라는 사실도 아셨다. 그 외에 이 잔을 마시는 자는 공의의 판단을 받게 된다. 하지만 예수님은 그 잔을 드셨다. 그것도 남김없이 다 드셨다.

예수님은 이 잔을 두고 겟세마네 동산에서 씨름하셨다. "내 아버지여 만일 할 만하시거든 이 잔을 내게서 지나가게 하옵소서"(마 26:39). 예수님이 이렇게 말씀하신 이유는 그 잔이 무엇인지 아셨기 때문이다. 제사장들은 저주의 말을 기록한 뒤에 물에 빨아 넣고 여인에게 그 물을 건넸다. 당신의 구세주가 십자가에서 당신을 위해 무슨 일을 하셨는지 보이는가? 예수님은 당신의 잔을 드셨다. 그러므로 우리는 나병환자와 혈루증을 앓는 여인, 죽은 아이에게 가까이 가서 그들을 만지셨던 예수님, 바로 그 예수님을 목격한 선한 히브리인들처럼 이렇게 외치게 된다. "주 하나님, 제 잔을 마시지 마소서. 제가 판단 받아야 할 것으로 당신을 더럽히지 마소서. 제 죄가 그 종이에 기록되어 있습니다. 그것들을 당신의 몸에 들이지 마소서."

하지만 예수님은 묵묵히 그 잔을 드신다. 그것도 모든 민족, 모든 언어, 모든 사람, 모든 나라, 남녀노소 그를 믿는 모든 이를 위해서 남김없이 드신다. 예수님은 그 잔을 쥐시고, 자기 피를 흘리셔서 당신을 정결하게 하셨다. 할렐루야! 얼마나 위대한 구세주이신가! 당신의 성도들이 그리스도의 의를 입음으로써 그리스도 안에서 정결하게 된다는 사실을 깨닫게 하라. 그리고 자신의 지위에 맞게 살도록 하라. 부정함은 진 전체에 영향을 미치기 때문이다.

PRAYER

우리 주 하나님, 우리는 주님의 말씀이
성령의 감동으로 되어 있음을 믿으면서도
때로는 그것을 의심합니다.
우리는 위와 같은 말씀을 만나면
여기에서는 복음의 빛이 발할 수 없다고 생각합니다.
우리가 틀렸음을 보여 주시니 얼마나 기쁜지요.
이 말씀의 영광을 보여 주심에 감사드립니다.
이 말씀을 통해 그리스도인의 삶을 살아갈 때
필요한 것들을 알려 주시고,
무엇보다도 우리 구세주를 보여 주셨습니다.
예수님은 우리 대신 심판과 저주의 잔을 취하셨고,
우리는 예수님 안에서 하나님께 의롭다 함을 입었습니다.
누구도 우리를 그의 손에서 빼낼 수 없습니다.
우리를 참으로 인도하소서.
우리의 위대하신 여호와여,
예수님의 이름으로 기도합니다.
아멘.

3
Tom Pennington

구하는 이마다 받을 것이요
찾는 이는 찾아낼 것이요
두드리는 이에게는 열릴 것이니라 _ 눅 11:10

이름이 거룩히 여김을 받으시오며
: 무릎 꿇는 지도자

톰 페닝턴, 2013
누가복음 11:1-13

숨 쉬기보다 자연스러운 행위는 없다. 의사가 갓 태어난 아기의 엉덩이를 때리는 그 순간부터 인간은 계속 숨을 쉬게 된다. 이 글을 읽고 있는 순간에도 우리는 1분에 12-15회 숨 쉬시며, 오늘만 해도 20,000회 정도 숨 쉴 것이다. 물론 숨 쉬는 속도는 사람마다 다르고, 잠시 숨을 참을 때도 있다. 하지만 완전히 숨을 멈추기란 불가능하다. 공기를 흡입하지 않으면 이산화탄소가 혈액에 응축되어 과학자들이 "불가항력 공기 기아증"이라고 하는 증상이 나타나게 된다.

이 반사적인 행동은 인간의 생명에 필수적이다. 호흡하지 못하면 신체 내의 산소 지수가 짧은 시간 내에 위험할 정도로 떨어지게 된다. 3-6분 사이에 뇌는 되돌릴 수 없을 정도로 훼손되고, 몇 분 후면 죽게 된다. 음식이 없어도 몇 주는 살 수 있다. 물이 없어도 며칠은 살 수 있다. 하지만 산소가 없으면 단 몇 분밖에 살지 못한다.

이렇듯 호흡은 삶에 매우 중요한 요소이며, 생명 그 자체를 의미하기도 한다. 그렇기에 영국의 청교도 토마스 왓슨의 말은 지금도 매우 매력적이고 강렬하게 들린다. 그는 이렇게 말했다. "기도는 영혼의 호흡이다."¹ 호흡과 몸의 관계는 기도와 영혼의 관계와도 같다. 우리는 호흡하지 않으면, 즉 기도하지 않으면 절대 살 수 없다. 존 칼빈은 기도란 신앙의 영혼이라고 했다. 영혼이 떠나면 몸이 죽는 것처럼, 기도가 사라지면 신앙 자체도 죽어 버리는 것이다.

그런데 놀랍게도, 우리는 모두 기도가 중요하다는 사실을 잘 알고 있으면서도 거의 기도하지 않는다. 이는 마치 운동과도 같다. 우리는 모두 운동이 중요하다는 사실을 인정한다. 하지만 사람들 대부분이 하는 가장 격렬한 운동이란 꽝꽝 언 아이스크림 통에서 아이스크림을 긁어 내는 정도가 아닌가 싶다.

놀라운 통계 결과

거의 30년 전 일이다. 한 주요 교단이 후원하는 콘퍼런스에 약 17,000명의 그리스도인이 참석했다. 그들을 대상으로 영적인 습관과 활동에 대해서 설문지를 돌렸는데, 내가 본 바로는 이런 종류의 조사 중에서는 가장 거대한 규모였던 것 같다. 설문지에 나온 질문 중에는 하루에 얼마나 기도하는지 묻는 내용도 있었다. 참가자들은 하루에 평균 5분 이하로 기도한다고 응답했다. 콘퍼런스에는 목회자와 그 배우자 2,000명도 참석했는데, 그들은 하루에 7분 이하로 기도한다고 응답했다.²

사실상 기도는 목회자가 가장 소홀히 하는 의무인 것처럼 보인다. 안타깝게도 그 이후에도 그 수치는 별로 달라지지 않은 것 같다. 사실 나는 인간 중심적인 천박한 기독교 문화가 득세하는 요즘에는 상황이 더

안 좋아진 것 같다는 생각이 든다. 이러한 통계 수치가 비극적으로 다가오는 이유는, 성경이 살아계시고 참되신 하나님이 실제로 자기 백성의 기도를 들으신다고 말씀하기 때문이다. 시편 34편 17절은 "의인이 부르짖으매 여호와께서 들으시고"라고 말씀한다. 영적인 현실이 이러하니 의인들의 마음은 언제나 하나님과 이야기를 나누려는 열망으로 가득하다.

기도의 축복

타락하기 전, 아담과 하와는 동산에서 삼위일체의 제2격이신 분과 함께 걷고 이야기했다. 성경은 창세기 4장에서야 처음으로 기도를 언급한다. 셋의 경건한 계보를 읽다 보면 "사람들이 비로소 여호와의 이름을 불렀더라"(26절)라는 말씀이 나온다. 그리고 그 순간 이후 기도는 구약 성경 전체에 가득 차 있다. 신약에서도 기도는 여전히 사람과 하나님의 관계의 기초였다. 초대 교회는 변함없이 기도에 전념했다. 사도행전 2장 42절에 따르면, 성도들은 "사도의 가르침을 받아 서로 교제하고 떡을 떼며 오로지 기도하기를 힘썼다"고 한다.

기도는 사도 바울이 가장 우선시하는 것이기도 했다. 여러분도 바울이 자신의 기도 생활에 대해서 언급한 여러 말씀을 잘 알고 있을 것이다. 데살로니가전서 3장 10절에서 바울은 "주야로 심히 간구함은 너희 얼굴을 보고 너희 믿음이 부족한 것을 보충하게 하려 함이라"라고 말한다. 디모데후서 1장 3절에서는 "내가 밤낮 간구하는 가운데 쉬지 않고 너를 생각하여"라고 말한다.

교회사를 통틀어 봐도 경건한 사람들은 입을 모아 기도의 중요성을 강조한다. 어거스틴은 "기도는 거룩한 영혼들을 보호하며 …… 영적 건강의 수호자이고[3] …… 모든 미덕 중의 대들보이자 …… 하나님께 향하는 사다리이며 …… 신앙의 토대다."[4]라고 썼다. 마틴 루터는 이렇게 말했다. "재단사의 일이 옷을 만드는 것이듯, 신발 수선공의 일이 신발을 만드는 것이듯, 그리스도인의 일은 기도하는 것이다."[5] 존 칼빈은 『기독교 강요』에서 기도란 "믿음의 으뜸가는 연습으로, 우리가 날마다 하나님의 도움을 받는 길"[6]이라고 했다.

우리가 기도하지 않는 이유

기도는 기독교 신앙의 건강을 지키는 데 기본 중의 기본이다. 우리는 모두 이러한 사실을 믿으며 그렇다고 단언한다. 그런데 여기서 의문이 생긴다. 우리는 왜 기도하지 않는가? 우리는 기도하지 않는 이유로 어떤 핑계를 댈 수 있을 것인가? 우리는 보통 한 가지 이유를 댄다. 시간이 없다는 것이다. 아마도 우리가 가장 흔하게 하는 변명은 "나도 더 기도하고 싶지. 하지만 너무 바쁜걸."이라는 말일 것이다. 하지만 잠시 그 핑계를 멈추고 솔직하게 자신에게 말해 보자. 이는 우리가 기도하지 않는 진짜 이유가 아니다. 바쁘다는 것은 단지 변명일 뿐이다. 분명하게 나타난 하나님의 뜻에 순종하지 못하는 것을 정당화하려는 부질없는 구실일 뿐이다. 그렇다면 우리가 기도하지 않는 진짜 이유는 무엇인가? 나는 몇 가지 생각할 거리를 제시하려고 한다.

우리가 기도하지 않는 첫 번째 이유는 겸손하지 않기 때문이다. 우리는 천성적으로 타락한 죄인이며, 지독할 정도로 독립적이 되고 싶어 하는 존재들이다. 하지만 독립성이란 영적 성숙을 반영하는 것도, 영적 성숙에 이르는 길도 아니다. 오히려 영적인 성숙을 드러내는 특징은 우리 주님이 요한복음 15장에서 우리에게 가르쳐 주신 바를 믿는 것이다. 즉, 주님과 떨어져서는 우리가 아무것도 할 수 없다는 것이다. 베드로전서 5장에서 베드로는 우리에게 하나님의 강한 손 아래 겸손하며, 우리 삶에 나타난 하나님의 섭리를 받아들이라고 한다(6-7절). 이러한 겸손은 우리의 모든 걱정을 하나님께 내려놓는 것으로 드러난다. 하나님이 우리를 돌보시기 때문이다. 우리가 하나님 앞에 진실로 겸손하다면, 우리에게 하나님이 절실히 필요하다는 사실을 깨닫고 기도할 것이다. 사실 우리가 교만한지 교만하지 않은지를 가장 분명하게 보여 주는 기준은 기도를 소홀히 하느냐 그렇지 않으냐는 것이다.

우리가 기도하지 않는 두 번째 이유는 믿음이 부족하기 때문이다. 우리가 기도하지 않는 이유는, 솔직히 말해서 기도해도 그 결과가 나타난 것을 보지 못했기 때문이다. 하지만 과거에 어떠한 결과가 있었다고 해서 미래에도 노력하지 않겠다는 것은 합당하지 않다. 인정하지 않을지 모르겠지만, 이는 매우 큰 문제다. 우리는 절대로 기도는 효과가 없다고 말하지는 않을지 모른다. 하지만 기도만 하면 5분 안에 즉시 분명하게 눈에 보이고 입증할 수 있는 결과가 나타난다고 진실로 믿는다면, 우리는 기도의 용사들이 될 것이다. 한마디로 말하자면, 우리는 기도해 봐야 달라질 것이 없다고 생각하는 것이다. 이런 마음의 상태로는 아무 일도 일어나지 않는다. 야고보는 이렇게 기록한다. "오직 믿음으로 구하고 조금도 의심하지 말라 의심하는 자는 마치 바람에 밀려 요동하는 바다 물결 같으니 이런 사람은 무엇이든지 주께 얻기를 생각하지 말라"(약 1:6-7).

우리가 기도하지 않는 세 번째 이유는 순종하지 않기 때문이다. 우리는 기도하라는 명령을 받았다. 로마서 12장 12절은 "기도에 항상 힘쓰며"라고 한다. 골로새서 4장 2절은 "기도를 계속하고"라고 한다. 데살로니가전서 5장 17절은 "쉬지 말고 기도하라"고 한다. 기도는 우리 삶에서 끊임없는 일상이 되어야 한다. 자신에게, 그리고 성경에 솔직해지자. 개인적으로 기도에 힘쓰고 있지 않다면, 그것이 죄라는 점을 인정하자. 우리는 반드시 우리 주님께 순종하며 기도에 헌신해야 한다.

기도 가운데 자라다

그렇다면 한 가지 중요한 질문이 생긴다. 우리는 어떻게 이 훈련을 배우고 더욱 잘 실행할 수 있을 것인가? 전통적으로 주기도문이라고 하는 기도문보다 기도하는 방법을 더 잘 배울 수 있는 길은 없다. 주기도문은 하나님의 영감으로 두 가지 형태로 남아 있다. 하나는 마태복음 6장 9-13절 말씀이고, 다른 하나는 누가복음 11장 1-4절 말씀이다. 그런데 이 두 말씀은 서로 일치하지는 않는다. 복음서를 조합해서 읽어 보면, 마태복음 6장에 기록된 산상수훈은 서기 29년 여름경에 주어진 것임을 알 수 있다. 예수님이 돌아가신 연도를 다르게 받아들인다 해도 예수님이 십자가에서 돌아가시기 이전 해 여름에 해당한다는 점은 분명하다. 그리고 몇 달 후, 아마도 같은 해 가을에 예수님은 누가복음 11장 말씀을 가르치셨을 것이다. 그렇다면 예수님은 이 기도를 적어도 두 차례 반복해서 가르치신 것인데, 아마도 예수님은 사역을 하시면서 제자들에게 기도의 모범을 보이기 위해 몇 차례에 걸쳐 이 말씀을 하셨을 것이다.

그런데 누가가 기록한 주기도문이 기도에 대해 더욱 심오한 통찰력을 준다. 누가복음 11장 1-13절의 상황이 그렇기 때문이다. 1절을 보면, 한 제자가 기도에 대한 지침을 달라고 예수님께 요청한다. 그리고 2-4절에 주기도문이 나온다. 우리 주님이 기도하는 방법을 가르쳐 주신 것이다. 5-8절은 마지못해 떡을 내주는 친구의 비유가 나오는데, 이는 우리의 기도를 듣고 싶어 하시는 하나님의 열망에 관한 내용이다. 그리고 9-10절에서 주님은 하나님이 기도를 들으시고 응답하신다는 사실을 분명하게 확인시켜 주신다. "구하라 그러면 너희에게 주실 것이요 찾으라 그러면 찾아낼 것이요 문을 두드리라 그러면 너희에게 열릴 것이니 구하는 이마다 받을 것이요 찾는 이는 찾아낼 것이요 두드리는 이에게는 열릴 것이니라." 11-13절 말씀에서는 가족의 예를 드시면서 기도에 대한 가르침을 마무리하신다. 하나님은 인간의 아버지보다도 자기 자녀들의 요청에 더욱 민감하게 반응하신다는 내용이다.

누가복음 11장의 처음 네 절에 주목해 보자.

예수께서 한곳에서 기도하시고 마치시매 제자 중 하나가 여짜오되 주여 요한이 자기 제자들에게 기도를 가르친 것과 같이 우리에게도 가르쳐 주옵소서 예수께서 이르시되 너희는 기도할 때에 이렇게 하라 아버지여 이름이 거룩히 여김을 받으시오며 나라가 임하시오며 우리에게 날마다 일용할 양식을 주시옵고 우리가 우리에게 죄지은 모든 사람을 용서하오니 우리 죄도 사하여 주시옵고 우리를 시험에 들게 하지 마시옵소서 하라.

나는 특히 1절에 집중하고 싶다. 이 말씀은 예수님이 직접 보여 주신 기도의 본보기이기 때문이다. 또한, 이 구절은 예수님이 보이신 기도의 본이 제자들에게 어떠한 영향을 미쳤는지, 그리고 우리에게 어떠한 영향을 미쳐야 하는지를 보여 준다. 예수님이 보이신 본을 보며 우리는 기도 생활에 대해 다음의 중요한 교훈을 배우게 된다.

기도는 헌신을 요구한다

첫 번째 교훈은 기도가 엄청난 헌신을 해야 하는 일이자, 영적으로 가장 우선시해야 하는 일이라는 사실이다. 1절은 "예수께서 한곳에서 기도하시고 마치시매"라고 말씀한다. 누가가 여기서 "기도"로 사용한 단어는 신약 성경에서 기도의 뜻으로 가장 빈번하게 사용하는 단어 중의 하나다. 그런데 일상적으로 사용하는 헬라어에서 이 단어는 그저 신적인 존재에게 말을 한다는 의미일 뿐이다. 그렇지만 성경에서는 사람이 하나님께 나아간다는 것을 의미할 때 사용한다. 즉, 칼빈의 정의처럼 기도란 "하나님과의 대화"[7]인 것이다.

여기서 우리 주님도 하나님께 말씀을 하신다. 우리는 주님의 생애를 통해 기도의 중요성과 우선순위를 직접 목격하게 된다. 히브리서 기자는 이렇게 쓴다. "그는 육체에 계실 때에 자기를 죽음에서 능히 구원하실 이에게 심한 통곡과 눈물로 간구와 소원을 올렸고 그의 경건하심으로 말미암아 들으심을 얻었느니라"(히 5:7). 그렇다면 예수님이 기도에 시간을 들이신 이유는, 예전에는 아버지와 항상 교제를 누리셨지만 이제는 그러지 못하게 되셨기 때문이라는 말이 그럴싸하게 들릴 수도 있다. 하지만 이는 신학적으로 검증되지 못한다. 예수님이 인간의 모습을 하셨을 때도 예수님의 신적인 본질은 변화하지 않았다. 인간의 본질은 몸에 묶여 있어 정해진 시간에 한 장소에만 있을 수밖에 없지만, 예수님의 신적인 본질은 여전히 우주를 채우고 있었다. 아들이 아버지와 영원부터 누리던 교제는 예수님이 이 땅에서 살아가실 때도 계속되었다. 오직 십자가 위에 달리신 그 어두운 시간을 제외하고 말이다. 이는 기도의 우선성을 이해하는 기초가 된다. 오히려 예수님이 보여 주신 기도 생활은 예수님의 신적인 본질이 아닌 인간의 본질을 반영한 것이었다. 예수님의 기도 생활은 완벽한 사람이 삶을 어떻게 살아가는지 보여 준 것이었다. 우리도 마땅히 그렇게 살아야 한다.

그리고 예수님은 자주 기도하셨다. 누가복음에서 누가는 아홉 차례에 걸쳐 예수님이 하신 기도를 언급한다. 우선 우리는 예수님이 기도로 공생애 사역을 시작하셨다는 사실을 안다. "백성이 다 세례를 받을 새 예수도 세례를 받으시고 기도하실 때에 하늘이 열리며 성령이 비둘기 같은 형체로 그의 위에 강림하시더니 하늘로부터 소리가 나기를 너는 내 사랑하는 아들이라 내가 너를 기뻐하노라 하시니라"(눅 3:21-22). 예수님은 세례를 받으시면서 기도로 공생애 사역을 시작하셨다.

또한, 누가는 예수님이 정기적으로 기도하셨다고 기록한다. 예를 들어, 누가는 5장 16절에서 이렇게 말한다. "예수는 물러가사 한적한 곳에서 기도하시니라." 누가는 예수님이 생애 내내 일관적으로 기도하셨음을 강조하려는 의도로 이렇게 기록한다. 우리는 예수님이 중요한 결정을 내리시기 전에 밤새 기도하셨다는 사실도 안다. 예를 들어, 예수님은 열두 제자를 선택하시기 전에 기도하셨다. "이때에 예수께서 기도하시러 산으로 가사 밤이 새도록 하나님께 기도하시고 밝으매 그 제자들을 부르사 그중에서 열둘을 택하여 사도라 칭하셨으니"(눅 6:12-13). 열두 제자를 선택하신 결정도 밤을 새운 기도 끝에 나온 것이었다.

누가에 따르면, 제자들 앞에서 예수님의 모습이 변화했을 때도 예수님은 기도하시는 중이었다. 누가복음 9장 28-29절은 이렇게 말한다. "이 말씀을 하신 후 팔 일쯤 되어 예수께서 베드로와 요한과 야고보를 데리고 기도하시러 산에 올라가사 기도하실 때에 용모가 변화되고 그 옷이 희어져 광채가 나더라." 아버지는 예수님이 기도하시는 동안 자신의 영광을 보여야겠다고 결정하신 것이었다. 우리는 누가복음 22장 39절에서 예수님이 겟세마네 동산에서 기도하시는 모습 또한 보게 된다. "예수께서 나가사"라는 말씀은 다락방에서 나가셨음을 말한다. 그리고 누가는 "습관을 따라 감람산에 가시매 제자들도 따라갔더니"라고 기록한다. 또한, 예수님이 "그들을 떠나 돌 던질 만큼 가서 무릎을 꿇고 기도하여"(22:41)라고 전한다. 예수님은 심지어 십자가에서 돌아가실 때도 기도하셨다. "예수께서 큰 소리로 불러 이르시되 아버지 내 영혼을 아버지 손에 부탁하나이다 하고 이 말씀을 하신 후 숨지시니라"(23:46). 예수님은 마지막에도 하나님을 신뢰하는 기도를 드리셨다.

마가복음 역시 우리에게 또 다른 깨달음을 준다. 마가는 예수님의 하루가 보통 기도로 충만했다는 점을 분명히 한다. 마가복음 1장 35절에서는 예수님이 아침 일찍 기도하셨다고 한다. 이는 예수님의 습관이었다. "새벽 아직도 밝기 전에 예수께서 일어나 나가 한적한 곳으로 가사 거기서 기도하시더니." 이 말씀이 참으로 놀라운 이유는 예수님이 안식일을 매우 분주하게 보내시고 나서 바로 다음 날에 그렇게 하셨기 때문이다. 21-22절에서 예수님이 가버나움의 회당에서 가르치며 하루를 시작하셨다는 점에 주목하라. 예수님은 그곳에 계시며 한 사람에게서 귀신을 내쫓으셨다(23-28). 그러고는 베드로의 집에 돌아오셔서 베드로의 장모를 고치셨다(29-31). 이 모든 일이 점심 전에 일어난 일이다.

하지만 아직 예수님의 하루는 끝나지 않았다. 어두워진 뒤에, 즉 안식일이 끝난 후에 온 동네가 그 문 앞에 모인 것이다(33절). 이 구절은 예수님이 그곳에 모인 한 사람 한 사람에게 얼마나 개인적으로 관심을 보이셨는지를 강조한다. 예수님은 그들을 한 명씩 고치시고 귀신들을 내쫓으셨다. 분명히 예수님은 늦은 밤까지 그렇게 하셨을 것이다.

그리고 다음 날, 즉 일요일 아침, 예수님은 긴 하루를 보내시고 밤새 사역을 하신 후에도 아직 어두울 때 일어나셔서 기도하러 가셨다. 우리는 시간을 내지 못하는 갖가지 이유를 댄다. 하지만 예수님은 "한적한 곳", 말 그대로 광야로 가셨다(35절). 예수님은 베드로의 집에서 나오셔서는 조용히 가버나움을 떠나 한적한 곳을 찾으셨다. 기도하기에 충분한 시간을 확보하시려고 말이다.

예수님이 단지 아침에만 기도하신 것은 아니었다. 예수님은 오랜 하루 일과를 마치고 밤에 기도하기도 하셨다. 마가복음 6장 45-48절 말씀은 이렇게 전한다.

> 예수께서 즉시 제자들을 재촉하사 자기가 무리를 보내는 동안에 배 타고 앞서 건너편 벳새다로 가게 하시고 무리를 작별하신 후에 기도하러 산으로 가시니라 저물매 배는 바다 가운데 있고 예수께서는 홀로 뭍에 계시다가 바람이 거스르므로 제자들이 힘겹게 노 젓는 것을 보시고 밤 사경쯤에 바다 위로 걸어서 그들에게 오사 지나가려고 하시매.

이 말씀이 놀라운 이유 역시 그날 있었던 일들 때문이다. 예수님은 긴 하루를 보낸 후에야 기도할 시간을 확보할 수 있으셨다. 그날에만 15,000명이 넘는 무리가 예수님을 따라다녔다. 예수님은 그들을 불쌍히 여기시며 병든 자들을 많이 고쳐 주셨다. 마가복음 6장 34절에 따르면, 예수님은 그들에게 많은 것을 가르치기도 하셨다. 그날 오후 늦게는 이적을 베푸셔서 5,000명의 사람을 먹이기도 하셨다. 아마도 그때 같이 먹은 총인원은 15,000명 이상이었을 것이다. 예수님은 이렇게 치열하게 사역을 마치신 후에도 기도하며 시간을 보내신 것이다.

예수님이 보여 주신 이러한 예는 하나님의 말씀과 더불어 기도가 예수님에게 가장 큰 의무였다는 사실을 보여 준다.

예수님은 자신의 제자들뿐 아니라 우리 역시 기도하기를 바라셨다. 누가복음 11장 2절에서 우리 주님은 이렇게 말씀하신다. "너희는 기도할 때에." 마태복음 6장 5-7절에서는 세 번에 걸쳐 똑같은 말씀을 하신다. "너희는 기도할 때에 …… 너는 기도할 때에 …… 또 기도할 때에……." 처음에는 복수형을 사용하셨다. 마치 예수님은 이렇게 말씀하시는 것 같다. "너희는 기도할 때, 그러니까 나의 **모든** 제자는 기도할 때, 그리고 나는 너희가 당연히 그렇게 하리라고 생각한다."

하지만 신약 성경을 보면, 예수님은 단지 우리가 기도하기만을 바라고 계신 것이 아니었다. 예수님은 실제로 우리에게 기도하라고 명령을 내리셨다. 에베소서 6장 18절 말씀을 보자. "모든 기도와 간구를 하되 항상 성령 안에서 기도하고 이를 위하여 깨어 구하기를 항상 힘쓰며 여러 성도를 위하여 구하라." 골로새서 4장 2절 말씀은 이렇다. "기도를 계속하고." 그리스도인의 삶이란 단순히 복음의 진리를 인정하는 것으로 끝나지 않는다. 우리는 의롭게 되었기 때문에 그 결과로 반드시 순종해야 하는 의무도 생기는 것이다. 기도는 그러한 영적인 의무 중 하나로, 우리 주님이 직접 명령하신 것이다.

아무리 바쁘더라도 바쁘기 때문에 기도하지 못한다는 말은 절대로 핑계가 될 수 없다. 예수님의 사역에서 두드러지는 두 가지 우선순위는 말씀과 기도였다. 사도들은 우리와 마찬가지로 아둔했다. 하지만 그들은 결국 말씀과 기도를 우선으로 삼게 된다. 사도행전 6장 4절에서는 예루살렘 교회의 사도들이 기도와 말씀 사역에 전념했다는 말씀을 보게 된다. **우리는 예수님의 우선순위와 제자들의 우선순위를 우리의 우선순위로 삼아야 한다.**

효과적으로 사역하기 위해 기도가 필요하다

기도는 모든 그리스도인에게 필수적이다. 그리스도의 교회를 이끄는 지도자들에게는 더욱 중요하다. 기도는 모든 사역의 기초이기 때문이다. 사도 바울, 특히 그의 기도 생활을 통해서 이러한 예를 볼 수 있다. 기도는 바울이 효과적으로 사역할 수 있는 토대가 되었다. 바울의 사역은 하나님이 그의 기도에 응답하셨기 때문에 가능했다.

우리는 또한 교회의 다른 지도자들의 예에서도 이러한 모습을 보게 된다. 특히 골로새 교회의 지도자였던 에바브라가 그 대표적인 본보기다. 바울은 골로새 교회에 편지를 보내면서 이렇게 쓴다. "그리스도 예수의 종인 너희에게서 온 에바브라가 너희에게 문안하느니라 그가 항상 너희를 위하여 애써 기도하여 너희로 하나님의 모든 뜻 가운데서 완전하고 확신 있게 서기를 구하나니"(골 4:12). 위대한 영국 청교도 존 오웬은 이렇게 말했다. "골방에서 자기 성도들을 만나는 것보다 강대상에서 자기 성도들을 더 많이 만나는 자는 가여운 파수꾼일 뿐이다."[8] 조나단 에드워즈는 데이비드 브레이너드에 대해서 이렇게 썼다. "그의 이력은 사역에 성공하는 바른길을 보여 준다. …… 어떻게 그는 언제나 그렇게 열성을 다해 수고할 수 있었는가. …… 하나님이 자신에게 섬기라고 명하신 그 사람들의 마음 가운데 그리스도가 이루어질 때까지 …… 밤낮 기도하며 은밀하게 하나님과 씨름했기 때문이다!"⁹ 기도는 영적인 명령이다.

효과적으로 설교하기 위해 기도가 필요하다

기도는 또한 효과적으로 설교하기 위해서도 필수적이다. 사도 바울은 이러한 사실을 잘 알기에 에베소 사람들에게 다음과 같이 요청한다. "또 나를 위하여 구할 것은 내게 말씀을 주사 나로 입을 열어 복음의 비밀을 담대히 알리게 하옵소서 할 것이니"(엡 6:19). 어거스틴은 이렇게 썼다. "설교자는 반드시 사람들이 기꺼운 마음으로, 순종하는 마음으로, 잘 이해하면서 설교를 들을 수 있도록 노력해야 한다. 설교자는 모든 웅변술을 동원하는 것보다 열렬하게 기도하는 것이 설교에 더욱 큰 영향을 미친다는 사실을 의심하지 말아야 한다."¹⁰ 리처드 백스터는 이렇게 썼다. "설교뿐 아니라 우리가 하는 모든 사역의 원동력은 기도가 되어야 한다. 자기 성도들을 위하여 기도하지 않는 자들은 강력한 설교를 할 수 없다."¹¹

유혹과 싸울 때 기도가 필요하다

우리는 기도를 통해서 유혹 그리고 죄와 싸워 이길 수 있다. 누가복음 22장 39-46절에서 우리 주님은 기도를 유혹을 이기는 능력과 연계시키신다. "유혹에 빠지지 않게 기도하라." 칼빈은 주기도문에 나오는 마지막 탄원에 관해 주석을 하면서 이렇게 썼다. "우리는 주기도문에 나오는 이 탄원에서 다음과 같이 결론을 내릴 수 있다. 하나님께 힘을 얻지 못한다면 우리에게는 경건한 삶을 살아갈 힘이 전혀 없다는 사실이다. 유혹을 이기기 위해 하나님의 도우심을 간청하는 자들은 하나님이 자신을 구원하지 않으시면 끊임없이 넘어질 수밖에 없다는 사실을 인정하는 자들이다."[12] J. C. 라일은 이렇게 썼다. "몇몇 성도들은 다른 사람들보다 훨씬 밝고 거룩하게 살아가는 이유가 무엇인가? 나는 20명 중 19명은 그러한 차이가 발생하는 이유가 은밀한 개인 기도의 습관 때문이라고 생각한다. 나는 눈에 띄게 거룩하지 않은 사람은 **적게** 기도하는 사람이고, 눈에 띄게 거룩한 사람은 **많이** 기도하는 사람이라고 믿는다."[13]

말씀과 기도를 경시하기 때문에 우리가 영적 전투를 겪게 된다는 것은 너무나 단순한 말로 들리기도 한다. 하지만 사람들이 상담하려고 목회자실에 들어올 때 보면, 열에 아홉은 개인적인 기도 생활이나 말씀 생활 중 한 가지, 또는 그 두 가지 모두를 꾸준히 하고 있지 않았다. 당신은 죄악 된 습관과 싸우면서 계속 지고 있는가? 그렇다면 아마도 당신이 하나님이 우리에게 은혜를 베푸시는 기초적인 두 가지 방편, 즉 말씀과 기도를 경시하기 때문일 것이다. 존 오웬은 죄와 유혹에 관한 자신의 대표적인 저작에서 이렇게 밝힌다.

강력하고, 마음을 혼잡하게 하고, 마음을 빼앗고, 산란하게 하고, 동요하고, 평화를 빼앗는 정욕을 느낀 자는 그 정욕을 참을 수 없다. 그래서 그는 정욕에서 벗어나기 위해 스스로 정욕에 맞서고, 정욕을 이기게 해달라고 기도하고, 괴로워하고, 탄식한다. 하지만 아마도 그렇게 하면서 독서, 기도, 묵상과 같이 하나님과 끊임없이 교제하기 위한 다른 의무들을 이행하는 데는 다소 해이해졌거나, 그것들을 대수롭지 않게 생각하고 있을 것이다. 그 사람으로 하여금 그가 어쩔 줄 몰라

하던 그 정욕을 죽이는 데까지 이르렀다고 절대로 생각하지 못하게 하라. …… 당신은 그가 당신을 어쩔 줄 모르게 만드는 것을 완화해 준다면, 결국 자유롭게 되고, 더는 하나님을 슬프시지 않게 해드리게 될 거라고 생각하는가? 그렇지 않다. 하나님은 말씀하신다. "중요한 사실은 이것이다. 이 정욕을 없앨 수 있다면 나는 그의 말을 더 이상 듣지 않을 것이며, 이를 두고 씨름하도록 하지 않을 것이다. 아니면 그는 상실되어 버릴 것이다." 누구도 하나님의 일이 아닌 자기 일을 한다고 생각지 못하게 하라. 하나님의 일은 절대적인 순종으로 이루어진다. 현재의 괴로움에서 벗어나는 것은 그들만의 일이다. …… 특정한 정욕이 맹렬히 일어나는 것은 일반적으로 부주의하고 경솔한 행동의 결과인 경우가 많다.[14]

제자들은 예수님의 삶을 지켜보면서, 예수님이 기도하시는 모습을 보았다. 누가복음 11장 1절을 보면, 제자들은 예수님의 삶에서 기도가 영적으로 가장 우선순위였으며, 그들의 삶도 예수님과 같이 되어야 한다는 결론에 도달했음이 분명하다. 기도 없이는 영적으로 성장할 수 없으며, 사역 또한 전혀 효과를 발휘하지 못하게 된다.

기도에 관한 교훈들

기도하려면 계획을 짜서 시간을 내야 한다

우리가 예수님의 본을 통해 배우게 되는 첫 번째 교훈은 기도란 영적으로 가장 우선해야 할 사항이며 엄청난 헌신이 필요하다는 것이다.

이는 분명한 사실인데, 우리는 왜 이 의무를 이렇게 경시하는가? 나는 누가복음 11장 1절에서 배우게 될 두 번째 교훈에서 그 이유를 깨달을 수 있으리라 생각한다. 즉, 기도는 계획을 짜서 시간을 내야 하는 의도적인 행위이기 때문이다.

1절 말씀에 다시 한 번 주목해 보자. "예수께서 한곳에서 기도하시고 마치시매……." 이 말씀으로 분명히 유추해 볼 수 있는 사실이 있다. 바로 제자들은 예수님이 기도하시는 모습을 보았다는 것이다. 그들은 예수님의 삶의 우선순위가 무엇인지 목격했고, 예수님이 기도를 마치실 때까지 기다려야 했다. 다른 말로 하자면, 예수님은 기도하는 데 시간을 들이셨다는 것이다. 복음서의 다른 저자들도 우리 주님이 기도에 상당한 시간을 쏟으셨다고 기록한다. 예수님은 자주 한적한 장소로 가서 기도하셨다. 예수님이 아주 짧은 시간만 기도하려고 하셨다면 그렇게 멀리 가지는 않으셨을 것이다. 성경을 보면 예수님은 적어도 두 번은 밤새 기도하셨다.

고난 주간에 일어났던 사건들을 살펴보면, 우리는 주님의 기도 생활에 대해 더욱 깊이 이해할 수 있다. 예수님이 십자가에 못 박혀 돌아가시기 전날인 목요일 밤, 예수님과 그의 제자들은 유월절을 기리기 위해 다락방에 모였다. 누가복음 22장에서 예수님은 베드로의 믿음이 떨어지지 않게 해달라고 기도하셨다. 물론 그들은 전통에 따라 유월절을 기념하기 위해 모인 것이었기에, 예수님은 그 주최자로서 여러 차례 기도하셨을 것이다. 예수님은 성찬식을 거행하시고 떡과 잔을 주신 하나님께 감사 기도도 올리신다. 그리고 식사를 마치신 후에는 성경에 기록된 예수님의 기도 중에 가장 긴 기도를 드리신다. 이 기도는 요한복음 17장에 나오는데, 보통 대제사장의 기도라고 한다.

그 후 예수님과 제자들은 다락방을 떠나 겟세마네로 향한다. 그곳에서 다시 예수님은 세 차례 기도하신다. 예수님이 얼마나 오래 기도하셨는지 베드로, 야고보, 요한은 그만 잠에 빠지고 만다. 아마도 예수님은 적어도 한 시간, 어쩌면 두 시간 정도 기도하신 것 같다. 우리 주님은 해가 지고 나서 자정이 되기 전까지 이 모든 기도를 다 하신 것이다. 분명히 예수님은 기도하기 위해 계획적으로, 그리고 의도적으로 시간을 내셨다. 하지만 우리는 "쉬지 말고 기도하라"(살전 5:17)는 말씀을 들면서 기도 시간이 부족한 것을 정당화하려고 한다. 물론 우리의 삶 자체가 기도의 영으로 살아간다는 것은 사실이다. 그런데 "쉬지 말고 기도하라"고 한 사도 바울이 "기도를 항상 힘쓰고"(골 4:2, 개역한글)라고 말하기도 한다. 즉, 기도하려면 계획적으로, 의도적으로 시간을 내야 한다는 것이다.

그렇다면 왜 기도가 우리 삶에 습관으로 자리 잡지 못하는 것인가? 현실적인 이유로는 우리가 늘 산만한 상태이기 때문이다. 사람들은 보통 스마트폰, 전화, 문자, 페이스북 업데이트 때문에 3분마다 방해를 받는다. 닐슨 미디어의 연구에 따르면, 미국에서 사람들은 하루에 보통 영상을 보는 데 다섯 시간을 소비하고, 인터넷을 하는 데 한 시간을 사용한다고 한다. 당신의 나이가 18-34세라면, 아마 게임을 하느라 거의 세 시간을 사용할 것이다.[15] 우리는 기도해야 하는데, 전자 장비와 장난감 때문에 끊임없이 방해를 받는다. 텔레비전을 끄고, 게임기를 끄라. 스마트폰을 무음으로 하고, 컴퓨터 창을 닫으라. 그리고 우리 주님이 하신 것처럼 계획적으로, 의도적으로 기도하며 하나님과 혼자 있을 시간을 내라.

사도행전 6장 2-4절 말씀에는 더욱 미묘하게 기도를 방해하는 원수가 나온다. 이 말씀은 교회에서 과부를 먹이는 문제를 다루고 있는데, 열두 사도는 모든 제자를 소집하고서 이렇게 말한다. "우리가 하나님의 말씀을 제쳐 놓고 접대를 일삼는 것이 마땅하지 아니하니 형제들아 너희 가운데서 성령과 지혜가 충만하여 칭찬받는 사람 일곱을 택하라 우리가 이 일을 그들에게 맡기고 우리는 오로지 기도하는 일과 말씀 사역에 힘쓰리라." 사역 그 자체가, 사람들의 정당한 필요가 사도들이 하나님의 말씀과 기도에 전념하지 못하도록 하는 위협이 된 것이다. 우리도 마찬가지다. 가장 좋은 것의 원수는 좋은 것인 경우가 많다. 또한, 사역을 하느라 바쁘면 하나님의 말씀과 기도에 전념하지 못하게 된다. 분주한 사역 때문에 기도를 뒷전으로 미뤄서는 안 된다. 대신 하나님의 말씀과 기도에 전념할 수 있도록 도와줄 사람을 찾아야 한다.

성경에서 우리는 의도적으로 시간을 내어 매일 기도한 또 한 사람을 만나게 된다. 시편 55편 17절에서 다윗은 이렇게 기록한다. "저녁과 아침과 정오에 내가 근심하여 탄식하리니 여호와께서 내 소리를 들으시리로다." 다니엘 6장 10절에 따르면, 다니엘은 예배를 금하는 금령이 내려진 것을 알면서도 매일 세 차례 무릎을 꿇고 기도하며 언제나처럼 하나님께 감사를 드렸다. 사도행전 3장 1절에서 우리는 베드로와 요한이 오후 3시 기도 시간에 성전에 올라갔다는 사실을 보게 된다(현대인의성경). 사도행전 10장 9절에서는 베드로가 낮 12시쯤 되어 지붕에 올라가 기도했다는 말씀을 보게 된다(현대인의성경). 이 사람들은 매일, 의도적으로 규칙에 따라 기도했다.

마틴 루터의 이발사인 피터 베스켄도르프는 루터에게 기도에 관해 물어보았다. 그러자 루터는 그에게 40쪽에 걸쳐 답변을 써주었다. 그 답변 중 일부는 다음과 같다.

훌륭한 이발사는 생각과 마음과 눈을 면도칼과 턱수염에 집중하며 자신이 면도를 어디까지 했는지 잊지 말아야 합니다. 만약 계속해서 말하거나 주위를 두리번거리거나 다른 생각을 한다면, 손님의 입이나 코, 심지어 목까지도 벨 수 있기 때문입니다. 따라서 무슨 일이든 잘 해내기 위해서는 마음과 몸을 모두 그 일에 집중해야 합니다. 마치 많은 것을 생각하는 사람은 아무것도 생각하지 않는 사람이고, 그런 사람은 좋은 결과를 낼 수 없다는 격언처럼 말입니다. 그렇다면 좋은 기도를 드리려면 그 마음이 독점적으로 완벽하게 기도로 사로잡혀 있어야 하지 않겠습니까? …… 아침에 일어나서 가장 먼저 기도드리고, 자기 전에 가장 마지막으로 기도드리는 것이 좋습니다. 다음과 같은 거짓된 생각에서 자신을 지키십시오. '잠깐만 있어 봐. 이제 한 시간 정도 기도할 텐데, 그 전에 이 일도 하고 저 일도 마쳐 놓아야 해.' 이런 생각을 하다 보면 우리는 기도에서 벗어나 다른 생각에 빠지게 되고, 그런 생각은 그날의 기도가 실패로 끝나게 될 때까지 우리를 사로잡고 말려들게 할 것입니다.[16]

기도하는 사람과 기도하지 않는 사람의 가장 큰 차이는 기도하는 사람은 **계획**을 세워서 기도한다는 점이다. 칼빈은 『기독교 강요』에서 아예 "정해진 시간에 하는 기도"라는 제목으로 매일 기도드리는 방식을 제시했다. 즉, 일어날 때, 일을 시작할 때, 식사 전에, 하루를 마칠 때 기도하라는 것이다.[17] 우리는 주님의 삶을 통해 기도가 의도적인 행위이고, 예수님도 일부러 시간을 내셨다는 점을 알 수 있다. 고작 3년 반 동안 사역을 하시는 데도 기도 시간을 내시는 것이 예수님께 그렇게 중요한 일이었다면, 우리에게 기도는 얼마나 더 중요한 일이겠는가!

예수님의 사역은 우리의 사역보다 훨씬 고되었다. 그런데도 예수님은 기도할 시간을 내셨다. 시간이 없어서 기도하지 못한다는 말을 내뱉어 우리 주님을 모욕하는 일이 없도록 하자. 예수님이 보여 주신 예는 기도란 엄청난 헌신이 필요한 영적 우선순위이며, 일부러 시간을 따로 내어야 하는 의도적인 행위였다는 사실을 가르쳐 준다.

기도하려면 세심한 지침이 필요하다

우리가 누가복음 11장 1절에서 배울 수 있는 세 번째 교훈은 기도란 세심한 지침이 필요한 행위라는 것이다. "예수께서 한곳에서 기도하시고 마치시매 제자 중 하나가 여짜오되 주여 요한이 자기 제자들에게 기도를 가르친 것과 같이 우리에게도 가르쳐 주옵소서." 열두 제자 중에 누가 이런 요청을 했는지는 모른다. 다만 "주여 우리에게도 가르쳐 주옵소서"라는 말에서 "가르쳐"에 해당하는 단어는 말로 지침을 내린다는 뜻의 헬라어 동사를 번역한 것이다. 제자들은 이미 기도가 무엇인지 기본적으로는 이해하고 있었다. 그들은 이미 구약 성경을 읽었는데, 구약 성경에는 기도의 예가 많았다. 그들은 유대인 가정에서 자라 기도하는 것을 들었고, 스스로 기도한 사람들이었다. 누가복음 11장의 내용이 있기 전, 그들은 이미 예수 그리스도와 1년 이상 밤낮으로 함께한 상태였다. 그들은 분명 예수님이 예전에 여러 차례 기도하시는 것을 들었을 것이다. 그리고 불과 몇 달 전에, 즉 그해 여름에 예수님이 산상수훈을 가르치시며 기도하는 법을 가르쳐 주시기도 하셨다. 하지만 그들은 기도의 기술을 아직 통달하지 못한 상태였다.

어떤 의미에서 기도는 그저 어린아이가 아버지께 자연스럽게 울부짖는 것이라고도 할 수 있다. 하지만 성숙한 기도는 자연스럽게 나오는 것이 아니다. 반드시 가르침을 받아 배워야 하는 기술이다. 제자들은 여전히 제대로 기도하려면 도움이 필요한 상태라고 느끼고 있었다. 그들만 이 영역에 부족함을 느낀 게 아니었다. 그래서 그들은 이렇게 말했던 것이다. "[세례] 요한이 자기 제자들에게 기도를 가르친 것과 같이 우리에게도 가르쳐 주옵소서." 요한이 어떻게 기도했는지, 요한이 기도에 관해 어떻게 가르쳤는지에 대해서는 아무런 기록도 남아 있지 않다. 하지만 분명히 기도는 요한의 사역에서도 필수적인 요소였을 것이다. 누가복음 5장 33절에서 바리새인들은 예수님께 이렇게 말한다. "요한의 제자는 자주 금식하며 기도하고." 요한의 제자들도 기도하는 법을 배워야 했다. 사도들이 예수님께 기도하는 법을 가르쳐 달라고 요청한 것처럼 말이다.

이 점은 우리에게 큰 위로가 된다. 우리만 기도에 도움이 필요한 사람들이 아닌 것이다. 기도에 관해서 우리는 요한의 제자들과 사도들 뒤에 줄을 선 것뿐이다. 또한, 여기에서 우리는 기도란 바른 지침을 통해 획득할 수 있는 기술이라는 점을 보게 된다. 물론 기도하는 법을 가장 잘 가르칠 수 있는 분은 예수님 본인이시다. 놀라운 사실은, 하나님의 은혜로 우리 주님이 제자들에게 기도하는 법을 가르쳐 주신 내용이 성경에 남아 있다는 것이다. 누가복음 11장 1절에 나오는 요청에 대해 예수님은 2절에서 이렇게 답하신다. "예수께서 이르시되 너희는 기도할 때에 이렇게 하라……." 물론 그 뒤에는 주기도문이 나온다. 우리가 알아야 할 것은, 예수님이 이미 몇 달 전에 산상수훈을 통해 이 기도문의 가장 포괄적인 형태를 제시하셨다는 점이다.

마태복음 6장 9절에서 예수님은 이렇게 말씀을 시작하신다. "그러므로 너희는 이렇게 기도하라." 여기에서 예수님은 우리에게 우리의 모든 기도가 따라야 할 모형과 본보기를 제시하셨다. 십계명이 아이도 암기할 수 있는 열 개의 히브리어 구문으로 하나님의 법을 축약한 것이라면, 이 기도문은 기도에 들어가야 할 모든 내용을 어린아이들도 배울 수 있도록 압축한 것이다. 영국의 종교 개혁자이자 순교자인 휴 라티머는 주기도문을 다음과 같이 설명한다. "이 기도는 다른 모든 기도의 정리본이자 요약본이다. 다른 모든 기도는 이 기도에 속한다."[18]

이 놀라운 기도문을 통해 우리 주님은 우리가 따라야 할 기도의 본을 제시하신다. 따라서 우리는 이 기도를 자세히 살펴보아 우리 주님의 지침들을 더욱 주의 깊게 연구해야 한다.

기도의 요소

이 기도에는 세 가지 요소가 있다. 서문, 여섯 개의 탄원, 그리고 결론이다. 서문인 "하늘에 계신 우리 아버지여"는 기도로 하나님 앞에 나아갈 때 우리가 갖추어야 할 자세에 대해 가르친다. "우리"는 복수대명사이다. 그러므로 기도는 개인적이고 자아에 함몰된 행위가 아니다. 오히려 우리는 한 가족의 일원으로서 기도해야 한다. "아버지"라는 단어는 우리가 아버지를 대하는 아이처럼 기도해야 한다는 점을 일깨워 준다. 우리는 입양되었기 때문에 당연히 우리 아버지께 말을 하는 것이다. 그런데 "하늘에 계신"이라는 표현에서 다시 균형이 이루어진다. 이 말은 우리가 하나님께 아버지를 대하듯이 하는 것만이 아니라, 백성이 왕을 대하듯이 하기도 해야 한다는 의미다.

그 뒤에 나오는 여섯 개의 탄원은 기도의 여섯 가지 영역을 밝힌다.

이 여섯 개의 탄원은 우리의 입술과 마음에서 나와야만 하는 갖가지 요구들을 개괄한다. 우선 우리는 **하나님의 영광**을 위해 기도해야 한다. 즉, "이름이 거룩히 여김을 받으시오며"라고 기도해야 하는 것이다. 이는 하나님의 이름과 하나님과 연관된 모든 것을 구별하여 거룩한 것으로 다루어야 한다는 뜻이다. 그리고 우리는 **하나님 나라**를 위해 기도해야 한다. 즉, "나라가 임하시오며"라고 기도해야 하는 것이다. 우리는 하나님의 영적인 나라가 사람들의 마음에 전진해 나아가도록, 그리고 우리 주님이 다시 오셔서 하나님 나라를 세우실 때 하나님 나라가 실제로 임하도록 기도해야 한다. 세 번째로, 우리는 **하나님의 뜻**을 위해 기도해야 한다. 즉, "뜻이 하늘에서 이루어진 것같이 땅에서도 이루어지이다"라고 기도해야 한다. 넷째, 우리는 **이생의 삶에 필요한 것들**에 대해서 기도해야 한다. 즉, "오늘 우리에게 일용할 양식을 주시옵고"라고 기도해야 한다. 다섯째, **죄 고백**을 위해 기도해야 한다. 즉, "우리가 우리에게 죄지은 자를 사하여 준 것같이 우리 죄를 사하여 주시옵고"라고 기도해야 한다. 그리고 여섯째, **거룩함의 추구**를 위해 기도해야 한다. 즉, "우리를 시험에 들게 하지 마시옵고 다만 악에서 구하시옵소서"라고 기도해야 한다.

이러한 의뢰들이 어떠한 비율로 구성되어 있는지에 주목하라. 그 절반은 하나님에 관한 것이고, 절반은 우리와 우리의 필요에 관한 것이다. 기도의 원형인 이 기도문에 나타나는 절묘한 균형에 주목하라. 예수님은 우리가 하나님께 의뢰해야 할 사항들을 여섯 항목으로 나누셨는데, 우리의 기도는 대부분 그중 두 가지, 이생의 필요에 대한 기도와 죄의 고백에 치우치는 경우가 많다. 이는 우리의 기도가 심각하게 불균형한 상태라는 말이다. 이 간구들이 나타나는 순서를 살펴보면, 분명히 의도적으로 구성된 것으로, 우리가 기도하며 집중해야 할 순서에 대해서 말해 준다. 그런데 우리의 필요는 기도의 후반부에 나온다. 이는 우리의 기도는 반드시 하나님, 하나님의 영광, 하나님 나라, 하나님의 뜻으로 시작해야 히고, 그것들에 먼저 집중해야 한다는 뜻이다. 그렇게 한 후에야 필요한 것들을 구할 준비가 된 것이다.

이 기도가 놀라운 것은 예수님이 우리에게 자신이 기도한 그대로 기도하라고 가르치셨다는 점이다. 예수님은 종종 하나님을 아버지라고 선포하시고 하나님이 하늘에 계심을 고백하며 기도를 시작하셨다. 누가복음 10장 21절에서 예수님은 "천지의 주재이신 아버지여"라고 기도를 시작하신다. 예수님은 언제나 아버지의 이름이 거룩히 여김을 받게 해달라고 기도하셨다. "아버지여, 아버지의 이름을 영광스럽게 하옵소서"(요 12:28). 요한복음 17장 1절에서는 "눈을 들어 하늘을 우러러 이르시되 아버지여 때가 이르렀사오니 아들을 영화롭게 하사 아들로 아버지를 영화롭게 하게 하옵소서"라고 하신다.

예수님은 하나님 나라가 전진해 나아가기를 끊임없이 기도하셨다. 요한복음 11장 41-42절에서는 이렇게 말씀하셨다. "아버지여 내 말을 들으신 것을 감사하나이다 항상 내 말을 들으시는 줄을 내가 알았나이다 그러나 이 말씀 하옵는 것은 둘러선 무리를 위함이니 곧 아버지께서 나를 보내신 것을 그들로 믿게 하려 함이니이다." 예수님의 관심은 하나님의 뜻이 이 땅에서 이루어지는 것이었다. 겟세마네 동산에서 예수님은 이렇게 기도하신다. "이르시되 아버지여 만일 아버지의 뜻이거든 이 잔을 내게서 옮기시옵소서 그러나 내 원대로 마시옵고 아버지의 원대로 되기를 원하나이다"(눅 22:42). 예수님은 또한 매일 먹을 양식까지, 이 삶에 필요한 것들에 대해서도 기도하셨다. 우리는 예수님이 언제나 식사 전에 기도하셨고, 이적을 통해 무리에게 음식을 베푸시기 전에도 항상 기도하셨다는 사실을 알고 있다.

예수님은 죄를 짓지 않으셨기 때문에 자신의 죄를 용서해 주실 것을 기도하신 적은 없다. 하지만 분명히 다른 자들을 용서해 달라고 기도하셨다. 누가복음 23장 34절에서 예수님은 "아버지 저들을 사하여 주옵소서"라고 기도하신다. 또한, 하나님께 다른 이들을 영적으로 보호해 주시고 성장하게 해달라고 기도하신다. 누가복음 22장 32절에서 예수님은 베드로에게 사탄이 너를 밀 까부르듯 하려고 하더라도 "내가 너를 위하여 네 믿음이 떨어지지 않기를 기도하였느니"라고 말씀하신다. 요한복음 17장 17절에서는 "그들을 진리로 거룩하게 하옵소서 아버지의 말씀은 진리니이다"라고 말씀하시며 사도들과 우리를 위해 기도하셨다. 당신이 주기도문에 나오는 범주를 따라 그대로 기도하면, 당신의 기도는 주님과 함께하게 된다. 지금 당장 우리 위대한 대제사장이 우리와 함께, 그리고 우리를 위해 이러한 간구를 하고 계신다. 예수님은 지금까지 우리를 중재하기 위해 살아계신다.

우리 주님은 자신의 예를 통해 우리의 삶과 사역에서 기도가 우선순위가 되어야 한다는 사실을 보여 주셨다. 예수님은 의도적으로 기도에 시간을 쏟으시며 어떻게 기도해야 하는지 보여 주셨다. 그리고 우리에게 주의 깊은 지침과 함께 기도의 기술을 가르치셨다. 예수님은 필요한 모든 것을 주셨다. 이제 우리는 그저 사도들이 한 것처럼, 말씀과 기도 사역에 전념하도록 결심할 수 있는 은혜를 달라고 구하기만 하면 된다.

PRAYER

아버지여, 우리가 순종하지 못하고 구실만 댔던 것을 용서하소서.
믿음이 부족함을 용서하소서.
우리는 주님이 기도에 헌신하셨던 본을 따라
마땅히 기도해야 하는데 그러지 못했습니다.
기도하지 못하여 주님과 우리 성도들에게
죄를 저질렀으니 이를 용서하소서.
오늘 저희가 기도합니다.
날마다 의도적으로, 계획적으로 기도하며
헌신하도록 새로운 마음을 주소서.
예수님의 이름으로 기도합니다.
아멘.

4
John Piper

나는 이제 너희를 위하여 받는 괴로움을 기뻐하고 _ 골 1:24

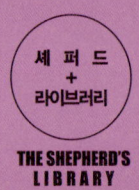

잘 고난받는 지도자

존 파이퍼, 2001
골로새서 1:24

여는 기도

아버지, 우리의 노력의 결과가 철저한 순종으로 나타나기를 간구합니다. 그리스도의 목적을 위하여 기꺼이 고난을 감내하는 마음을 주시기를 기도합니다. 죽은 자 가운데서 부활이 없다면, 그 어떤 것도 어리석은 일이 됩니다. 우리에게 그 모든 위험을 기꺼이 감내할 수 있는 마음을 주시길 기도합니다.

또한, 미국을 사로잡고 있는 편안함, 안락함, 무사안일, 안전함에서 우리를 벗어나게 해주시기를 기도합니다. 지금 이 순간 아버지께서 우리를 당신의 말씀에 충실하게 하시고, 말씀에 균형을 잡게 하시고, 마귀에게서 지켜 주시고, 당신의 영으로 채워 주시기를 기도합니다. 도움이 되지 않는 것들은 다 제해 버리고, 하나님의 백성을 강하게 하기 위해 다루어야 할 것들은 모두 포함되게 하소서. 예수님의 이름으로 기도합니다. 아멘.

환난과 기쁨

데살로니가전서 1장 6절 말씀은 이렇다. "또 너희는 …… 우리와 주를 본받은 자가 되었으니." 본문에서는 무언가의 본이 되는 두 사람이 나온다. 바로 예수님과 바울이다. 그들은 다음과 같은 본을 보인다. "많은 환난 가운데서 성령의 기쁨으로 말씀을 받아." 예수님은 환난 가운데서도 말씀을 받고, 기쁨으로 살아가신 분이었다. 히브리서는 이렇게 말한다. "그는 그 앞에 있는 기쁨을 위하여 십자가를 참으사"(히 12:2). 바울 역시 하나님의 말씀을 받은 자였다. 하나님은 "그가 내 이름을 위하여 얼마나 고난을 받아야 할 것을 내가 그에게 보이리라"(행 9:16)라고 말씀하셨다. 하지만 바울은 자신이 환난 중에 즐거워했다고 반복해서 말한다. 우리는 예수님과 바울을 닮도록 부름 받았다. 많은 환난을 받아도 즐거움으로 말씀을 받도록 부름 받은 것이다.

바울은 고난의 삶을 살았다. 그렇다면 이런 질문이 생긴다. 이 사도의 삶에서 고난은 어떤 역할을 했는가? 목회자의 삶에서, 선교사의 삶에서, 성도의 삶에서 고난은 어떤 기능을 하는가? 목회자에게 고난은 그저 아무런 목적 없이 발생하는 것인가? 고난을 받는 목회자는 하나님이 고난을 처리하시는 방법 때문에 하나님을 높이는 것인가? 교회 내에 고난이 발생하는 이유는 어떠한 목적이 있어서인가? 목회자가 자기 교회를 위해 고난을 받는 것이 가능한 일인가? 목회자가 자신의 사역지를 위해 고난을 받는 것이 가능한 일인가?

고난은 그저 마귀가 악한 존재여서 발생하는 것이고, 우리는 성령님의 힘을 통해 오히려 그 고난을 신성한 영향력을 끼치는 일로 바꿀 수 있는 것인가? 하나님이 바울에게 "그가 내 이름을 위하여 얼마나 고난을 받아야 할 것을 내가 그에게 보이리라"라고 말씀하셨다면, 이 고난에는 계획과 전략이 있는 것인가? 내가 이러한 질문들과 주제를 제기하는 이유는 지도자들이 고난에 대해서 알아야 하기 때문이다.

전략으로서의 고난

리처드 범브란트는 복음을 위해 감옥에서 14년 동안 고난받은 루마니아 목회자다. 그 목사님은 신을 벗고 자리에 앉아 말씀을 전하신 분이었는데, 나는 말 그대로 그분의 발치에서 말씀을 들을 수 있었다. 열두 명의 목사님들과 함께 리처드 목사님의 발치에 앉아서 말씀을 들었던 것이 벌써 15년 전 일이다. 그때 목사님은 나의 마음에 고난을 하나의 전략으로 받아들일 수 있다는 생각을 심어 주셨다.

목사님은 당시 이런 질문을 하셨다. "당신과 당신 옆에 있는 사람이 아이를 입양하려고 하는데, 한 아이는 장애가 있고 다른 아이는 장애가 없다면 어느 아이를 입양하겠습니까?" 이 질문은 나에게 깊은 울림을 주었다.

최근에 나는 이 질문이 성도들에게 어떤 영향을 미쳤는지 보게 되었다. 베들레헴 침례교회에는 미국 전역과 전 세계에서 입양된 수십 명의 아이가 있다. 여러 가정이 우크라이나의 보육원에서 장애가 있는 아이들을 입양했고, 거기에 따르는 고난을 기꺼이 감수하고자 했다. 그들은 비록 고통 가운데 있었지만, 하나님의 자비로우신 은혜로 고통은 오히려 영광이 되었다. 이 가정 중 일부는 너무나 극심한 고통을 당한 나머지, 아이들을 다시 돌려보내야 하나 깊은 고민에 빠지기도 했다. 그 정도로 고통은 심각했다. 이 가정들은 스스로 사지로 들어간 것이라고 할 수 있다. 사랑하기로 선택했기 때문에, 궁극적으로는 고난을 받겠다고 선택했기 때문에 이런 상황이 벌어진 것이다.

리처드 범브란트 목사님이 하신 또 다른 이야기 역시 나에게 깊은 울림을 주었다. 그 이야기는 시토 수도회의 수도원장에 관한 이야기다. 이탈리아의 한 라디오 진행자가 수도원장에게 이렇게 물었다. "만약 삶의 마지막 때에 무신론이 참이고, 하나님이 존재하지 않는다고 하면 어떡하시겠습니까?" 그러자 수도원장이 대답했다. "거룩, 침묵, 희생은 그 자체가 아름다운 것입니다. 상급의 약속이 없더라도 저는 삶을 선용할 것입니다." 하지만 바울이라면 완전히 반대되는 답을 내놓았을 것이다. 고린도전서 15장 19절에서 바울은 이렇게 말한다. "만일 그리스도 안에서 우리가 바라는 것이 다만 이 세상의 삶뿐이면 모든 사람 가운데 우리가 더욱 불쌍한 자이리라." 이 구절은 지난 10년 동안 나를 가장 곤란하게 만든 말씀이었다. 이 말씀은 언제나 내 앞에 있었고, 내 사역에 의문을 제기했으며, 다른 어떤 본문보다도 나의 미래를 바꾸어 놓겠다고 위협했다.

이 구절은 죽은 자 가운데서 부활이 없다면, 현재 내가 내린 선택들과 나의 현재 삶이 완전히 터무니없는 것이라고 말한다. 이런 식의 생각은 미국에서 특히 충격적으로 받아들여진다. 아무도 이런 식으로 기독교를 전하지 않기 때문이다. 사람들은 기독교가 사랑과 기쁨, 평화, 인내, 친절함, 더 나은 결혼 생활, 더 순종적인 자녀를 약속한다고 전한다. 심지어 하나님은 그저 우리의 사업을 번창하게 해주시는 분이라고 전하기도 한다. 만약 기독교가 이처럼 한낱 망상에 불과하다면 어떻게 되겠는가? 아마도 당신이 좋은 삶을 사는 한, 기독교는 당신의 삶에 아무런 영향력을 미치지 못하게 될 것이다.

하지만 바울은 완전히 반대되는 견해를 지니고 있었다. 만약 우리가 이 지옥과 같은 삶 이후에 죽은 자 가운데서 살아나지 않는다면, 우리는 모든 사람 중에 가장 비웃음을 당하고, 불쌍하고 어리석은 자로 여겨질 것이다. 바울은 바로 이 장에서 죽은 자 가운데서 부활이 없다면 어떤 삶을 선택할 수 있는지 설명했다. 그는 이렇게 말한다. "먹고 마시자"(고전 15:32). 그렇다고 바울이 부활이 없으면 우리 모두 술주정뱅이에 폭식가가 되어야 한다고 한 것은 아니다. 폭식가에 과체중이 된다는 것은 36살에 심장마비에 걸린다는 뜻일 뿐이다. 술주정뱅이가 되면 당연히 힘든 삶을 살게 된다. 아무도 그런 삶을 보면서 "그게 인생이지."라고 말하지는 않을 것이다. 바울의 의도는 "그저 평범하게 되라"는 것이다. 즉, 먹고, 마시고, 평범하게 살며, 지나친 위험은 피하고, 최고로 안전하게 살며, 합리적으로 안락함을 즐기는 것이다. 이것이야말로 죽은 자 가운데서 부활이 없다면 우리 모두가 따라야 할 삶의 방식이다. 부활이 없다면 기독교는 이처럼 평범하고, 단순하고, 문화에 순응하게 된다.

바울은 고린도전서 15장 29-31절에서 부활의 진리가 자신의 삶에 어떤 영향을 미쳤는지 더욱 깊이 설명한다. "만일 죽은 자들이 도무지 다시 살아나지 못하면 …… 어찌하여 우리가 언제나 위험을 무릅쓰리요"(15:29-30). 나는 이 말씀을 오늘 비행기 안에서 읽으면서 속으로 이렇게 생각했다. '좋은 밤 되기를.' 내가 만일 한 시간이라도 위험에 처해 있다면, 나는 그 문제를 해결하기 위해 힘쓸 것이다. 당연히 나도 위험 가운데 거하기를 싫어한다. 그런데 바울은 그 길을 택했다. 바울에게 그러한 위험은 단지 한 시간 정도 겪고 마는 것이 아니었다. 바울은 매일같이 평생을 그렇게 살았다. 그는 바다의 위험, 길의 위험, 도시의 위험, 잘못된 형제들의 위험, 원수의 위험 등에 시달렸다. 바울은 전혀 안전하지 않았다. 그는 언제나 위험 가운데 있었던 것 같다.

나도 몇 차례 주변 상황 때문에 위험을 당한 적이 있다. 그러고 나니 사역에 집중하기가 힘들었다. 성난 군중이 지금 밖을 돌아다니고 있는데, 어떻게 내일 이슬람교도들에게 어떤 이야기를 전할지 준비하고 있을 수 있겠는가? 하지만 바울은 매시간 위험 가운데 있었으면서도, 이어서 이렇게 쓴다. "형제들아 내가 그리스도 예수 우리 주 안에서 가진바 너희에 대한 나의 자랑을 두고 단언하노니 나는 날마다 죽노라"(15:31). 이제 죽은 자 가운데서 부활이 없다면, 이러한 삶은 어리석은 것이 분명하다. 죽은 자 가운데서 부활한다는 보장이 없다면, 당신은 매일 인생을 최대로 즐겨야 한다. 바울은 이런 식으로 생각했고, 이러한 결정을 내렸다. 그는 참된 기쁨을 알고 있었기 때문이다. 고난을 잘 당하는 것이 무엇인지에 대한 바울의 답변은 골로새서 1장 24절에서 찾아볼 수 있다.

두려운 말씀

존 맥아더의 사무실에는 두 손을 벌린 채 무릎을 꿇고 있는 형상의 동상이 있다. 동상에는 이런 글이 쓰여 있다. "나는 주님을 신뢰할 것이다." 이 동상은 전능하신 하나님 앞에 얼굴을 묻고 있는 모습인데, 이런 글을 읽을 때면 나 또한 그런 심정을 느낀다. 목회자로서 우리는 때로 성경을 사용하여 성경에서 벗어나고 싶은 유혹을 느낄 때가 있다. 우리는 다른 식으로 사역하고 싶은 마음을 일으키는 구절에서 자신을 보호하기 위해 주해 설교를 택한다. 나를 오해하지 말라. 나 역시 온 마음을 다해 주해 설교를 신뢰한다. 하지만 하나님은 우리를 단순한 주해가 이상의 존재로 부르셨다.

고난 중에 즐거워하다

골로새서 1장 24절 말씀은 이러하다. "나는 이제 너희를 위하여 받는 괴로움을 기뻐하고." 우리는 이런 구절을 보면 어찌해야 할지 모르게 된다. 우리 교회에 속한 거의 모든 사람이 이 말씀과 정반대로 반응한다. 그들은 괴로움을 겪을 때면 신음하며 하나님께 묻는다. "왜입니까?" 그리고 기뻐하지 않는다. 사도 바울은 뭐가 잘못된 것인가? 그는 다른 행성에서 온 사람인 것인가? 성경을 따르는 삶이란 너무나 초자연적이고, 급진적이고, 이질적이어서 그렇게 살아가는 목회자나 평신도들이 굉장히 드물다.

우리는 계속해서 다음과 같은 말씀을 보게 된다. "나는 이제 너희를 위하여 받는 괴로움을 기뻐하고 그리스도의 남은 고난을 그의 몸 된 교회를 위하여 내 육체에 채우노라." 바울은 자신의 괴로움이 "그리스도의 남은 고난을 채우는 것"이라고 했다. 즉, 괴로움이란 그리스도의 남은 고난을 "채우는" 목적을 위해 고안된 것이라는 말이다. 이 말씀은 무엇을 의미하는가? 우리는 모두 이 말씀이 사도 바울이 십자가의 구속 사역을 조금이라도 더 낫게 만들었다는 뜻은 아님을 안다. 예수님이 "다 이루었다"고 선포하셨을 때, 예수님은 무한한 가치를 지닌 완전한 희생이 전부 이루어졌다고 하신 것이다. 따라서 아무도 그 희생을 조금이라도 나은 것으로 만들 수 없다. 십자가 위에서 지불되어야 할 것들은 완전히 지불되었다. 우리 죄를 용서하시고, 거룩하신 하나님 앞에서 우리의 생명을 의롭다 하시기 위해 예수님께서 지불하신 대가에 누구도 어떠한 기여를 할 수 없다. 예수님만이 이 일을 하셨고, 우리는 그 안에 머물 때 안전하다.

그렇다면 이 말씀은 도대체 무슨 뜻인가? "그리스도의 남은 고난"이란 그 구속 사역의 완전성에 대한 것이 아니라는 점은 확실하다. 다만 예수님이 그 대가를 치르고 죽으신 사실이 아직 선택된 그들에게 전해지지 못했다는 것이다. 예수님은 아버지의 계획에 의거하여 선택된 자들을 구속하기 위해 고난받으셨고, 그 고난이 전 세계 모든 무리 가운데 있는 그들에게 제시되기를 원하셨다. 이 일은 고난을 통해 이루어져야 한다.

하지만 이 고난은 반드시 기쁨을 수반해야 한다. 기쁨이 없으면 누구도 살아남을 수 없기 때문이다. 그리스도도 자신 앞에 있는 기쁨을 바라며 십자가를 견디셨다. 당신도 당신 앞에 있는 기쁨을 위하여 당신이 선택한 것을 감내해야 한다. 이는 죽은 자 가운데서 부활이 없다면 아무 의미가 없다. **기쁨이란 당신이 그리스도를 위해 고난받기로 했을 때, 이 땅에서 당신의 사역을 감당하면서도 살아남을 수 있게 해줄 유일한 방법이다.** 주님을 기뻐하는 것은 아무도 이해하지 못할 선택을 내린 당신에게 큰 힘이 될 것이다.

비슷한 예

내가 이 구절이 위와 같은 의미라고 생각하는 이유는, 다른 말씀에서 이와 유사한 단어가 사용되었기 때문이다. 나는 이 구절의 핵심 단어를 "채우다"와 "남은"이라고 보고 이 단어가 사용된 다른 말씀을 찾다가, 빌립보서 2장에 이와 비슷한 예가 나오는 것을 발견했다. 바로 바울이 에바브로디도에 대해서 기록한 내용이다. 당시 바울은 로마에 머물고 있었는데, 에바브로디도는 빌립보인들이 준비한 선물을 로마로 가져온 사람이었다. 바울은 빌립보인들에게 답신으로 보낸 이 편지에서 에바브로디도를 칭찬한다. 빌립보서 2장 27절에 따르면, 에바브로디도가 목숨을 내놓고 그 일을 했기 때문이다. 에바브로디도는 세상적으로는 상당히 어리석어 보이는 결정을 내렸고, 결국 그 일을 해냈다. 그는 "하나님이 그를 긍휼히 여기셨기"(27절) 때문에 살 수 있었다. 이런 이유로 바울은 교회에 그를 기쁨으로 맞고 그와 같은 자들을 존귀하게 여기라고 말하는 것이다.

30절에는 에바브로디도가 "그리스도의 일을 위하여 죽기에 이르러도 자기 목숨을 돌보지 아니한 것은 나를 섬기는 너희의 일에 부족함을 채우려 함이니라"라는 말씀이 있다. 이 구절에서 사용된 두 단어 "부족함"과 "채우다"는 골로새서 1장 24절에 나오는 단어와 같다. 우리는 이 말씀에서 매우 밀접한 유사 어구를 보게 된다. 빌립보인들은 바울을 위해 사랑의 선물을 준비했다. 그리스도 안에서 형제 된 자를 섬기기 위해 기꺼이 희생했던 것이다. 하지만 이 선물은 빌립보인들이 보내려고 했던 곳, 즉 로마에 보내지기 전까지는 완전한 것이 아니었다. 그래서 에바브로디도는 자신의 목숨을 대가로 그 부족함을 채운 것이었다.

100년 전에 빌립보서 주석을 쓴 마빈 빈센트는 이 구절에 관해서 이렇게 기록한다. "바울에게 보낸 선물은 그리스도의 몸 된 교회에 보낸 선물이었다. 이는 사랑의 희생 제물이었다. 다만 부족한 것은 이 제물을 직접 보내야 한다는 것이었다."[1]

바울은 에바브로디도를 자신이 펼치고 있는 애정 넘치고 열정적인 사역에 부족한 것을 공급하는 자라고 묘사한다. 나는 골로새서 1장 24절도 이런 식으로 해석한다. 또한, 이 구절에서 벌어지고 있는 사건도 동일한 것이라고 생각한다. 예수 그리스도는 사랑으로 세상을 위한 희생 제물이 되셨다. 예수님은 이를 텔레비전이나 라디오를 통해서만 전해지는 것이 아니라 몸으로 구현되도록 계획하셨다. 그러면 이제 다음과 같은 질문이 생긴다. 예수님의 고난이 선택된 자들을 구속하고, 효력을 발휘하고, 강력하고, 복음을 느끼게 하는 것이기 때문에 그들의 삶에 이 예수님의 고난을 전하려고 하는 것이라면, 어떤 수단을 통해 그렇게 하는 것인가? 바울은 골로새서 1장 24절을 통해 매우 분명하게 그 방법을 밝힌다. "나는 이제 너희를 위하여 받는 괴로움을 기뻐하고 그리스도의 남은 고난을 그의 몸 된 교회를 위하여 내 육체에 채우노라."

바울이 설교할 때 바울의 몸에 일어났던 일들이 바로 그리스도가 직접 전해지지 못한 그 "부족함"을 "채우기" 위한 방법이었다.

유대인들에게 사십에서 하나 감한 매를 다섯 번 맞았으며 세 번 태장으로 맞고 한 번 돌로 맞고 세 번 파선하고 일 주야를 깊은 바다에서 지냈으며 여러 번 여행하면서 강의 위험과 강도의 위험과 동족의 위험과 이방인의 위험과 시내의 위험과 광야의 위험과 바다의 위험과 거짓 형제 중의 위험을 당하고 또 수고하며 애쓰고 여러 번 자지 못하고 주리며 목마르고 여러 번 굶고 춥고 헐벗었노라(고후 11:24-27).

고난은 필수적이다! 이를 받아들이지 못한다면 목회자가 되지 말라. 하나님은 당신이 고난 중에 신실하게 우리 이웃과 전 세계에 있는 자기 백성에게 나아가도록 하셨다. 하나님은 그 사람들이 당신이 십자가에서 죽을 때, 십자가에 달리신 참 예수님을 보도록 하셨다. 바울은 골로새서 1장 24절에서 바로 이 이야기를 하려고 했던 것이다.

보통 있는 일

나는 최근에 편지 한 통을 받았다. 편지를 보낸 사람이 자기 이름이 밝혀지는 걸 원하지 않을 수도 있기에 가명을 사용하겠다. 그 편지의 내용은 이러했다. "2주 전에 제 동생인 조는 우간다 북부 지역 어느 마을에서 산장에 앉아 있다가 총을 맞았습니다. 조와 그의 아내인 프랜시스는 수단 경계에서 5㎞ 떨어진 우간다 북부 지역의 이슬람교도 종족 아링가 사람들에게 파송된 선교사였습니다. 프랜시스와 5개월 된 딸 조이는 1년 넘게 그곳에 있다가 마침 막 미국에 도착하여 잠깐 머물던 중이었습니다. 조는 아프리카에 남아 있었고요. 프랜시스가 미국에 도착한 지 이틀 후 저녁, 조와 마틴은 그 산장 거실에 함께 앉아 있었습니다. 그런데 밖에서 이상한 소리가 들렸습니다. 조는 즉시 문제가 생겼음을 알아채고 총탄이 쏟아지기 전에 자리에서 일어나 문을 닫았습니다. 하지만 총탄이 문을 뚫고 들어와 조는 어깨에, 마틴은 팔 아래쪽에 총을 맞고 말았습니다."

이 편지의 다음 내용은 이러했다. 괴한들이 들어와 조와 마틴을 끌고 다니며 돈을 요구했고, 두 남자는 예수님께 그 괴한들을 구원해 달라고 울부짖었다고 한다. 결국 어떻게 되었을까? 그 일당들은 사라져 버렸고, 조와 마틴은 다친 상태로 그곳에 다섯 시간이나 방치되어 있었다고 한다. 그러나 그들은 결국 살아남았다. 이 이야기는 행복한 결말을 맞았지만, 우리는 모두 "세상적으로" 볼 때 행복한 결말로 끝나지 않은 이야기를 많이 알고 있다.

이것이 정상이다! 젊은이들에게 이것이 정상이라고 가르치지 않는 교회는 화가 있을 것이다. 바울은 이렇게 썼다. "나는 이제 너희를 위하여 받는 괴로움을 기뻐하고 그리스도의 남은 고난을 그의 몸 된 교회를 위하여 내 육체에 채우노라." 이는 단지 사도에게만 해당하는 것인가? 그렇지 않다. 예수님도 이렇게 선포하셨다. "누구든지 자기 목숨을 구원하고자 하면 잃을 것이요 누구든지 나와 복음을 위하여 자기 목숨을 잃으면 구원하리라"(막 8:35).

사랑하는 이들이여, 구원의 길은 복음을 위해 자기 생명을 잃는 길이다. 디모데후서 3장 12절 말씀도 이러하다. "무릇 그리스도 예수 안에서 경건하게 살고자 하는 자는 박해를 받으리라."

하나님의 영광을 위해 고난을 받아야 한다는 진리는 모든 사람에게 적용된다. 이 진리가 미국 교회에서 반향을 거의 일으키지 못하는 이유는 우리가 "경건함"이라는 단어에 너무나 익숙해져 버렸기 때문이다. 그 정도가 어찌나 심각한지 우리는 바울이 이 단어를 통해 의미하고자 한 바를 거의 이해하지 못할 지경에 이르렀다. 경건함이라는 말의 의미는 성경을 읽고, 교회에 가고, 명령을 지키는 것으로 축소되었다. 하지만 이는 절대로 경건함의 전부가 될 수 없다. 바리새인들도 그 모든 것을 행했기 때문이다. 경건함이란 하나님께 강력하게 사로잡히고, 하나님으로 만족하고, 하나님으로 충만하고, 예수님으로 움직이는 것이다. 그래서 오직 하나님이 당신을 죽은 자 가운데서 살리신다는 약속으로만 설명되는 방식으로 살아가는 것이다. 따라서 나는 항상 이렇게 기도한다. "주님, 저와 제 아내가 언제나 우리가 내릴 다음 결정에 준비되게 하소서."

우리는 죽은 자 가운데서 부활하기 때문이라는 이유로밖에 설명되지 않는 위험을 무릅쓰지 않고는 절대로 그리스도의 교회가 될 수 없다. 그것만이 우리가 마땅히 되어야 할 교회를 이루고 예수님의 지상대명령을 지키는 방법이다.

기쁨은 고난의 비결이다

이 구절에서 마지막으로 살펴볼 단어는 "기쁨"이다. 바울은 "괴로움을 기뻐하고"라고 기록한다. 갈보리의 길은 어렵지만 기쁨으로 가득한 길이다. 나는 바울이 기뻐한다는 것이 전혀 말이 되지 않는 것처럼 보인다. 바울은 고린도인들에게 이렇게 쓴다. "근심하는 자 같으나 항상 기뻐하고"(고후 6:10). 과연 바울이 그렇게 기뻐할 수 있었던 비결은 무엇인가? 우리는 그 해답을 로마서 5장 2절에서 보게 된다. "하나님의 영광을 바라고 즐거워하느니라." 그리고 바울은 계속해서 "다만 이뿐 아니라 우리가 환난 중에도 즐거워하나니"라고 말한다.

나는 오늘 아침에 『Word』라는 잡지 최신호에서 마빈 올라스키가 개종이라는 주제로 쓴 글을 읽었다. 그는 기독교의 개종 방식이 탁월하다고 썼다. 그러면서 좋지 않은 개종 방법도 함께 다루었다. 100년 전에 터키에서는 이슬람교도들이 미국의 그리스도인들을 줄 세워 두고 걸어가면서 다음과 같이 질문했다고 한다. "너는 그리스도를 섬기는가, 알라를 섬기는가?" 만약 "그리스도"라고 대답하면 칼로 배를 찔렀다고 한다. 그러한 순간에 그리스도를 기뻐한다는 것은 선택이 아니다. 그렇게 순종할 수 있기를 바라는 것뿐이다. 그래서 바울도 여기에서 "괴로움을 기뻐하고"라고 기록한 것이다.

부족한 것을 채우다

이제 위대한 선교사인 J. 오스왈드 샌더스의 예로 마무리하고자 한다. 샌더스 선교사님은 몇 년 전에 돌아가셨다. 내가 마지막으로 직접 그분께 이야기를 들은 것은 그분이 89세이셨을 때다. 선교사님은 골로새서 1장 24절 말씀을 완벽하게 구현한 한 가지 예화를 들려주셨는데, 그것은 이제 막 예수님을 믿게 된 어느 인도인 전도자에 관한 이야기였다.

이 인도인 전도자는 모든 사람에게 예수님을 전하고 싶다는 마음이 생겨, 종일 힘들게 걸어서 어느 마을에 들어섰다고 한다. 그는 지금 당장 복음을 전하는 것이 나을지, 아니면 아침까지 기다렸다가 복음을 전하는 것이 더 나을지 고민해 보다가, 곧장 마을로 가서 복음을 전해야겠다고 마음먹었다. 그리하여 이 복음 전도자는 마을 사람들을 불러

모으고 열심히 복음을 전하기 시작했다. 그러나 사람들은 그를 거들떠 보지도 않았다. 지치고 낙심한 그는 전도를 그만하고 마을을 떠났다. 그리고 곧 나무 아래에 누워 잠을 청했다.

몇 시간 후 해가 떠올라 그가 잠에서 깨어났다. 그런데 그는 눈앞에 벌어진 광경에 깜짝 놀라고 말았다. 마을 지도자가 그를 빤히 쳐다보고 있는 것도 모자라 온 마을 사람들이 그의 주위를 에워싸고 있는 것이 아니겠는가! 그는 속으로 이렇게 생각했다. '아, 이 사람들이 나를 해치거나 죽일 작정인가 보구나.' 그때 마침 마을 지도자가 입을 열었다. "우리는 당신을 뵙기 위해 왔습니다. 당신은 발에 피를 흘리고 계시더군요. 이 발을 하고도 오지에 있는 우리에게 오신 것을 보면서, 우리는 당신이 분명히 거룩하신 분이며, 우리를 참으로 아끼시는 분이라고 생각했습니다. 당신의 메시지를 다시 듣고 싶습니다."

목회자들이여, 우리는 괴로움을 기뻐하고, 예수님의 남은 고난을 우리 육체에 채워야 한다. 예수님의 남은 고난은 예수님이 목숨을 바쳐 구속하시려고 한 저들에게 직접, 우리의 몸으로 피 흘리며 그 십자가를 전하는 것이다. 우리는 반드시 예수님을 전하는 도구가 되어야 한다. 나는 이 메시지를 여러 차례 전해 왔다. 교회가 바울의 삶을 따라 살아간다면, 이 일은 일어날 수도 있고 그렇지 않을 수도 있는 일이 아니라 **반드시** 있을 일이라는 사실을 알기 때문이다. 그래서 나는 이를 준비하라고 외쳐야 한다는 부담감을 느껴 왔던 것이다.

당신은 지금 나의 입을 통해서 당신의 사역과 결혼 생활, 부모 역할에 결정을 내려야 한다는 전능하신 하나님의 명을 받았다. 당신이 엄청난 결정을 내리기 직전에 망설이고 있다면, 나는 그러한 당신 때문에 기쁘다. 나는 당신을 가장자리까지 밀어붙여 하나님이 당신을 부르셔서 명하신 그 일을 하도록 만들고 싶다. 이는 사랑으로 섬기겠다는 결심으로 하는 선택이지, 마조히즘으로 하는 것이 아니다. 즉, 그리스도가 당신을 죽은 자 가운데서 살리셨다는 사실로만 설명되는, 고난과 희생과 섬김의 삶을 살아가는 것이다.

PRAYER

아버지, 목회자들이 이 진리를
성도들에게 전하게 해달라고 기도합니다.
이 지도자들이 급진적이고, 대세를 따르지 않으며,
위험을 감수하고, 희생하고, 사랑을 입증하고,
그리스도를 높이는 성도들을 세워 나가게 해달라고 기도합니다.
그리스도께서 성도들의 영혼에 만족하시고,
성도들이 "나의 것들과 가족들도 버리리.
이 죽을 생명 역시 버리리.
그들이 죽일 수 있는 이 몸도 버리리.
하나님의 진리만이 거하게 하리라.
그의 나라 영원하리니"[2] 하고 외치는 교회,
그런 진리가 있는 교회가 되기를 기도합니다.
하지만 주님, 사랑에 수반되는 그러한 위험을 감수하지 않으면,
주님은 이런 교회를 세우지 않으십니다.
이 세상이 놀라서 하늘에 계신 우리 아버지께
영광을 드리게 할 그 길을 모든 이에게 보여 주소서.
그리스도의 이름으로 기도합니다.
아멘.

5
John MacArthur

우리는 주의 두려우심을 알므로 사람들을 권면하거니와 _ 고후 5:11

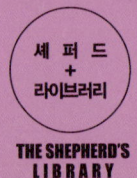

진실한 사역

존 맥아더, 2010
고린도후서 5:11-15

나는 십자가를 모호하거나 포괄적인 용어로 생각해 본 적이 전혀 없다. 나는 항상 그리스도의 죽음을 매우 개인적인 것으로 생각해 왔다. 그리고 예수님이 자신의 몸으로 나의 죄를 지셨다는 사실과 자신의 의로움을 나에게 돌리셨다는 사실을 항상 의식해 왔다. 이 진리는 나로 하여금 언제나 예수님을 경배하게 하며, 나를 부르셔서 진실한 지도자가 되도록 하셨다는 사실을 상기시킨다. 최근에 나는 어느 목사님과 이야기를 나누었는데, 그분은 타협의 자리에 서신 분이었고, 나에게도 그렇게 하자고 청하셨다. 그분은 공개적으로 그렇게 행동하셨기 때문에, 그와 가깝게 지내며 그를 아끼는 많은 사람이 그분의 행동에 대해서 우려를 표명했다. 나는 이 글을 읽는 여러 지도자에게와 마찬가지로 그분에게도 목회자는 진실성을 지니도록 부름 받은 자라고 말씀드렸다.

진실성의 정도

첫째, 진실성은 반드시 목회자의 가정에서 나타나야 한다. 당신의 삶은 당신이 자녀와 아내, 당신과 가까운 사람들에게 전하는 메시지와 일치해야 한다.

둘째, 목회자는 교회 안에서 진실성을 지키도록 부름 받은 자들이다. 한 교회에서 거의 반세기를 보내다 보면, 비밀이 없게 된다는 부정적인 면이 생긴다. 나 역시 개인적인 비밀이 전혀 없으며, 내 가족도 마찬가지다. 장기간 사역을 하면 굉장히 높은 수준으로 자신이 노출되기 마련이다. 반면에 긍정적인 면도 있다. 만약 목회자가 하나님의 은혜와 선하심, 긍휼하심으로 자신의 진실성을 온전하게 지켰다면, 교회 사람들 사이에 말로 형용할 수 없는 기쁨과 깊은 수준의 신뢰가 생긴다는 점이다.

셋째, 목회자는 자신의 설교와 가르침을 통해 직접 영향을 받는 교회 성도들을 넘어 그 밖의 사람들에게도 진실성을 지켜야 한다. 지금 자신에게 이야기하고 있는 사람이 신뢰할 수 있는 사람이라는 믿음을 심어 주어야 하는 것이다. 다윗은 시편 25편 21절에서 이렇게 말한다. "성실과 정직으로 나를 보호하소서." 시편 41편 12절에서는 "주께서 나를 온전한 중에 붙드시고"라고 주님께 기도한다. 이는 내가 끊임없이 기도하는 내용이기도 하다. 나는 주님께서 나로 하여금 우리 가족, 우리 교회, 그리고 나를 주시하는 세상 사람들 앞에서 내가 설교하고 믿는 바와 다른 모습으로 살지 않게 해달라고 기도한다.

또한, 나는 단지 내 삶만 진실하도록 지키는 것이 아니라, 진실한 사람들과 삶을 함께하기를 바란다. 시편 101편 6절에서 다윗은 자신의 왕국과 자신과 함께한 자들을 둘러보며 이렇게 말한다. "완전한 길에 행하는 자가 나를 따르리로다." 사실 이 시편은 "진실한 길을 걷는 자가……"라고도 읽을 수 있다. **진실성은 모든 성도의 특징이 되어야 한**

다. 하지만 누구보다도 가장 중요한 자리에 있는 사람, 즉 대변자, 대표자, 본보기, 지도자로 살아가는 사람의 특징이 되어야 한다.

진실성의 정의

"진실성", 즉 영어 단어로는 "integrity"로 번역된 히브리어 단어는 온전함 또는 완전함을 의미한다. 성도의 삶은 모든 부분이 다른 부분과 완벽하게 들어맞아야 한다. 이 단어는 흠 없는 것, 완벽한 것, 나무랄 데 없는 것, 한결같은 것을 말할 때 사용한다. "integrity"는 하나를 의미하는 수학 용어 "integer"(정수[整數])에서 나온 것이기도 하다. "integer"의 사전적인 정의는 나누어지지 않는 특성을 말한다. "진실성"과 동의어는 "정직함" 또는 "위선적이지 않음", "이중적이지 않음"일 것이다. 다른 말로 하자면, 당신이 아무것도 감추지 않을 때 당신은 진실한 것이다. 디모데전서 3장은 장로가 되기 원하는 자는 흠잡을 것이 없고, 나무랄 데 없는 자여야 한다고 말한다. 그런데 오늘날 교회 지도자들의 사역 목표와 열심히 노력하는 그들의 모습을 보면, 용기, 활기, 열정, 낙천주의, 사업가 기질, 상상력이라는 특징이 더 두드러진다. 하지만 성경은 진실성에 훨씬 더 중점을 둔다.

진실성에 대한 공격

이미 언급했듯이 내가 목회자로서 가장 소중하게 여기는 것은 그리스도와의 개인적인 관계다. 그 관계 안에 내 사역의 진실성이 존재한다. 나의 자녀, 가족, 교회, 그리고 세상이 내가 설교하는 내용과 내가 살아가는 모습이 무언가 다르다는 사실을 알아차리는 순간, 모든 것은 사라지고 말 것이다. 당신을 비판하는 자들에게 당신의 진실성을 항변하기란 어려운 일일 것이다. 나는 오랫동안 나를 비판하는 사람들과 함께했다. 게다가 인터넷이 보급되면서 이제 나를 비판하는 사람들은 전 세계 곳곳에 존재한다. 내 딸은 몇 년 전에 「그레이스 투 유」(Grace to You, 세계적으로 널리 알려진 라디오 프로그램 - 편집자 주)에서 일했다. 딸아이는 우리 교회라는 소우주 속에만 살았기 때문에 모든 사람이 자기 아버지를 존경하는 줄로만 알았다. 딸은 「그레이스 투 유」에서 우편으로 받은 편지들을 정리하는 역할을 맡았다. 그런데 나에게 보낸 모든 투서를 보고 너무 놀란 나머지 아무도 모르게 그 사람들에게 답장을 보냈다. 딸은 이렇게 답장을 썼다. "당신은 우리 아버지를 잘 몰라요. 아버지에 대해서 더 이상 이런 말을 하지 마세요."

 사역을 하면서 겪는 가장 힘든 일은 "신실하지 않다. 성경적이지 않다. 죄가 있다."라는 등의 거짓 음해를 받는 것이다. 사역을 시작할 때 아버지께 이런 말씀을 드렸던 기억이 난다. "아버지, 저를 위해 기도해 주실 거죠?" 그러자 아버지는 이렇게 대답하셨다. "너를 위해 기도하마. 그리고 특별히 이 두 가지를 위해 기도할 생각이다. 하나님이 너를 죄에서 지켜 주시기를, 그리고 네가 어떤 죄를 저지르지 않았는데도 그 죄를 지었다고 음해하는 자들이 있다면 그들에게서 너를 지켜 주시기를 기도해야겠다." 아버지는 목회자들이 거짓 음해에서 보호받아야 한다는 것을 잘 알고 계셨다. 당신이 목회자라면 온갖 중상모략을 당하게 될 것이다. 때로 그러한 적들은 당신과 매우 가까운 곳, 어쩌면 교회 이사회에도 있을지 모른다. 그러한 공격을 받으면 특히 더 고통스러울 것이다.

지킬 가치가 있는 진실성

진실성을 지키기 위한 첫 번째 단계는 우선 지킬 만한 가치가 있는 진실성을 지니는 것이다. 하지만 그 가운데 자신을 옹호하기란 매우 곤란한 일이 될 수도 있다. 그렇게 하면 자칫 자기 잇속을 차리거나 자기만 생각하는 것처럼 보일 수 있기 때문이다. 나도 나 자신을 변호하는 일이 마냥 좋게만 여겨지지는 않는다. 하지만 나는 어떤 이들이 근거 없이 부당하게 나를 음해하고 비판한다면, 그것 때문에 내가 사역하는 사람들의 신뢰가 무너질 수도 있다는 것을 잘 알고 있다. 거짓 음해로 인해 나의 영향력 아래 있는 사람들에게 진리를 전하지 못하게 될 수도 있는 것이다. 그러므로 자신의 진실성을 보호하는 목회자는 자신이 목회하는 양 떼를 보호하는 목회자라고 할 수 있다.

고린도전서 4장 3절에서 바울은 사람들이 자기를 판단하는 일이 매우 작은 일이라고 말한다. 최종 판결을 내리실 분은 바로 하나님이시기 때문이다. 따라서 진실성을 지키는 일은 개인적인 감정이나 자존심 때문에, 또는 자기를 방어하고 행복한 삶을 살기 위해 하는 것만은 아니라고 할 수 있다. 오히려 몇몇 사람의 말 때문에 사역의 기회가 제한될 수 있어서 그렇게 하는 것이라고 할 수 있다. 사람들의 음해는 당신의 사역에 해가 된다. 혹시라도 그 거짓말을 믿는 사람들이 생긴다면, 그들과 단절되어 그들을 더는 섬길 수 없게 될지도 모르기 때문이다.

교회에서 이런 일이 발생하면 더욱 괴롭다. 그레이스 커뮤니티 교회에서도 이런 일이 일어난 적이 있다. 몇 년 전 거짓 음해로 단번에 200명이 넘는 사람들이 나에게 이의를 제기하며 교회를 떠나 버린 것이다. 나는 그때 한 가지 교훈을 얻었다. 지킬 가치가 있는 삶을 살았다면, 이런 식으로라도 자신을 지켜야 하는 매우 곤란한 상황에 처할 수 있다는 것이다.

사람들을 권면하다

당신이 이런 상황에 놓여 있다면, 사도 바울과 동일한 어려움에 처하게 된 것이다. 고린도후서를 아무 곳이나 펴보라. 바울이 자신의 사역을 어떻게 바라봤는지, 그리고 자신의 진실성을 의심하는 자들을 어떻게 대했는지 알 수 있을 것이다. 더 구체적으로 살펴보자. 고린도후서 5장 11절에는 특별히 두드러지는 세 단어가 있다. "우리는 …… 사람들을 권면하거니와." 바울이 사람들에게 권면한 것이 정확히 무엇인가? 바울은 사람들이 복음을 믿도록 열심히 권면하라고 이야기하는 것인가? 물론 성경의 다른 본문들을 보면 바울은 그렇게 하기도 했다. 예를 들어 사도행전 18장 4절을 보면, 바울이 안식일마다 고린도에 있는 회당에서 강론하고 유대인과 헬라인을 권면했다고 한다. 사도행전 28장 22절을 보면, 한 무리가 바울에게 몰려오자 바울은 아침부터 저녁까지 모세의 율법과 선지자의 말을 가지고 예수에 대하여 그들에게 권했다(23절). 바울은 분명히 복음을 권면하는 사람이었다.

하지만 고린도후서 5장 11절에 언급된 내용은 사람들에게 복음을 믿으라고 권면하는 것이 아니다. 오히려 바울은 사람들에게 고린도후서의 핵심 주제인 자신의 진실성에 대해서 권면하고 있다. 당시 바울은 기독교와 유대교, 이방 종교를 뒤섞어 혼합 종교를 가르치는 고린도의 거짓 교사들에게 총공격을 받던 상황이었다. 이 거짓 교사들은 거짓말을 성공적으로 가르치고 사탄의 계획을 성취하고자 바울에 대한 고린도인들의 신뢰를 무너뜨리려고 했다. 그 결과, 바울은 고린도인들에게 자신의 진실성을 권면하기 위해 글을 써야만 했다. 그들이 말도 안 되는 이유로 바울의 진실성을 공격했기 때문이다.

고린도후서 1장에서 바울은 자신이 감내한 모든 고난에 대해서 쓴다. 거짓 교사들은 바울이 고난을 받는 이유가 하나님의 심판 때문이라고 주장했다. 하지만 바울은 교회에 자신이 고난을 받고는 있지만, 이는 복음을 위한 고난임을 일깨워 준다. 고린도후서 4장에서 바울은 그러한 고난이 있었기 때문에 자신이 교회를 위로할 수 있었다고 강조한다. 그는 심지어 정직성에 대해서도 공격을 받았다. 바울을 비판하는 자들은 이렇게 말했다. "당신은 말한 대로 행하지 않는다. 우리에게는 오겠다고 말했지만 한 번도 오지 않았다." 바울은 교회 사람들에게 자신은 오직 주님이 허락하시는 대로만 할 뿐이라고 답변했다. 자신의 진실성을 지켜 내야 했기 때문이다. 그러자 거짓 교사들은 그의 미덕에 대해서도 공격했고, 이에 대해 바울은 자신이 은밀하게 부끄러운 짓을 한 적이 없고, 자신에게는 그들이 모르는 다른 모습이 없다고 답했다.

이제 거짓 교사들은 바울이 교만하고 자기 자신을 높이려 한다고 비판한다. 그러자 바울은 교회에 자신은 질그릇, 즉 흙으로 만든 용기에 불과하다고 전한다. 교사들은 바울의 포용력에도 의문을 제기했는데,

이에 대해서는 "우리의 마음이 넓어졌으니"(6:11)라고 답한다. 바울은 돈과 성(sexual favor)을 위해 사역을 했다는 음해도 받는다. 바울은 "우리는 아무에게도 불의를 행하지 않고 아무에게도 해롭게 하지 않고 아무에게서도 속여 빼앗은 일이 없노라"(7:2)라고 응수한다. 나아가 그들은 바울을 정통적인 사도로 볼 수 없다고 하며 바울의 사도성을 공격한다. 그러자 바울은 자신이 어느 사도에게도 뒤떨어지지 않는다고 답한다. 그들은 바울의 인격과 연설 능력이 인상적이지 않고 비루하다고 하며 바울의 은사 또한 공격한다. 그리고 심지어 바울의 메시지까지도 공격한다. 그들은 모든 방법을 동원하여 바울을 흔들었다. 그들의 음해는 날개 달린 듯 고린도 교회에 퍼졌고, 바울 자신도 자기가 낙심했다고 인정할 정도로 교회는 바울을 신랄하게 비판했다(7:6).

나도 그런 자리에 있어 봤다. 아마 당신도 그런 자리에 있어 봤을 것이다. 우리는 우리의 삶이 욥과 같음을 본다. 그렇기에 우리는 다만 그 길을 온전히 걷고, 우리가 전한 대로 살기 위해 최선을 다할 뿐이다. 우리는 지나치게 자신을 옹호하는 것처럼 보일까 봐 방어적이 되려고 하지 않는다. 하지만 우리는 이 일에 달린 것이 무엇인지 알아야 한다.

결과적으로 "우리는 사람들을 권면해야" 한다(5:11). 바울은 자신에 대해 말하면서도 "나"라는 말을 피하고자 전략적으로 복수 대명사를 사용한다. "권면하다"로 번역된 헬라어 "페이토멘"(*peithomen*)은 갈라디아서 1장 10절에도 사용된 단어다. 이 단어는 부정적인 의미로는 사람의 호의를 사려는 것을 의미한다. 물론 갈라디아서에서 바울은 참 복음을 거부하는 자들의 호의를 산다고 말하는 것은 아니었다. 하지만 고린도후서에서는 정반대. 그는 교회가 호의적인 답을 해주길 바란다. 왜냐하면, 그는 자신의 진실성을 지키려 하고 있기 때문이다.

하나님께 호소함

교회에서 끔찍한 공격을 당한 목회자들이 나에게 찾아와 이런저런 이야기를 나눌 때가 있다. 그러면 나는 이렇게 말한다. "지킬 가치가 있는 삶을 살았다면 자신을 지키십시오." 마찬가지로 바울은 자기 교회가 자신을 인정해 주고 신뢰해 주기를 원했다. "우리는 …… 사람들을 권면하거니와"라는 말 뒤에 이어지는 말씀에 주목하라. 바울은 "우리가 하나님 앞에 알리어졌으니"(5:11)라고 말한다. 지도자로서 당신이 "나의 진실성을 당신에게 권면하려고 한다."라고 말할 수 있으려면, 우선 "하나님은 나에 관한 진실을 아신다."라고 말할 수 있어야 한다. 하나님은 우리의 영적 상태와 마음이 어떠한지를 정확히 아시는 분이다. 이러한 상황에서 우리는 얼마든지 하나님의 법정에 서서 응당한 징계를 받을 수 있다는 마음 자세를 지녀야 한다.

바울은 자신의 양심에도 호소한다. 고린도후서 1장 12절에서 바울은 이렇게 말한다. "우리가 세상에서 특별히 너희에 대하여 하나님의 거룩함과 진실함으로 행하되 육체의 지혜로 하지 아니하고 하나님의 은혜로 행함은 우리 양심이 증언하는 바니 이것이 우리의 자랑이라." 사람들이 바울에게 맞서 어떤 말을 하든, 어떤 음해를 하든, 어떤 중상모략을 하든, 어떤 책을 쓰든, 그의 양심을 깨끗했다. 바울을 고소하는 사람들도 있었지만, 그의 양심은 그렇지 않았다. 1장에서 바울은 자신의 양심이라는 재판관에게 호소한다. 하지만 5장에 가면 더 높은 재판관이신 하나님께도 직접 호소한다. 하나님은 그 사도의 마음이 성실하고 진실하다는 사실을 아시기 때문이다. 목회자들이여, "하나님이 내 마음을 아신다."라고 말할 수 있다면, 당신의 영혼이 참된 평안을 누릴 수 있지 않겠는가?

사도행전 23장 1절에서 바울은 자신이 선한 양심으로 살아왔다고 고백한다. 그리고 사도행전 24장 16절에서는 흠잡을 데 없는 양심을 지키기 위해 최선을 다했다고 말한다. 그렇기에 바울의 진실성과 그의 삶은 지킬 가치가 있다. 자신의 양심이 깨끗하고, 자신이 하나님의 은혜로 거룩하고 경건하게 살았다는 사실을 아는 사람은 자리에서 일어나 자신이 대변하는 그 한 분을 위해 자신의 진실성을 정당하게 외칠 수 있는 것이다.

당신의 진실성을 지켜야 하는 이유

말씀을 전하는 자의 진실성은 사람들이 그 메시지를 받아들이느냐 그렇지 않으냐를 결정하는 중대한 요소다. 고린도후서 5장 11절 말씀 마지막에서 바울은 이렇게 말한다. "또 너희의 양심에도 알리어지기를 바라노라." 바울은 이 사람들이 자신을 의심하지 않길 바랐다. 자신에 대한 모든 거짓말을 믿지 않고, 거짓 교사들의 악의에 찬 모든 비난을 듣지 않고, 자신을 신뢰하길 원했다. 그리고 그들이 자신의 양심의 소리를 듣길 바랐다. 바울은 이렇게 말하고 있는 것이다. "나는 거짓 교사들을 믿느니 차라리 너희의 양심을 믿는다. 왜냐하면, 너희는 그리스도에게 속하였고, 나를 개인적으로 알기 때문이다. 너희의 양심은 하나님의 진리로 지어졌고, 하나님의 진리에 영향을 받았고, 하나님의 영의 영향력 아래 움직이기 때문이다." 바울이 진실하다는 증거는 사역의 성패를 결정하는 매우 중요한 요소였다. **하나님의 말씀을 전하는**

단 한 가지 근거가 있다면, 그것은 바로 사역자의 참된 진실성이다. 바울은 이를 알았기에, 기꺼이 자신을 변호하기 위해 싸웠던 것이다.

주님을 경외함

당신의 사역과 진실성을 변호하는 일이 왜 중요한가? 그 첫 번째 이유는 주님을 경외하기 때문이다. 바울은 이렇게 말한다. "이는 우리가 다 반드시 그리스도의 심판대 앞에 나타나게 되어 각각 선악 간에 그 몸으로 행한 것을 따라 받으려 함이라"(10절). 그리고 바울은 11절로 넘어가서 이렇게 말한다. "우리는 주의 두려우심을 알므로 사람들을 권면하거니와." 우리는 주님이 우리를 검증하실 것이며, 혹시라도 주님이 우리의 행위를 "악하다"(헬라어 "파울로스"[phaulos]), 즉 가치 없다고 하실 수도 있다는 사실에 경외감을 느끼고 두려워해야 한다.

내 삶을 움직이는 가장 큰 원동력은 주님에 대한 경외심이다. 내가 하나님을 바라보는 방식은 나를 움직이고 이끌며, 성경을 바라보는 관점 또한 결정한다. 바울은 "주의 두려우심을 알므로"라고 썼다. "두려우심"(fear)으로 번역된 헬라어 단어는 "포보스"(phobos)로, "공포증"(phobia)이라는 단어도 이 말에서 나왔다. 이 단어는 심지어 "테러"(terror)로도 옮길 수 있을 정도로 강력한 단어다. 하지만 바울의 의도는 하나님을 심판하시고 책망하시는 분으로만 묘사하려는 것은 아니었다. 오히려 바울은 주님이 자신의 영혼을 일깨워 주님을 경외하고, 높이고, 예배하게 하신다고 썼다. 그렇기에 바울은 주님을 예배하고, 높이고, 영광을 돌리지 않을 수 없던 것이다.

비난받을 때 가장 힘든 일 중 하나는, 내가 하는 일이 오히려 그리스도의 이름에 수치가 된다고 생각하는 사람이 있다는 사실에 낙심하게 된다는 것이다. 하지만 나는 절대로 주님의 명예를 더럽히는 일은 하지 않을 것이다. 주님의 두려우심을 안다는 것은 궁극적으로 우리의 책임을 다하게 만드는 힘이 된다. 주님에 대한 건전한 두려움과 경외심은 우리의 마음을 다스리게 한다. 바울은 자신이 이 두려움을 안다고 말한다. "알므로"라는 단어는 확고한 지식을 의미한다. 바울은 하나님이 우리가 흠모해야 할 주님이라는 확고한 지식을 지니고 있었다. 그리고 그의 순종은 하나님에 대한 적절한 지식에서 나온 것이었다.

반면 우리는 요나에게서 정반대의 반응을 보게 된다. 하나님은 요나에게 "니느웨로 가라"고 명하셨다. 그러나 요나는 "저는 니느웨로 가지 않겠습니다. 저는 하나님이 어떤 분이신지 압니다. 당신은 저들을 구원하실 것입니다."라고 대답했다. 요나는 하나님에 대한 바른 지식 때문에 오히려 불순종했다. 하지만 바울은 이러한 지식으로 인해 하나님께 순종했다. 마치 바울은 이렇게 이야기하는 것 같다. "나는 내 하나님이 어떤 분이신지 안다. 나는 하나님을 사랑하고, 흠모하며, 그에게 영광 돌리기 원한다." 바울은 예수님의 이름이 높임 받아야 하므로 자신의 진실성에 신경을 쓰는 것이다.

이 사도는 자신이 선포하는 그리스도에게 신실함을 지켰다는 사실에 대해서는 조금도 양보하지 않았다. 바울은 그리스도가 심판하시는 자리에 섰을 때 "잘했다. 착하고 충성스러운 종아."라는 말을 듣기 원했던 것이 분명하다. 만약 바울이 그의 명성에 손상을 입으면, 주님의 이름이 수치를 당하고, 그가 쓰임 받을 가능성 또한 사라질 것이다. 사역의 열매도 줄어들 것이다. 바울은 하나님의 명예를 조금도 더럽히고 싶지 않았기 때문에 거룩하고 경건하게 살았던 것이다.

교회에 대한 걱정

바울이 자신의 진실성을 옹호한 두 번째 이유는 교회에 대한 걱정 때문이었다. 우리는 진실성이 산산이 조각나면 교회에 어떤 결과가 생기는지 알고 있다. 바울은 이렇게 말한다. "우리가 다시 너희에게 자천하는 것이 아니요 오직 우리로 말미암아 자랑할 기회를 너희에게 주어 마음으로 하지 않고 외모로 자랑하는 자들에게 대답하게 하려 하는 것이라"(5:12). 바울이 말하는 "마음으로 하지 않고 외모로 자랑하는 자들"은 행위에 근거하여 의로움을 주장하는 자들을 지칭한다. 거짓 교사들은 언제나 마음이 아닌 외모를 자랑한다. 그들에게는 외적으로 잘 보이는 것이 전부다. 왜냐하면, 거짓 종교는 절대로 마음을 변화시키지 못하기 때문이다.

목회자로서 우리는 진실하게 살아야 한다. 그래서 교회가 우리를 자랑하고, 거짓으로 음해하는 자들에게 맞서 우리를 옹호하도록 해야 한다. 바울은 거짓 교사들이 자신에 대한 교회의 신뢰에 해를 끼치기 때문에 자신을 옹호해야 한다는 사실을 깨달았다. 바울은 자신의 진실성에 대한 공격이 교회 내에 불협화음을 일으키고, 성장을 둔화시키며, 교회의 증거를 약하게 할 것이라는 사실을 알았다. 바울이 자신의 명성에 신경을 쓴 이유는 교회 때문이었다. 바울은 새삼스럽게 자신의 정당성을 입증하고 나선 것이 아니었다. 단지 교회가 일어나 비판하는 자들에게 맞서 바울을 자랑스러워한다는 것을 입증할 수 있도록 한 것이다. 하지만 교회는 그렇게 하지 않았다.

사실 바울이 고린도에 마지막으로 방문했을 때, 교회의 일부 세력은 그를 비난했다. 그리고 아무도 바울을 옹호하지 않아 바울은 상한 마음으로 교회를 떠날 수밖에 없었다. 이러한 이유로 바울은 교회에 돌아가기를 주저했다. 자신이 과연 그 고통을 견뎌 낼 수 있을지 자신하지 못했던 것이다. 바울은 그들이 사역자에게 힘을 실어 주길 바랐다. 그가 가르친 진리를 옹호하고, 침입자들을 먼저 공격하길 원했다.

어느 날 밤 나는 시카고에서 비행기를 탔다가 유명한 TV 설교자를 만난 적이 있다. 그는 어쩐 일인지 비행기가 이륙하기 30분 전에 이미 취한 상태였고, 나를 상당히 업신여기는 태도로 대했다. 그래서 나는 이렇게 말했다. "참 흥미롭군요. 안 그래도 마침 당신에 대한 글을 쓰고 있었는데요." 며칠 후 로스앤젤레스에 돌아오니 그가 보낸 편지가 도착해 있었다. 편지에는 이렇게 쓰여 있었다. "존경하는 존 목사님. 비행기에서 놀라운 교제를 나눠 주셔서 감사드립니다." 물론 그가 이 편지를 쓴 이유는 음주한 일에 대해 내가 문제를 제기하면 그 사실을 전부 부인하기 위함이었다. 그는 자신이 쓴 편지 말고 다른 편지도 열두 장이나 동봉했는데, 모두 다른 사람이 그를 칭송하는 내용이었다.

우리는 스스로 자신을 옹호하는 것보다는 다른 사람들이 자신을 옹호해 주는 것이 더 중요하다는 사실을 알고 있다. 하지만 이런 식으로 옹호해 봤자 나에게는 아무런 효과가 없었다. 왜냐하면, 내가 바로 그 비행기 안에 있었고, 그가 어떠한 상태인지 직접 확인했기 때문이다. 바울은 분명 진실성을 지닌 사람이었다. 하지만 그는 자신이 진실하다는 사실을 증명하기 위해 고린도후서에서 구구절절하게 쓴 것은 아니다. 바울은 교회가 일어나서 자기 목회자를 옹호해 주는 편이 더 낫다는 사실을 알았던 것이다.

사도 바울은 고린도에 있는 자신의 친구들이 담대하게 교회의 원수들에 맞서, 자신들의 신실한 목회자이자 목자인 자신을 보호해 주길 바랐다. 바울은 "타인이 너를 칭찬하게 하고 네 입으로는 하지 말며"

(잠 27:2)라는 말씀을 그대로 따랐던 것이다. 그는 자신과 자신의 동료 사역자들이 고린도 성도들에게 "우리로 말미암아 자랑할 기회"(고후 5:12)를 주고 있다고 말한다. 그는 교회가 바른 의미에서 자신을 자랑해 주길 원했다. 그들은 그의 입장을 변호해야 했다. 그들은 바울을 깎아내리는 자들에게 답해야 했다. 거의 2년 동안 바울이 그들을 목회했기 때문에 그들은 바울에 대해 모든 것을 알고 있었다. 이런 상황에서 바울이 그들에게 이미 예전에 써 보냈던 내용 외에 무슨 말을 더 쓸 수 있었겠는가?

조나단 에드워즈 역시 이와 똑같은 상황에 있었다. 그는 20년 넘게 한 교회를 목회했고, 대각성의 촉매 역할을 한 장본인이었다. 하지만 교회는 그를 버렸고, 그를 대적하는 말을 널리 퍼뜨렸다. 그래서 결국 에드워즈는 인디언 정착지에 있는 목회지로 좌천되고 말았다. 스펄전 역시 자신의 친동생인 부목사가 주도한 투표에서 압도적인 표 차로 침례교 연맹에서 퇴출당하는 일을 겪었다. 바울은 복사란 교회의 힘과 통일성을 지키기 위해 자신을 변호해야 한다는 사실을 알았다.

진리에 헌신함

우리가 자신의 진실성을 변호해야 하는 세 번째 이유는 진리에 헌신하기 위함이다. 바울은 이렇게 말한다. "우리가 만일 미쳤어도 하나님을 위한 것이요 정신이 온전하여도 너희를 위한 것이니"(고후 5:13). 바울은 이기적인 목적을 위해서 자신을 변호한 것이 아니었다. 오직 교회의 성도들과 하나님을 섬기기 위해 헌신했기 때문에 그렇게 한 것이었다. "미쳤어도"라는 말의 의미는 제정신이 아니라는 뜻이다. 이 말씀은 사람들이 바울이 정신 이상이라고 주장하며, 그가 실성했다고 말했다는 것을 뜻한다. 하지만 여기에서 이 단어는 흥분 상태와 열광 상태를 묘사한다. 바울은 이렇게 말하고 있는 것이다. "내가 지나치게 열광적이고 열정적인 것처럼 보인다면, 그것도 하나님을 위한 것이다. 만약 내가 열렬하여 정신이 이상한 것처럼 보인다면, 그 이유가 있는 것이다. 나는 하나님과 하나님의 진리에 열광하는 것이다."

바울이 하나님을 위해서만 일했다면 어떻게 그 일에 열광하지 않고 열정적이지 않을 수 있었겠는가? 바울에게 전해진 하나님의 진리는 다른 이들에게도 그대로 전해져 그들도 믿게 해야 하는 것이다.

이 말씀 다음에 바울은 이렇게 말한다. "정신이 온전하여도", 즉 우리가 절제하고, 냉철하고, 차분하고, 냉정하고, 침착하고, 온유하고, 겸손하고, 자제한다고 하더라도, 그것 역시 "너희를 위한 것이니." 목회자에게는 열정적이고, 열심을 내고, 다소 과도한 모습이 있다. 하지만 모든 말과 행동에 냉철하고, 분석적이고, 주의를 기울이는 모습도 있다. 바울은 합리적일 때는 합리적이었다. 다만 진리와 그 진리의 하나님에 대한 사랑을 억제하지 못할 때는 열정적이었던 것뿐이다.

구원하여 주심을 감사

자신의 진실성을 항변해야 하는 네 번째 이유는 구원해 주신 것에 감사하기 위해, 즉 구원해 주신 그 사랑에 감사하기 위함이다. 바울은 "그리스도의 사랑이 우리를 강권하시는도다"(고후 5:14)라고 한다. 바울이 행한 모든 일은 그리스도의 사랑이 그를 움직였기 때문에 가능한 것이었다. 바울의 삶에 임했던 사건들은 바울을 완전히 사로잡았다. 그래서 바울은 이렇게 말하는 것이다. "그리스도의 사랑이 우리를 강권하시는도다 우리가 생각하건대 한 사람이 모든 사람을 대신하여 죽었은즉 모든 사람이 죽은 것이라 그가 모든 사람을 대신하여 죽으심은 살아 있는 자들로 하여금 다시는 그들 자신을 위하여 살지 않고 오직 그들을 대신하여 죽었다가 다시 살아나신 이를 위하여 살게 하려 함이라"(5:14-15).

바울은 효과적으로 사역할 수 있는 자리, 쓰임 받을 수 있는 자리, 신뢰받는 자리를 유지하기 위해 부득이하게 자신의 진실성을 변호해야 했다. 이 사도는 자신을 향한 그리스도의 위대한 사랑을 위해 기꺼이 싸울 준비가 된 사람이었다. 그는 그 사랑에 감사를 표하는 한 가지 방법은 복음을 위해 희생적인 사역에 전념하는 것임을 알았다. 목회자들이여, 당신은 감사의 삶을 살기 위해 모든 희생을 감내할 만큼 충분히 그리스도를 사랑하는가? 감사의 삶이란 거룩함과 신실함을 지키는 경건한 삶으로, 감사한 마음에서 보답으로 주님을 기쁘시게 하는 진실한 사역을 드리며 이렇게 말하는 것이다. "말할 수 없는 그의 은사로 말미암아 하나님께 감사하노라"(고후 9:15).

바울은 "한 사람이 모든 사람을 대신하여 죽었기" 때문에 그 사역을 한 것이다. 이는 서신서에서 찾아볼 수 있는 가장 위대한 신학적 언명이다. 그러면 이제 "모든" 사람의 범주에 누가 들어가는지 조금 더 기술적인 측면을 다루어 보겠다. 다행히 "모든"이라는 단어의 의미는 14절에 조금 더 분명하게 드러난다. "모든 사람이 죽은 것이라." 만약 "모든"이 지금까지 살았던 모든 인류를 말하는 것이라고 생각한다면, 당신은 보편 구원론자의 견해를 따르는 것이다. 당신은 지금까지 살았던 모든 사람이 천국에 가리라고 생각하는가? 그렇지 않다고 답한다면, 당신은 그리스도의 속죄에는 제한이 있다고 이해하는 것이다.

그리스도는 "모든" 사람, 즉 그리스도를 믿는 사람들을 위해 돌아가셨다. 그리스도는 단지 믿는 자들만을 대신해서 살아나신 것이다. 이 본문은 이것이 대속 행위로서의 특수한 죽음이라고 말한다. 예수님이 천국에 있는 사람들뿐 아니라 지옥에 있는 자들을 위해서도 십자가에서 똑같은 일을 행하셨다고 생각하지 말라. 그 말은 예수님이 특정한 대상을 위해 돌아가신 것이 아니라는 뜻이다. 어떤 사람들은 그리스도의 죽음이 예수님을 믿기로 할 때 실현되는 것이라고 본다. 하지만 영적으로 죽은 죄인들이 어떻게 이 잠재적인 속죄를 활성화할 수 있겠는가? 예수님은 애매하게 죽임을 당하신 것이 아니라, 자신이 선택한 자녀들을 위해 돌아가셨다. 예수님은 말씀하셨다. "나는 선한 목자라 나는 내 양을 알고 양도 나를 아는 것이 아버지께서 나를 아시고 내가 아버지를 아는 것 같으니 나는 양을 위하여 목숨을 버리노라"(요 10:14-15).

바울은 그리스도가 자기를 대신하여 속죄의 죽임을 당하셨다는 사실에 감사하는 마음을 품었다. 그는 자신이 존재하기 전부터 하나님이 영원하고 주권적인 사랑으로 예수 그리스도로 하여금 십자가에서 자신의 죄를 지도록 계획하셨다는 사실에 감사할 수밖에 없던 것이다.

바울은 고린도후서 5장 16절에서 이렇게 말한다. "그러므로 우리가 이제부터는 어떤 사람도 육신을 따라 알지 아니하노라 비록 우리가 그리스도도 육신을 따라 알았으나 이제부터는 그같이 알지 아니하노라." 바울은 한때 예수님이 사기꾼이자 엉터리일 거라고 생각했던 사람이다. 그는 빌라도 앞에서 다른 이들과 함께 "그를 십자가에 박으라"고 외쳤을 것이다. 이에 더하여 바울은 그리스도인들을 박해하며 예수님에 대한 반감을 드러냈다. 원래 바울은 그리스도에 대하여 인간적인 견해를 지니고 있었다. 그래서 "우리가 그리스도도 육신을 따라 알았으나"라고 하는 것이다. 하지만 회심 후에 바울은 "이제부터는 그같이 알지 아니하노라"라고 말한다. 바울의 견해는 완전히 변했다. "새로운 피조물이라 이전 것은 지나갔으니 보라 새것이 되었도다"(17절)라는 말씀과 같이 바울은 새로운 존재가 되었다.

진실성을 지키라

바울은 그리스도가 자기를 대신하여 속죄의 죽임을 당하셨다는 사실을 믿고 변화되었다. 이 십자가의 진리는 우리의 마음을 완전히 사로잡아 구원해 주신 것에 감사하고 진실성을 변호하게 한다. 그러니 어떻게 바울이 자신의 새로운 정체성을 변호하지 않을 수 있었겠는가? 그리스도의 존귀한 보혈로 얻어진 것이니 더욱 그래야 하지 않았겠는가? 이처럼 우리는 목회자로서 지킬 가치가 있는 진실성을 지니기 위해 노력하고, 또 그것을 지켜야 한다. 십자가가 우리를 새로운 존재로 만들었기 때문이다.

6
Mark Dever

지극히 높으신 이가 사람의 나라를 다스리시며
자기의 뜻대로 그것을 누구에게든지 주시는 줄을 아시리이다 _ 단 4:25

반대와 희망

마크 데버, 2007
다니엘 1-6장

최근에 나는 사우디아라비아에서 이슬람교도들에게 그리스도인들을 죽이는 것이 옳은 일이라고 가르치는 내용의 책이 출간된 것을 보고 깜짝 놀랐다. 그 책은 이슬람교도들에게 개인적으로 지하드를 수행하며, 미국 정부를 지배하고 있는 사악한 세력을 폭로해야 한다고 권하고 있었다.

서구권에 사는 그리스도인들은 30년 전보다 지금이 더 불안하고, 안전하지 않다고 느낀다. 미국인들이 그리스도인들이 하는 대중 사역이나, 그리스도인들이 운영하는 공공 도서관에 위협을 가하는 경우도 늘어났으며, 이 땅에서 자유롭게 기독교 신앙을 실천하는 것을 문제 삼는 일도 많아졌다. 미국의 엘리트들 사이에는 세속주의가 깊이 뿌리내리게 되었고, 그 결과 기독교의 정당성은 일축되었다. 그나마 남아 있던 복음에 대한 문화적인 공감도 잠식되고 있다. 또한, 물질적인 풍요가 위험스러울 정도로 넘쳐 나게 된 가운데, 아무도 편안함에 대한 중독을 문제 삼지 않으며 자극만을 추구하게 되었다. 그에 따라 사람들의 심신은 피폐해져만 가고 있다.

엘리트들은 우리의 사상을 비주류로 몰아냈고, 우리 역시 이 세상의 편안함을 받아들이면서 이 나라에서 새롭게 나타난 현상, 즉 점차 기독교와 같은 배타적인 신앙을 법적으로 인정하지 않으려는 현상에 맞서 싸울 준비를 하지 못했다. 증오 범죄(hate crime, 인종, 성별, 국적, 종교, 성적 지향 등 특정 집단에 증오심을 가지고 그 집단에 속한 사람에게 테러를 가하는 범죄 행위-편집자 주)는 혐오스러운 일이기는 하지만, 증오 언설(hate speech, 편파적인 발언이나 언어 폭력-편집자 주)을 했기 때문에 나타나는 불가피한 결과로 보는 경우가 많아졌다. 절대 물리적인 폭력을 이야기하는 것이 아닌데도 그 발언이 폭력을 조장한다고 생각하는 사람이 있기만 하면, 무조건 사회에 분열을 일으키는 잘못된 발언으로 여기는 일이 많아진 것이다. 동성애를 비판하는 것도 다른 사람에게 사적인 폭력을 조장하는 일로 취급된다. 각 지역뿐 아니라 주와 국가적인 차원에서 동성애를 규탄하는 발언을 하거나, 다른 종교에는 진리가 없다는 발언을 하면, 증오 언설로 구분하려는 법적 근거도 마련되고 있다.

한마디로 말해서, 선동을 일으킨다고 할 수 있을 만한 발언은 모두 불법적인 것으로 규정된다는 것이다. 그렇게 오랫동안 미국에 군림했던 기독교인들, 적어도 서구 사회에서는 널리 용인되었던 그 기독교인들이 이제는 기독교 신앙에 따라 자유롭게 주장을 펼치기 어려운 환경에 처하게 되었다. 목회자인 우리는 이러한 변화의 최전선에 서 있다. 지금 당장에는 이를 인식하지 못한다고 하더라도 앞으로 몇 년 안에는 분명히 깨닫게 될 것이다.

다른 종교는 거짓된 것이라고, 동성애는 잘못된 것이라고 말하는 것이 불법이라고 한다면 우리는 어떻게 해야 할 것인가? 아마 당신은 이렇게 말할지도 모르겠다. "글쎄요, 마크. 당신이 워싱턴 D. C.에 있는 캐피톨 힐 교회를 담임하고 있어서 그런 생각이 든 건 아닐까요. 그 교회는 성도의 3분의 1이 변호사니까요." 친구여, 나도 그랬으면 좋겠다. 하지만 이미 전 세계 많은 지역에서 이러한 위협이 현실화되고 있다. 우리는 많은 형제자매가 바로 지금 라틴아메리카의 가톨릭 신도들, 인도의 힌두 민족주의자들, 이슬람교도들, 공산주의자들, 또는 세속주의자들에게서 억압받고 있다는 사실을 기억해야 한다. 우리는 이 나라에서 모임의 자유를 누리고 있지만, 이러한 자유조차도 허락받지 못하고 있는 그리스도인들이 전 세계 곳곳에 있는 것이다.

하지만 미국의 법도 다른 나라들의 법과 비슷해진다면 어떻게 되겠는가? 사람들이 우리의 신앙을 인정하지 않아 공공 모임을 여는 것이 어려워진다면 우리는 어떻게 해야 하는가?

다니엘서의 예

우리는 구약 성경에서 그 답을 찾을 수 있다. 이 문제에 대해서는 모든 성경 중에서도 다니엘서가 가장 유익하다. 대부분의 그리스도인들은 이 성경의 전반부 내용에는 매우 익숙할 것이다. 유명한 이야기가 많이 나오기 때문이다. 1장에는 다니엘이 자신의 음식을 고수하는 이야기가 나온다. 2-6장에는 다니엘이 자신의 신앙을 지킨 이야기가 나온다. 다니엘서의 전반부는 극적인 이야기와 위험 속에서도 용기를 발휘한 이야기, 위협에 진리로 대응한 사건, 권력과 부의 유혹이 가득한 곳에서 타협하지 않고 신의를 지킨 내용으로 가득하다. 다니엘의 일대기를 그린 이 장들에서 우리는 두 번의 포위 작전, 네 명의 왕, 여러 가지 꿈과 환상을 보게 된다. 이 책의 나머지 부분인 7-12장에는 다니엘의 이야기가 더는 나오지 않고, 다니엘이 기록한 그의 환상에 관한 내용이 나온다. 여기서 우리는 처음 여섯 장에 집중하려고 한다.

다니엘의 이야기는 매우 생생하게 다가오는 만큼 잘못 해석되는 경우도 많다. 사람들은 종종 이 내용을 종교적인 "성공 서적"처럼 해석하고 또 그렇게 적용한다. 물론 다니엘의 예에서 우리는 배울 점이 많다. 1장을 보면, 고대 근동에서 가장 강력한 왕이었던 바벨론의 느부갓네살이 예루살렘을 포위하고 공격한다. 어린 다니엘도 이때 포로로 잡혀간다. 다니엘은 바벨론에서 특별 프로그램에 선발되어 왕의 조언자가 되는 훈련을 받았다. 그는 좋은 성과를 내어 책임자에게 인정받을 수 있었고, 원하는 대로 음식을 먹어도 된다고 허락도 받아 종교적으로 부정한 일을 저지르지 않아도 되었다. 그리고 그는 엄청난 지식과 명철도 얻을 수 있었다.

2장에서 느부갓네살 왕은 술사들에게 자신이 꾼 꿈을 해몽해 보라고 요구한다. 그런데 다니엘만이 유일하게 왕에게 그 꿈을 설명하고 해석해 주었다. 이 초반 여섯 장의 이야기는 다니엘이 신실함을 지키면서도 성공을 거두는 맥락으로 흘러간다. 다니엘은 실질적인 반대를 당하면서도 매우 신실했던 인물이었고, 언제나 성공을 이루어 냈다.

다니엘서의 목적

물론 다니엘서에 다니엘에 관한 이야기만 나오는 것은 아니다. 다니엘 1장 2절 말씀을 보면, 느부갓네살이 예루살렘을 정복할 수 있었던 것은 하나님이 그렇게 되도록 허용하셨기 때문이다. 유다의 하나님이 패배를 당한 것처럼 보일지 모르겠으나, 이 말씀은 예루살렘을 바벨론 사람들의 손에 넘기신 분이 바로 주님이심을 분명히 밝힌다. 관리가 다니엘에게 호의를 베풀어 식사를 마음대로 할 수 있었던 것도 다 하나님이 그의 마음을 움직이셨기 때문이다(9절). 다니엘이 명철을 얻은 것도 하나님이 그에게 지식과 지혜를 주셨기 때문이다(17절). 다니엘은 바벨론으로 끌려간 뒤 거의 70년 동안 왕궁에서 현자이자 고문으로 일했다. 윈스턴 처칠의 공직 경력도 이보다 길진 않았다. 다니엘이 이렇게 일할 수 있었던 것 역시 그가 하나님의 은혜를 입은 결과였다. 다니엘이 느부갓네살의 꿈을 해석하는 부분을 보면, 하나님이 다니엘에게 꿈을 주셔서 그 비밀을 알게 하셨다는 말씀이 나온다. 하나님이 이 꿈을 주시고 해석해 주신 목적은 느부갓네살에게 그의 힘이 하나님에게서 나왔다는 것을 보여 주시기 위함이었다. "하늘의 하나님이 나라와 권세와 능력과 영광을 왕에게 주셨고"(2:37).

이 꿈이 느부갓네살에게 정확히 언제 임했는지는 모른다. 그리고 말씀에 따르면, 이 왕은 술객들에게 자신이 어떤 꿈을 꾸었는지 이야기해 주지 않는다. 꿈의 내용을 이야기해 주면 그 해석을 신뢰할 수 있는지 알 수 없기 때문이다. 하지만 술객들은 느부갓네살의 요구에 반발한다. 다니엘 2장 10절을 보면, "세상에는 왕의 그 일을 보일 자가 한 사람도 없으므로 어떤 크고 권력 있는 왕이라도 이런 것으로 박수에게나 술객에게나 갈대아인들에게 물은 자가 없었나이다"라고 한다. 그들이 틀린 말을 한 것은 아니었다. 오직 참되신 하나님만이 그 꿈과 해석을 드러내실 수 있기 때문이다.

다니엘은 이 불가능한 임무를 받아들였다. 하나님은 하실 수 있다는 것을 알았기 때문이다.

> 왕이 대답하여 벨드사살이라 이름한 다니엘에게 이르되 내가 꾼 꿈과 그 해석을 네가 능히 내게 알게 하겠느냐 하니 다니엘이 왕 앞에 대답하여 이르되 왕이 물으신바 은밀한 것은 지혜자나 술객이나 박수나 점쟁이가 능히 왕께 보일 수 없으되 오직 은밀한 것을 나타내실 이는 하늘에 계신 하나님이시라 그가 느부갓네살 왕에게 후일에 될 일을 알게 하셨나이다 (단 2:26-28).

우리 역시 지난 수천 년 동안 이 이야기를 읽었을 모든 사람과 마찬가지로 다니엘의 용기와 진리를 위해 홀로 섰던 그 마음을 높이 사야 한다. 하지만 이것이 다니엘서에 나오는 이야기들의 핵심 메시지일까? 나는 다니엘서를 하나의 본으로 보되, 주일학교에서 가르치는 방식과는 다르게 보고 싶다. 나는 하나님이 믿음을 가지고 하시는 일에 대한 하나의 예로서 다니엘서를 보려고 한다. **다니엘서의 메시지는 하나님이 신실한 자들을 살아남게 하신다는 것이다. 목회자들은 이 메시지를 들어야 한다.** 이제 다니엘서 처음 여섯 장에서 배울 수 있는 세 가지 교훈을 살펴보고자 한다.

다니엘서에서 배우는 교훈들

하나님은 우리의 희망이시다

우리가 배워야 하는 첫 번째 교훈은 하나님만이 우리의 유일한 희망이 되신다는 것이다. 다니엘서는 우리가 희망 없는 세상에 남겨졌다고 말하는, 하나님을 믿지 않는 이 세상의 신화를 폭로한다. 당신이 패전국 출신의 난민이든, 불공정하게 사형 판결을 받은 소수 종교 집단의 사람이든 당신에게는 여전히 희망이 있다. 당신의 친구들이 핍박을 당하고 처형을 당했든, 당신이 당신보다 지위가 높고 권력을 잡은 자들에게 하기 어려운 말을 하도록 부름 받았든, 궁지에 처했든 당신에게는 여전히 희망이 있다. 그 희망은 세계의 참된 주권자이신 하나님 안에 있다. 당신은 선거 결과나 법률 앞에서 속수무책으로 당해야 하는 존재가 아니다. 하나님이 바로 당신의 주권자이시기 때문이다.

하나님의 신실하심이야말로 다니엘이 살아남고 성공할 수 있었던 이유가 된다. 다니엘서에서 하나님은 강하신 분, 통치하시는 분으로 나타난다. 우리는 사드락, 메삭, 아벳느고의 놀라운 이야기를 통해 하나님의 능력을 분명히 보게 된다. 다니엘 3장 17절을 보면, 그들은 느부갓네살에게 "왕이여 우리가 섬기는 하나님이 계시다면 우리를 맹렬히 타는 풀무불 가운데에서 능히 건져내시겠고 왕의 손에서도 건져내시리이다"라고 말한다. 그리고 결국 느부갓네살도 하나님을 "지극히 높으신"(26절) 분이라고 인정하게 된다. 28절에서 그는 이렇게 선포한다. "사드락과 메삭과 아벳느고의 하나님을 찬송할지로다 그가 그의 천사를 보내사 자기를 의뢰하고 그들의 몸을 바쳐 왕의 명령을 거역하고 그 하나님 밖에는 다른 신을 섬기지 아니하며 그에게 절하지 아니한 종들을 구원하셨도다." 그렇다면 다니엘서의 핵심은 다니엘의 신실함이 아닌 하나님의 신실하심인 것이다. 이러한 진리를 바르게 이해했다면, 이는 당신의 영혼을 깨우는 놀라운 소식이 될 것이다.

느부갓네살이 사드락, 메삭, 아벳느고를 불에 넣으라고 하는 것을 보면, 그가 예전에 당혹스러운 꿈을 꾸면서 배웠던 교훈들을 완전히 망각한 것 같다. 그는 15절에서 얼굴을 붉히며 말한다. "능히 너희를 내

손에서 건져낼 신이 누구이겠느냐." 그런데 다니엘 3장 16-18절에서 이 질문에 대해 놀라운 답변을 듣게 된다. 사드락, 메삭, 아벳느고는 하나님께 신실함을 지켰고, 하나님을 온전히 신뢰했다. 그들은 핍박받는 그리스도인들이 박해자들에게 마땅히 전해야 할 메시지를 말했다. 그들의 답변은 자신감 넘치고, 신뢰가 가며, 겸손하고도 기쁨이 넘쳤다. 우리는 하나님이 우리의 주권자 되시며, 우리가 지금은 이해하지 못할 방식으로 주권을 행사하신다는 사실을 안다. 하나님이 우리를 구하지 않겠다고 하실지라도, 하나님은 선하고 지혜로우신 분이므로 우리는 하나님을 신뢰할 수 있다.

다니엘의 친구들은 우리가 그리스도인으로서 지녀야 할 자신감을 분명하게 드러냈다. 그러자 왕은 그들을 태워 죽이라고 명령한다. "느부갓네살이 분이 가득하여 사드락과 메삭과 아벳느고를 향하여 얼굴빛을 바꾸고 명령하여 이르되 그 풀무불을 뜨겁게 하기를 평소보다 칠 배나 뜨겁게 하라 하고"(3:19). 그 풀무가 어찌나 뜨거웠는지 사드락, 메삭, 아벳느고를 풀무에 던져 넣으려 했던 군인들이 그 불꽃에 타 죽고 말았다. 그런데 그 불타는 풀무 속에서, 세상의 권세가 절정에 달한 바로 그곳에서, 느부갓네살은 권력의 한계를 느끼게 되었다. 그가 지닌 세상적인 힘은 모든 힘을 손에 쥐신 주권자 하나님께 비할 것이 아니었다. 느부갓네살은 자신의 힘을 보여 주려고 했던 그곳에서 오히려 세상의 참된 지배자가 누구인지 발견했다. 하나님의 능력을 목격한 이후 놀라움을 감출 수 없었던 그는 참되신 하나님을 찬양하기 시작했다.

하지만 이러한 확신도 결국 희미해졌다. 4장에서 왕은 다시 교만한 모습을 보인다. 역사적 배경을 보면 이때는 느부갓네살의 통치 말미로, 주석가들은 기원전 570년경으로 추측한다. 당시는 느부갓네살이 계획했던 건축 사업이 대부분 마무리되었을 시점이었다. 자신이 이룬 업적을 보며 느부갓네살은 교만에 빠지지만, 주님은 결국 그를 낮추신다. 느부갓네살은 말한다. "지극히 높으신 하나님이 내게 행하신 이적과 놀라운 일을 내가 알게 하기를 즐겨 하노라 참으로 크도다 그의 이적이여, 참으로 능하도다 그의 놀라운 일이여, 그의 나라는 영원한 나라요 그의 통치는 대대에 이르리로다"(2-3절). 17절 말씀도 살펴보자. "지극히 높으신 이가 사람의 나라를 다스리시며 자기의 뜻대로 그것을 누구에게든지 주시며 또 지극히 천한 자를 그 위에 세우시는 줄을 사람들이 알게 하려 함이라." 다니엘은 25절에서 이 말씀을 그대로 반복한다. "지극히 높으신 이가 사람의 나라를 다스리시며 자기의 뜻대로 그것을 누구에게든지 주시는 줄을 아시리이다." 그리고 결국 이 장은 느부갓네살이 "내가 지극히 높으신 이에게 감사하며 영생하시는 이를 찬양하고 경배하였나니 그 권세는 영원한 권세요 그 나라는 대대에 이르리로다"(34절)라고 말하며 막을 내린다. 그가 지극히 높으신 이에게 찬양을 드린 것이다.

당신은 자신이 거대 제국의 황제가 아니라, 그저 작은 교회의 목회자일 뿐이니 마음에 그런 교만이 생길 틈이 없다고 생각하지는 않는가? 이는 잘못된 생각이다. 느부갓네살은 여기에서도 교만하다. 그는 예루살렘을 함락할 수 있었을지 모르나, 예루살렘의 하나님은 난공불락의 통치자로 그때에도 그를 다스리셨다. 느부갓네살이 아무리 오랜 기간 통치했다고 하더라도, 하나님의 영원한 통치에는 비할 수가 없다. 그는 고대 세계의 경이로운 건축물들을 세운 왕이기도 하지만, 온 세계를 지으신 하나님께는 비할 바가 못 된다.

우리가 자신을 강하다고 생각하기 시작한다면, 무언가 잘못되고 왜곡된 것이다. 우리는 우리에게 최선의 희망이 될 수 없기 때문이다. 오직 하나님만이 우리의 희망이 되신다! 이 타락한 세상에서는 유토피아가 존재할 수 없다. 오직 우리 주님 되신 예수 그리스도의 삶과 죽음, 그리고 그의 부활을 통해서만 영원을 희망할 수 있다. 그리스도가 다른 이들에게 희망과 도움이 되신 것처럼, 하나님은 그리스도를 통해서 우리의 희망이 되신다. 나는 아도니람 저드슨이 선교를 위한 모금 활동을 하기 위해 루터 라이스에게 쓴 편지를 기억한다. 당시 저드슨은 해외에 있었고, 라이스는 저드슨이 펼치는 선교 사역이 점차 무모해지고 있고 희망이 없다고 불평하는 상황이었다. 그 편지에 저드슨은 이렇게 썼다. "만약 사람들이 '그 사역이 성공할 수 있다는 전망이 있기는 한 것입니까?'라고 묻는다면, 이렇게 답해 주십시오. '전능하고 신실하신 하나님이 계시는 한 하나님은 자신의 약속을 성취하실 것입니다.' 제가 할 말은 이것뿐입니다."

친구여, 오늘날 우리의 유일한 희망은 우리의 진실성이나 우리의 노력 또는 우리의 재력, 재기나 용기가 아니다. 다니엘과 마찬가지로 우리의 유일한 희망은 하나님 한 분뿐이시다. 다니엘서는 하나님만이 우리에게 필요한 신앙과 신실함을 주실 수 있다는 사실을 상기시켜 준다. 우리의 힘이 완전히 고갈되었을 때도 우리는 주님을 신뢰할 수 있는 완벽한 자리에 설 수 있다. 기억하라. 불타는 풀무를 경험한 사드락, 메삭, 아벳느고처럼 당신 역시 하나님의 자녀다. 절망하지 말라. 다만 하나님이 자신의 능력과 신실함을 드러내실 무대를 만들고 계시다는 사실을 깨달으라. 사역 가운데 부디 이를 기억하라. 그리고 당신의 성도들에게 이 진리를 가르쳐 그들이 품고 있는 잘못되고 기만적인 희망을 버리게 하라. 그들을 거짓에서 벗어나게 하고, 다니엘서의 메시지를 잘못 이해하고 있다면 그러한 오류에서 빠져나오게 하라. 다니엘서의 메시지는 하나님만이 우리의 유일한 희망이 되신다는 것임을 가르치라.

반대 가운데서도 살아남을 수 있다

다니엘 1-6장에서 배울 수 있는 두 번째 교훈은 반대 가운데서도 살아남을 수 있다는 것이다. 다니엘이 살아남은 이야기는 우리에게 영감을 불러일으키기 위해 일어난 일이지, 그저 "실용 서적"과 같이 지침을 주려고 일어난 일이 아니다. 다니엘은 우리가 희망을 꿈꾸도록 동기를 유발한다. 사실 다니엘이 그렇게 오랫동안 살아남은 것 자체만으로도 참으로 놀라운 일이다! 그가 섬긴 왕들은 엄청난 권력을 누린 자들이었다. 당시는 절대 왕정이었기 때문에 의회나 대중의 인기, 언론이나 선거를 통해 권력을 제어할 수 있는 상황이 아니었다. 하지만 다니엘은 자신이 살던 도성을 파괴하고, 자신을 포로로 잡아들이고, 사형 선고까지 내렸던 그 왕보다 더 오래 살아남았다.

5장을 보면, 기원전 539년 새로운 왕의 통치 아래에서도 여전히 궁정에 남아 있던 사람은 다니엘이 유일했던 것 같다. 분명한 사실은 왕이 변했다는 것이다. 당시 왕은 벨사살이었는데, 그는 사람의 손가락이 나타나서 벽에 글을 쓰는 모습을 보고 두려움에 떨게 된다. 벨사살은 다니엘에게 그 글을 제대로 해석하면 그를 왕국의 세 번째 지위에 올리겠다고 약속한다. 당시 벨사살의 아버지 나보니두스가 살아 있었기 때문에, 사실상 벨사살은 왕국에서 두 번째로 높은 위치에 있었다고 할 수 있다. 따라서 왕국의 세 번째 자리를 준다는 것은 곧 가장 높은 자리를 준다는 말이었다.

이때 다니엘은 80이 다 된 나이였다. 그는 죽음을 각오하고 용기를 내어 말한다. "왕의 예물은 왕이 친히 가지시며 왕의 상급은 다른 사람에게 주옵소서"(5:17). 그리고 왕에게 정면으로 맞선다.

벨사살이여 왕은 그의 아들이 되어서 이것을 다 알고도 아직도 마음을 낮추지 아니하고 도리어 자신을 하늘의 주재보다 높이며 그의 성전 그릇을 왕 앞으로 가져다가 왕과 귀족들과 왕후들과 후궁들이 다 그것으로 술을 마시고 왕이 또 보지도 듣지도 알지도 못하는 금, 은, 구리, 쇠와 나무, 돌로 만든 신상들을 찬양하고 도리어 왕의 호흡을 주장하시고 왕의 모든 길을 작정하시는 하나님께는 영광을 돌리지 아니한지라(22-23절).

이렇게 말하고 나서 다니엘은 벽에 쓰인 글을 해석한다. 그 글은 주님이 내리신 기소장이나 마찬가지였다. "그 글을 해석하건대 메네는 하나님이 이미 왕의 나라의 시대를 세어서 그것을 끝나게 하셨다 함이요 데겔은 왕을 저울에 달아 보니 부족함이 보였다 함이요 베레스는 왕의 나라가 나뉘어서 메대와 바사 사람에게 준 바 되었다 함이니이다 하니"(5:26-28). 가장 놀라운 사실은 이런 일이 있었는데도 다니엘이 또 성공했다는 것이다. 엄청난 위험을 감수하고 왕에게 정직하게 고했는데도 그런 결과를 얻은 것이다. 그런데 그날 밤 한 사람이 죽임을 당한다. 그는 다름 아닌 벨사살이었다. 다니엘 5장 30절 말씀은 이러하다. "그날 밤에 갈대아 왕 벨사살이 죽임을 당하였고." 그리고 메대 사람 다리오가 왕의 자리를 차지한다. 바벨론 왕국은 이렇게 멸망했지만, 다니엘은 다시 살아남았다. 그는 황제보다도, 제국보다도 더 오래 살아남은 것이다.

이 이야기에서 세상은 절대로 당신의 모든 희망을 앗아갈 수 없다는 사실을 깨달았을 것이다. 하나님의 백성을 반대하는 것은 모두 금세에서든 내세에서든 결국 끝나고 만다. 따라서 우리는 복음 안에서 우리의 희망을 지키도록 노력해야 한다. 무엇이 되었든 다른 어떤 것에 희망을 걸지 말고 복음 안에 희망을 두자. 세상의 것에 희망을 두면 우리의 희망은 언제든 위험에 빠질 수 있다. 그러한 희망들은 무너져 버릴 수도 있지만, 더 나쁜 경우에는 성공한 것처럼 보이기 때문에 오히려 우리를 혼란에 빠뜨릴 수 있다. 예수님은 말씀하셨다. "너희 보물 있는 곳에는 너희 마음도 있으리라"(눅 12:34). **복음을 소중히 여기고 주위 사람들에게 예수님의 좋은 소식을 전하겠다고 새롭게 결심하자. 그렇게 하는 것이 금세와 내세에서 우리가 살아남을 수 있는 길이다.**

반대를 당하게 될 것이다

세 번째 교훈은 우리가 반대를 당하게 될 것이라는 사실이다. 다니엘서는 우리가 도덕을 초월한 세상을 살고 있다고 믿는 이 세상의 잘못된 신화를 폭로한다. 사실 이 세상은 너무나 타락했기 때문에, 경건한 자들이 반대를 당하는 것이 오히려 정상이다. 하나님이 다니엘을 다루신 방식은 이러한 현실을 상기시킨다. 목회자여, 정신을 차리라! 당신은 반대에 부딪히게 될 것이다. 당신은 복음주의자들 강단에서, 또는 미국 교회에서 이러한 말을 전혀 들어 보지 못했을 것이다. 나는 때로 그리스도인들이 믿음에 관해서는 닳고 닳은 자동차 판매원과 같이 되어 버렸다는 사실에 두려움을 느낀다. 그들은 장점은 떠벌리고, 약점은 가린다. 복음서에 나오는 예수님의 모습이 과연 그러했는가? 사도행전에 나오는 사도들의 모습이 과연 그러했는가?

다니엘은 생애 마지막 날까지 박해를 당했다. 그는 세 왕을 거치면서도 살아남았지만, 여전히 반대에 부딪혔던 것이다. 다니엘이 언제 죽었는지는 분명하지 않지만, 6장에서 일어난 사건들은 그의 생애 마지막에 일어난 일이 분명하다. 이때 바벨론 제국은 무너졌지만, 다니엘은 여전히 승승장구하고 있었다. 우리는 다니엘 6장 1-2절에서 다음과 같은 말씀을 보게 된다. "다리오가 자기의 뜻대로 고관 백이십 명을 세워 전국을 통치하게 하고 또 그들 위에 총리 셋을 두었으니 다니엘이 그중의 하나이라." 이제 전혀 다른 왕국이 들어섰지만, 다니엘은 여전히 최고의 자리에 머물러 있다. 그리고 3절은 이렇게 이어진다. "다니엘은 마음이 민첩하여 총리들과 고관들 위에 뛰어나므로 왕이 그를 세워 전국을 다스리게 하고자 한지라." 왕은 다니엘의 나이가 많다는 사실을 알면서도 전혀 개의치 않고 그를 세워 전국을 다스리게 했다.

하지만 파렴치한 인간들이 다니엘에게 맞서 그를 해코지하려고 든다. 다니엘 6장 5절 말씀은 그들의 사고방식을 보여 준다. "이 다니엘은 그 하나님의 율법에서 근거를 찾지 못하면 그를 고발할 수 없으리라." 오늘날에도 이러한 일이 발생한다. 우리는 타락한 세상을 살아가고 있기에, 유토피아나 완벽한 정부를 기대하지 말아야 한다. 물론 선을 행하면 잘못된 일을 저질러서 박해를 당할 일이 없을 것이다. 다니엘처럼 용기 있고 청렴하게 살아가는 것은 분명 바람직한 일이다. 하지만 우리가 의롭다고 해서 반드시 시험을 피할 수 있는 것은 아니다.

이 세대의 복음주의 사역자들은 하나님이 이 땅에 보내실 심판의 홍수가 임하기 전에 방주에 타르를 바르도록 부름 받은 자들이다. 당신은 성도들에게 타락한 세상에서는 반대에 부딪힐 수밖에 없다고 가르쳐야 한다. 교회에서 표면적인 성공을 이루기 위해 사람들에게 엉터리

만병통치약을 팔아서는 안 된다. 당신은 성도들에게 타락과 타락에 따른 결과에 대해서 가르치도록 부름 받았다. 전 세계 다른 지역에서 온 목회자들은 훨씬 어려운 상황에서 살아왔기 때문에, 이러한 가르침이 새로운 소식이라는 사실에 어리둥절하거나 놀랄 수도 있다.

물론 미국의 자유와 물질적인 풍요는 분명히 하나님의 축복이지만, 여러 가지 면에서 교회를 병들게 했다. 우리는 반드시 다니엘서를 읽으면서 가장 선한 사람도 반대에 부딪힌다는 사실을 이해하고 스스로 준비해야 한다. 타락한 세상은 너무나 왜곡된 나머지 육체를 입고 나타나신 하나님조차 반대를 받으시고, 박해를 당하셨으며, 십자가에 달려 죽기까지 하셨다. 하지만 좋은 소식이 있다. 다니엘서를 마저 읽고 7-12장에 나오는 환상들을 보면, 마침내 하나님이 승리하시는 것을 목격하게 된다.

이 환상들에 계속해서 나타나는 요소는 거룩한 자들이 이 세상에서 공격을 당한다는 점이다. 예를 들면, 다니엘 7장 21절은 "내가 본즉 이 뿔이 성도들과 더불어 싸워 그들에게 이겼더니"라고 한다. 나아가 "그가 장차 지극히 높으신 이를 말로 대적하며 또 지극히 높으신 이의 성도를 괴롭게 할 것"(7:25)이라고도 한다. 8장은 하나님의 백성이 받는 고난에 대해서 다음과 같이 전한다.

> 그것이 하늘 군대에 미칠 만큼 커져서 그 군대와 별들 중의 몇을 땅에 떨어뜨리고 그것들을 짓밟고 또 스스로 높아져서 군대의 주재를 대적하며 그에게 매일 드리는 제사를 없애 버렸고 그의 성소를 헐었으며 그의 악으로 말미암아 백성이 매일 드리는 제사가 넘긴 바 되었고 그것이 또 진리를 땅에 던지며 자의로 행하여 형통하였더라 내가 들은즉 한 거룩한 이가

말하더니 다른 거룩한 이가 그 말하는 이에게 묻되 환상에 나타난바 매일 드리는 제사와 망하게 하는 죄악에 대한 일과 성소와 백성이 내준 바 되며 짓밟힐 일이 어느 때까지 이를꼬 하매 그가 내게 이르되 이천삼백 주야까지니 그때에 성소가 정결하게 되리라 하였느니라(10-14절).

이에 대한 해석은 24-25절에 나온다.

그 권세가 강할 것이나 자기의 힘으로 말미암은 것이 아니며 그가 장차 놀랍게 파괴 행위를 하고 자의로 행하여 형통하며 강한 자들과 거룩한 백성을 멸하리라 그가 꾀를 베풀어 제 손으로 속임수를 행하고 마음에 스스로 큰 체하며 또 평화로운 때에 많은 무리를 멸하며 또 스스로 서서 만왕의 왕을 대적할 것이나 그가 사람의 손으로 말미암지 아니하고 깨지리라.

하나님의 백성이 견뎌야 했던 유배 생활에서부터 다니엘 9장에 언급된 다양한 시험에 이르기까지, 하나님의 백성이 된다는 것은 평화롭게 산책길을 걷는 것이 아님을 분명히 알 수 있다. 권세자들은 하나님을 버리는 자들에게 호의를 베풀 것이다. 유혹과 시험은 커져만 갈 것이다. 하나님 앞에 신실해지려는 사람들에게는 압박이 가해질 것이다. 그리고 많은 사람이 목숨을 잃게 될 것이다. 다니엘 12장 7절에서는 "성도의 권세가 다 깨지기까지이니"라고 한다. 나의 의도는 이 구절들을 통해서 특정한 종말론을 살펴보자는 것이 아니다. 이 부분은 마지막 환난을 언급하는 것으로 볼 수 있다. 여기에서 분명한 점은 그리스도가 십자가를 지신 순간부터 그리스도가 다시 오실 때까지 세상은 하나님과 적이 될 것이라는 사실이다.

우리는 본래 시험을 좋아하지 않으며, 되도록 시험을 피하고 싶어 한다. 하지만 진정한 기독교는 지금 이 순간 당하는 고난에서 구원받을 것이라고 하지 않는다. 당신이 그리스도인이라면 고난을 받을 것이다. 사도행전을 봐도 초기 그리스도인들 역시 주기적으로 고난을 받았다. 예수님은 말씀하셨다. "내가 너희에게 종이 주인보다 더 크지 못하다 한 말을 기억하라 사람들이 나를 박해하였은즉 너희도 박해할 것이요"(요 15:20). 오늘날 직접적인 박해는 거의 존재하지 않는다. 이는 실제로 기독교 역사상 매우 예외적인 현상이다. 심지어 세계 다른 지역에 사는 그리스도인들도 마찬가지다. 나는 당신이 안락함을 즐기지 않기를 바란다. 세상의 편안함은 우리 영혼을 공허하게 하고, 우리를 약해지게 하며, 우리를 잘못된 곳으로 이끌고, 잘못된 곳에 애를 쓰게 만든다.

어떤 사람들은 정치를 잘 이용하면 기독교가 박해를 피할 수 있다고 생각한다. 물론 정치도 고귀한 소명이고, 이러한 고귀한 공적인 사역으로 많은 폐단을 없앨 수도 있다. 하지만 이 타락한 세상에서는 그리스도인 의사가 죽음을 없앨 수 없는 것처럼, 그리스도인 정치인들도 박해를 없앨 수는 없다. 우리는 하나님을 대적하는 타락한 세상에 살고 있다. 따라서 정치계에 있는 우리 형제자매도 박해가 덜해질 것이라고 약속할 수 없다. 그리스도를 따르는데도 고난을 받지 않는다면, 그것은 정상이 아니라고 할 수 있다. 그러므로 우리는 고통과 고난에서 달아나는 것이 아니라, 그 괴로운 순간 내내 하나님과 함께 걸어야 한다. 그러면서 하나님이 어떻게 고난받는 매 순간을 하나님의 깊은 사랑을 배우는 긍정적인 시간으로 바꾸시는지 배워야 한다.

나는 사드락, 메삭, 아벳느고가 불타는 풀무에 들어갔다가 나온 그날 밤부터 하나님을 더욱 신뢰하게 되었을 거라고 장담한다. 마찬가지로

암, 수술, 실업, 죽음, 사별, 관계의 문제 등을 통해서 우리는 믿음을 강하게 하시는 하나님의 풍성한 은혜를 보게 된다. 박해와 시험은 하나님이 자기 백성에게 하나님의 능력과 자애심, 그리고 하나님 한 분만으로 충분하다는 사실을 보여 주시기 위한 발판일 뿐이다.

당신의 교회는 관절염 같은 신체의 아픔뿐 아니라 외로움, 사별, 혼란스러운 마음에 이르기까지 다양한 아픔이 존재하는 고난의 보고(寶庫)다. 하나님을 소유하고, 하나님을 신뢰하고, 하나님의 자녀가 되는 것은 행복한 결혼 생활, 영원한 우정, 심지어 그리스도인을 법적으로 공인해 주는 것보다도 더 좋은 일이다. 하나님은 당신이 이 사실을 보여 주는 살아 있는 증거가 되도록 하셨다. 그리스도를 아는 것은 다른 어떤 것보다도 좋은 일이다.

이 세상에서는 자기 뜻을 버리고 하나님의 영광에 헌신하면 보통 고난이 찾아온다. 베드로는 이렇게 썼다.

> 죄가 있어 매를 맞고 참으면 무슨 칭찬이 있으리요 그러나 선을 행함으로 고난을 받고 참으면 이는 하나님 앞에 아름다우니라 이를 위하여 너희가 부르심을 받았으니 그리스도도 너희를 위하여 고난을 받으사 너희에게 본을 끼쳐 그 자취를 따라오게 하려 하셨느니라 그는 죄를 범하지 아니하시고 그 입에 거짓도 없으시며 욕을 당하시되 맞대어 욕하지 아니하시고 고난을 당하시되 위협하지 아니하시고 오직 공의로 심판하시는 이에게 부탁하시며(벧전 2:20-23).

그리스도인이 되려는 사람은 이런 일을 예상하는가? 사역에 나서려는 사람은 이런 일을 예상하는가? 당신이 무엇을 기대하고 있는지 주의 깊게 생각해 보라. 이는 매우 중요한 일이다. 당신이 잘못된 것을 기대하고 있다면, 영혼들에 큰 위험을 끼칠 수 있기 때문이다. 당신은 하나님이 말씀을 통해 약속하신 것들을 기대해야 한다. 다니엘이 그렇게 많은 복을 받은 사람이었는데도 여러 시련을 당했던 것을 생각해 보라. 그리스도를 향한 사랑 가운데 자라나는 것이야말로 시련에 대비하는 대책이 된다.

우리는 주위 사람들이 우리를 좋아해 주길 바란다. 하지만 그것을 기대해서는 안 된다. 특별히 법정에서 증오 언설에 대한 몇몇 법안들을 확정하게 된다면, 캐나다, 호주, 노르웨이, 영국, 그리고 다른 지역에서 그랬던 것처럼 목회자들이 단지 성경을 전했다는 이유로 범죄 혐의를 받게 되어도 놀라운 일은 아닐 것이다. 세상의 성공을 바라며 목회를 하는 사람이 있는가? 그런 사람은 공개적으로 곤란을 당하지 않으려면 당장 그 자리에서 떠나야 한다. 다만 이 세상의 칭송과 성공보다 더 사랑하는 것을 발견한 사람은 그 모든 상황을 감내할 것이다.

고난의 예

최근에 나는 맨해튼에서 J. 스미스의 이야기를 들을 기회가 있었다. J. 스미스는 런던에 살면서 이슬람교도들에게 사역하는 미국의 전도자다. 그는 하이드 파크에서 이슬람교도와 이야기를 나누고, 임시 연단에 올라 진리를 선포하는 일을 하고 있다. 그런데 스미스는 자신이 런던 지하철 폭탄 테러에서 유죄로 밝혀진 사람 중에 몇몇의 얼굴을 안다고 했다. 하이드 파크 한편에서 복음을 전하면서 그들의 얼굴을 봤다는 것이다. 그는 폭발 사건이 있고 난 뒤 주위에 모인 이슬람교도들에게 이렇게 물었다고 한다. "여러분 중에 이 사람들이 잘했다고 생각하시는 분이 계십니까?" 그러자 약 30명이 손을 들었다고 한다. 그는 또 물었다. "여러분 중에 나도 이렇게 할 수 있다고 생각하시는 분이 계십니까?" 그러자 약 15명이 손을 들었다고 한다. J. 스미스는 이야기를 듣던 우리에게 물었다. "우리 그리스도인들도 이들처럼 기꺼이 죽겠다고 할 수 있어야 합니다. 제 아내는 이 사역 때문에 제가 언제라도 죽을 수 있다는 사실을 알고 있습니다."

친구여, 이런 마음 자세를 상상이나 할 수 있겠는가? 나는 다니엘이 이런 마음 자세를 갖추었다고 생각한다. 여러분 역시 이런 마음 자세를 갖길 바란다. 우리에게는 구세주와 영원을 함께한다는 궁극적인 희망이 있다. 그러므로 우리는 어떠한 반대도 신실하게 견뎌 내야 한다.

PRAYER

주님, 박해를 견디는 본을 보여 주셔서 감사드립니다.
또한, 주님, 우리를 위해 박해를 당하시고,
우리가 당해야 할 진노를 감내해 주셔서 감사드립니다.
주님은 그리스도 안에서 우리에게
놀라운 사랑과 자비를 베푸셨습니다.
그래서 우리가 마땅히 당해야 하는 박해를
온전히 당하지 않아도 된다는 사실을 압니다.
우리에게 힘을 주시고, 우리 마음을 가르치시고,
우리 삶을 주님을 향한 사랑으로 불타게 해주시길 기도합니다.
예수님의 이름으로 기도합니다.
아멘.

7
Rick Holland

너희 중에 있는 하나님의 양 무리를 치되
억지로 하지 말고 하나님의 뜻을 따라 자원함으로 하며
더러운 이득을 위하여 하지 말고 기꺼이 하며 _ 벧전 5:2

지도자와 그의 양 떼

릭 홀랜드, 2011
베드로전서 5:1-4

베드로전서 5장 1-4절 말씀은 사역하는 사람에게 너무나 친숙한 말씀이다. 이 간단한 네 절에서 우리는 목회학의 기초 수업부터 박사 학위까지 얻을 수 있고, 목회자, 지도자, 감독, 목자가 되는 것이 무엇인지 배울 수 있다. 그 말씀은 다음과 같다.

너희 중 장로들에게 권하노니 나는 함께 장로 된 자요 그리스도의 고난의 증인이요 나타날 영광에 참여할 자니라 너희 중에 있는 하나님의 양 무리를 치되 억지로 하지 말고 하나님의 뜻을 따라 자원함으로 하며 더러운 이득을 위하여 하지 말고 기꺼이 하며 맡은 자들에게 주장하는 자세를 하지 말고 양 무리의 본이 되라 그리하면 목자장이 나타나실 때에 시들지 아니하는 영광의 관을 얻으리라.

양과 목자의 이미지

성경은 동물원이다. 성경은 동물들로 가득하고, 또 그래야만 한다.

왜냐하면, 다양한 동물들은 창조의 주관자이시자 우리의 주인 되시고 구세주 되신 예수님의 창조성을 드러내기 때문이다. 성경에는 70종류가 넘는 동물들이 나온다. 구약에는 동물을 지칭하는 단어가 180개나 나오고, 신약에는 약 50개가 나온다. 그중에는 정한 동물도 있고 부정한 동물도 있다. 가축도 있고 야생 동물도 있다. 소, 염소, 말, 낙타, 당나귀, 돼지, 개, 뱀, 개구리, 곰, 표범, 사자, 여우, 자칼, 늑대, 물고기, 참새, 독수리, 솔개, 벌레, 애벌레, 메뚜기 등이 나오고, 리워야단과 하마도 나온다.

성경에 가장 많이 등장하는 동물은 바로 양이다. 양은 성경에서 400회 이상 언급되는데, 여기에는 그럴 만한 이유가 있다. 우선 양은 이스라엘의 경제를 구성하는 핵심 요소였기 때문이다. 이스라엘에서 사람들은 우유, 고기, 털을 얻기 위해 양을 키웠다. 또한, 양은 희생 제사 제도에서도 핵심적인 요소였다. 이처럼 양은 매우 중요한 동물이었기 때문에 양을 기르는 목자 역시 존재하게 되었다. 성경은 비유적으로 사람들을 친다고 하는데, 이를 제대로 이해하기 위해서는 고대 근동에서 목자가 무슨 일을 했는지 아는 것이 중요하다.

옛날 목자들의 상황과 양을 기르는 방식은 오늘날과 매우 달랐다. 예전에는 울타리가 없어서 양을 우리 안에 두지 않았다. 따라서 양은 목자에게 완전히 의지해야 했다. 목자들은 맹수에게서 양 떼를 보호하고, 더위와 추위에서 지켜 주며, 양들이 풀을 뜯어 먹을 수 있도록 초지로 인도해 주어야 했다. 한마디로 말해서, 목자는 양들의 공급자이자 보호자, 인도자이자 지도자였던 것이다. 무엇보다도 목자는 양에게 변함없는 친구와도 같은 존재였다.

성경 시대에는 목자들이 반드시 있어야 했다. 하지만 그들은 사람들에게 많은 존경을 받는 사람들은 아니었다. 그들은 다소 괴짜처럼 보였다. 광야에서 유목민처럼 살았기 때문이다. 그들의 유일한 목적은 양 떼를 돌보는 것이었다. 그들은 고된 일을 하는 육체 노동자였다. 하지만 그들은 분명 특수한 사람들이었기에 어느 정도 존경을 받기도 했다. 양이 잘 자라고, 희생 제사 제도가 잘 유지될 수 있는 것은 다 이 목자들의 신실한 노고 덕분임을 잘 알고 있었기 때문이다.

양을 기르는 일에 대해 이러한 사전 지식을 갖춰야 하는 중요한 이유가 있다. 목자가 무슨 일을 하는지 알아야 베드로전서 5장 1-4절에서 말하는 목회 명령을 제대로 이해할 수 있기 때문이다. 베드로는 2절에서 영적 지도자들에게 "양 무리를" 치라고 지시한다. 이 간단한 명령은 목자가 되어 하나님의 양 떼를 치라는 뜻이다. 내가 참고한 대부분의 사전과 백과사전은 양이 우둔하다는 사실을 언급하고 있었다. 양은 보호받지 못하면 잘 살아남지 못하는 동물이다. 양은 그냥 내버려 두거나, 작은 맹수라도 있으면 절대 살아남지 못한다. 양은 우리가 눈앞에 보여도 우리로 돌아가지 못한다. 심지어 다른 양이 절벽에서 떨어지는 것을 보고 계속해서 절벽으로 뛰어내리는 양 떼도 있었다.

우리는 이 익숙한 구절을 보면서, 우리가 목양하는 이들은 어리석고, 의존적이고, 방황하는 경향이 있는 존재라는 점에만 집중하기 쉽다. 그러면서 매우 중요한 사실 한 가지를 잊게 된다. 바로 **우리 역시 양이라는 사실이다.** 목회자가 된 사람은 하나님을 위해 작은 목자가 된 것이 아니라, 양치기 개가 된 것이다. "작은 목자"라는 용어는 너무 미화된 용어다. 목회자인 우리는 하나님이 목초지를 돌아다니면서 하나님의 양 떼를 돌보게 하신 양치기 개일 뿐이다. 우리 역시 저 "어리석고 의존적인" 양인 것이다.

하나님이 목회 사역을 하게 하신 목적은 목자의 이미지로 분명히 드러난다. 하나님은 성경에서 영적인 관리 감독을 설명할 때 목자의 비유를 가장 많이 사용하신다. 예레미야 3장 15절에서는 "내가 또 내 마음에 합한 목자들을 너희에게 주리니"라고 하신다. 하나님은 메시아가 하나님 나라를 세우실 그 위대한 날을 이야기하고 계신 것이다. 우리는 어떻게 이 목자들이 하나님의 마음에 합한지 알 수 있을까? 이 말씀은 바로 이렇게 이어진다. "그들이 지식과 명철로 너희를 양육하리라." 하나님은 자신의 마음에 합하느냐 그렇지 않으냐를 목양의 기준으로 삼으신다. 이 구절은 목양에 대한 다른 말씀들을 조망할 수 있는 렌즈의 역할을 한다. 신실한 목자는 하나님을 자신의 목자로 보고 하나님이 하시는 것처럼 양을 친다. **궁극적인 목자는 하나님이시다. 하지만 하나님은 은혜로 우리를 부르셔서 이 일을 돕게 하셨다.**

목회 사역의 실제

베드로는 베드로전서 5장 1-4절에서 목자 겸 지도자가 된다는 것이 무슨 의미인지 우리에게 보여 준다. 경고를 하나 하겠다. 마음이 약한 자들은 목회를 할 수 없다. 겁쟁이들도 목회를 할 수 없다. 목회는 이 세상의 많은 직업 중 하나가 아니다. 목회 사역은 아무나 감당할 수 있는 일이 아니다. 가장 어렵고, 엄격하고, 고통스럽고, 엄청난 수고가 따르는 일이기 때문이다. 이 말씀은 목자인 우리의 역할을 낮추는 동시에 대목자를 높이는 내용이다.

이 구절에서 우리는 목회 사역의 엄중한 실제를 세 가지 측면에서 볼 수 있다. 첫 번째 측면은 다음과 같다.

목회 사역에는 엄중한 책임이 따른다

1절 말씀은 "너희 중 장로들에게 권하노니 나는 함께 장로 된 자요 그리스도의 고난의 증인이요 나타날 영광에 참여할 자니라"라고 한다. 베드로의 권고는 매우 구체적으로 장로들만을 대상으로 한다. "장로"라는 단어는 문자적으로 나이가 더 많은 사람을 의미한다. 하지만 유대 사회에서 이 단어가 지닌 의미와 그 용법을 연구해 보면, "장로"란 연장자뿐 아니라 경험이 더 많은 사람을 의미하기도 한다. 때로는 나이가 어린 사람이 나이가 많은 사람보다 경험이 더 많을 때도 있다. 그래서 이런 말도 있다. "카누에 오래 앉았다고 카누가 더 멀리 나가는 것은 아니다. 얼마나 열심히 노를 저었느냐에 달렸을 뿐이다." 사역을 오래 하지는 않았지만 매우 열심히 노를 젓는 사람들도 있다.

이 구절에 나오는 세 가지 용어는 교회 지도자가 가져야 할 비전과 지도자로서 져야 할 책임이 크게 세 가지임을 말한다. 즉, 감독자, 목회자, 장로인 것이다. 1절은 헬라어 단어 "프레스부테로스"(*presbuteros*)에서 나온 "장로"(elder)라는 단어를 사용했다. 2절은 헬라어 단어 "포이마나테"(*poimanate*), 즉 "양을 치다" 또는 "목회자로서 돌보다"라는 의미를 지닌 단어의 동사형을 사용했다. 또한, "감독하다"라는 의미를 지닌 헬라어 단어 "에피스코포스"(*episkopos*)를 사용했다. 이 세 가지 직책은 장로의 직분을 설명하는 것으로, 장로는 반드시 성숙하고, 지혜롭고, 다른 이들을 인도할 수 있는 마음과 능력을 지닌 자여야 했다.

이 세 직책은 다른 사람, 또는 다른 직분이나 역할을 말하는 것이 아니라 영적 지도자가 갖추어야 할 세 가지 특징을 말한다. 물론 이 구절은 목회 서신(디모데전서, 디모데후서, 디도서)에 분명하게 개괄된 직분을 언급하고 있지만, 공적인 직분을 갖지 않고서도 하나님의 양 떼에 하나님의 사랑을 전하기 위해 "감독하는" 목회 활동을 하는 사람들도 있다는 점을 언급해야 한다. 바울은 이 세 용어를 유사한 것으로 이해하고 있었다. 사도행전 20장 17-28절에서 바울은 에베소의 장로들을 지칭할 때 세 가지 단어, 즉 목회자, 감독자, 장로 등을 고루 사용한다. 이는 그가 한 가지 직분에 대해서 말하고 있음을 의미한다.

베드로는 신앙을 지킨다는 이유만으로 목숨을 위협받고 있던 성도들에게 첫 번째 서신을 보냈다. 오늘날에도 이러한 상황에 있는 그리스도인들이 있다. 나는 생명을 위협하는 정도의 박해를 받아 본 적은 없다. 기도 모임을 진행하다가 문을 두드리는 소리에 방해받은 적도 없고, 네로의 경비병들이 나를 잡아다가 사자에게 끌고 갈까 봐 두려워한 적도 없다. 하지만 베드로의 편지를 읽는 사람들은 바로 그러한 상황에 놓여 있었다.

베드로의 편지에는 주목할 만한 특징이 있다. 베드로는 박해를 당하는 그들에게 일시적인 위로의 말을 전하면서 격려하는 것이 아니라, 오히려 죽임을 당해야만 편안함을 누릴 수 있다고 강조한다. 그때까지 그들은 신실함을 지켜야 했다. 그런데 베드로가 강조하는 주제가 핍박을 받으면서도 신실함을 지키라는 것이었다면, 왜 굳이 편지 끝부분에 가서 논점에서 벗어나 장로에 대해 논의하고 있는가? 베드로는 그 편지를 받는 사람들이 박해와 고발을 당할 때, 그들의 삶을 감독하고, 그들이 바른 가치관을 유지하도록 돕고, 그들에게 순종하라고 명할 수 있는 사람을 세우길 원했다. 박해는 불순종의 핑계가 될 수 없기 때문이다. 베드로는 또한 장로들과 목회자들이 그들이 초래하게 될 억압 때문에 목회를 피하지 않길 바랐다. 왜냐하면, 당시에 목회자가 된다는 것은 결국 스스로 표적이 되어 박해를 받겠다고 나서는 격이었기 때문이다.

그러므로 베드로는 사역이 엄숭하다는 사실을 분명히 알라는 경고의 말씀으로 이 이야기를 시작한다. 1절은 "그러므로"(therefore, 한국어 성경에는 없지만 원어 성경과 저자가 사용한 NASB에는 있음-역자 주)라는 말로 시작하는데, 이는 독자를 베드로전서 4장 17-18절로 향하게 한다. 베드로는 17-18절에서 "하나님의 집에서 심판을 시작할 때가 되었나니"라고 한다. 하나님의 집을 장성하게 해야 하는 지도자들에게는 더욱 엄격한 심판이 있을 것이고, 그 부담감도 막중하다. 이 구절은 서신서 중에서도 가장 분명하게 베드로가 자신에 대해서 기술하는 부분이다. 베드로는 자신에 대해서 "나는 함께 장로 된 자요 그리스도의 고난의 증인이요 나타날 영광에 참여할 자니라"라고 말한다. 베드로는 자신을 규정할 때 사도라는 명함을 내밀지 않았다. 그저 자신은 "함께 장로 된 자"라고 했다. 즉, "나는 너희와 똑같다. 나는 동료 장로다. 나는 동료 감독자다. 나는 동료 목회자다."라고 말하고 있는 것이다.

이 말의 핵심은 무엇인가? 베드로는 자신도 내켜 하지 않는 일들을 장로들과 목사들에게 하라고 요구하는 것이 아니다. 영적인 지도자들에게도 고난은 존재한다. 베드로는 그들이 느낄 두려움, 유혹, 책임감을 잘 알고 있었다. 여기에 한 가지 중요한 원칙이 있다. 박해의 칼끝을 가장 먼저 받는 사람은 항상 영적인 지도자라는 것이다. 베드로는 자신을 교회의 지도자로 부르신 하나님의 소명을 받아들였다. 그리고 이 소명 때문에 결국 로마에서 순교를 당한다. 베드로는 자신이 스스로 하지 않은 것들을 다른 지도자들에게 하라고 권하는 것이 아니다.

흥미롭게도 베드로는 자신이 그리스도가 당한 고난의 "증인"이라고 말한다. 어떤 학자들은 이 본문을 통해 베드로는 십자가 근처에 없었기 때문에 이 서신서의 저자는 베드로일 수 없다고 말하기도 한다. 하지만 베드로가 먼 곳에서 십자가를 바라보고 있었을지 어찌 알겠는가? 베드로가 그 자리에 있었다는 증거도 없지만, 베드로가 그곳에 없었다는 증거도 없는 것이다. 탐 슈라이너는 이렇게 쓴다. "베드로는 그리스도의 사역 내내 그리스도를 목격했다. 베드로는 그리스도에 대한 반대가 커지는 것을 목격했고, 그리스도가 잡혀갈 때도 그 자리에 있었다. 또한, 그리스도를 부인하기는 했지만, 이후에 어떻게든 십자가에 갔을 것이다."[1] 그랬을 수도 있고, 그러지 않았을 수도 있다. 하지만 이 부분을 가지고 베드로가 이 서신서를 쓰지 않았다고 할 수는 없다. 베드로는 이 서신서를 썼고, 그리스도의 고난에 따른 결과를 직접 목격했다.

여기서 핵심은 주의하라는 것이다. 당시에 영적인 지도자가 되어 그 책임을 진다는 것은 예수님을 죽인 세력에게 자신을 드러내는 일이었다. 잠시 이 말을 생각해 보자. 베드로의 말을 진지하게 받아들인다면, 영적인 지도자가 된다는 것은 위험을 감수하고 그리스도를 적대시하여 십자가에 올렸던 바로 그 권력에 맞서겠다는 것이다. 귀신의 세력뿐 아니라, 하나님의 도덕과 구세주의 영광을 증오하는 자들과도 맞서게 되는 것이다. 따라서 베드로는 우리에게 이 책임이 얼마나 엄중한지 인식하라고 다그치는 것이다.

목회 사역은 위임받은 것이다

2절과 3절에서 베드로는 목회 사역의 또 다른 엄중한 실제를 보여 준다. 목회는 위임받은 것이라는 사실이다. 부활 사건 후, 베드로는 갈릴리 해변에서 다시 사신 주님과 만나 이야기를 나눈다. 베드로는 이 일을 절대로 잊지 못했을 것이다. 예수님이 잡히실 때는 한 사람의 귀를 쳤고, 예수님이 십자가에 달리신 후에는 살기 위해 도주했으며, 다시 갈릴리로 돌아가 고기를 잡고 있던 그 베드로가 예수님과 대화할 기회를 얻은 것이다. 요한복음 21장 15절 말씀은 이렇다. "그들이 조반 먹은 후에 예수께서 시몬 베드로에게 이르시되 요한의 아들 시몬아 네가 이 사람들보다 나를 더 사랑하느냐 하시니." 아마 베드로는 예수님의 이 말씀을 듣고 먹던 생선이 목에 걸린 느낌이었을 것이다. 예수님은 다시 물으신다. "요한의 아들 시몬아 네가 나를 사랑하느냐 하시니 이르되 주님 그러하나이다 내가 주님을 사랑하는 줄 주님께서 아시나이다 이르시되 내 양을 치라 하시고"(16절). 또다시 "양을 치라"고 번역된 똑같은 동사가 등장한다. 예수님은 세 번째로 물으신다. "요한의 아들 시몬아 네가 나를 사랑하느냐 하시니 주께서 세 번째 네가 나를 사랑하느냐 하시므로 베드로가 근심하여 이르되 주님 모든 것을 아시오매 내가 주님을 사랑하는 줄을 주님께서 아시나이다 예수께서 이르시되 내 양을 먹이라"(17절).

이 구절을 다루는 대부분의 서적과 이 말씀을 본문으로 삼은 대부분의 설교는 예수님이 "네가 나를 사랑하느냐"라고 물으실 때 서로 다른 헬라어 단어를 사용하셨다는 점에 초점을 맞추고 있다. 나 역시 지금까지 그래 왔다. 그렇지만 이 자리에서는 그것이 핵심이 아니라고 제안해 보면 어떨까? 우리는 오히려 반복적으로 나타나는 명령에 주의를 기울여야 한다. 바로 "네가 나를 사랑하느냐, 그러면 사람들을 목회하라"라는 말씀이다. 예수님이 말씀하려고 하시는 핵심은 예수님의 양 떼를 먹이고, 예수님의 양 떼를 치고, 예수님의 사람들을 목회하라는 것이다. 사랑에 대한 논의에 빠져서 핵심을 놓치는 우를 범하지 말라. 양 떼를 먹이는 것에 집중해 보자.

양을 치라는 예수님의 명령은 참으로 흥미롭다. 행동으로 그렇게 해야 하는 것뿐 아니라 우리의 존재가 그렇게 되어야 하기 때문이다. 에베소서 4장 11절 말씀은 이렇다. "그가 어떤 사람은 사도로, 어떤 사람은 선지자로, 어떤 사람은 복음 전하는 자로, 어떤 사람은 목사와 교사로 삼으셨으니." 이 구절을 헬라어로 보면, 목사라는 단어는 "목자"로 번역된 단어와 같다. 찰스 스펄전은 이렇게 말했다. "영적인 아버지는 성숙하고 견실하여 온유함으로 가득하고, 사람들의 영혼에 대한 진한 사랑을 드러낸다."[2] 스펄전은 계속해서 이러한 목회자는 "다른 사람들을 돌보기 위해 태어난 자로서 그 마음이 그러한 돌봄으로 가득하기 전까지는 쉬지도 못한다."[3]라고 말했다.

에베소서 4장 11절에 따르면, 사람들을 목회한다는 것은 당신이 하는 무언가를 넘어서는 것이다. 목회는 당신을 규정한다. 우리는 다른 사람들을 돌보는 "목적을 지니고 태어난" 사람들이다. 그리고 다른 이들을 돌본다는 것은 언제나 우리의 육체에 맞서 자아를 부정하는 싸움을 하는 것이다. 베드로전서 5장을 잘 살펴보면, 2절에 나오는 첫 두 구절이 전체 말씀에서 가장 중요하다. 우리는 여기에서 도저히 불가능한 책임을 보게 된다. "하나님의 양 무리"인 교회를 목양하라는 것이다. 베드로는 "너희의 양 무리"를 치라고 하지 않았다. 베드로는 분명히 "너희 중에 있는 하나님의 양 무리"를 치라고 말했다. 이 양 무리는 하나님의 것이지 우리의 것이 아니다. 이 양들은 하나님의 어린 양들이다. 그들은 하나님의 것이기 때문에 하나님은 하나님 자신을 위해 그들을 먹이고, 치며, 돌보라고 우리에게 명하신 것이다.

사역은 한정된 대상을 위한 것이라는 점에도 주목하라. 그 양 무리는 "너희 중에" 있는 것이다. 베드로는 인터넷이나 블로그에 관해서 이야기하고 있지 않다. 물론 나도 여러 웹사이트나 블로그를 보면서 고마움을 느끼고 있기는 하다. 몇몇 사이트는 날마다 보는데, 정말 도움이 된다! 하지만 우리는 교회가 아닌 블로그에서 다른 사람들과 관계를 맺다가 가까이 있는 양 떼를 내버려 두는 일이 없도록 주의해야 한다.

베드로는 계속해서 "양 떼를 잘 치십시오"(공동번역)라고 목자들에게 도전한다. 헬라어 원문을 보면, 이 용어는 한 도시, 마을, 동네를 속속들이 알고 있는 정치 지도자나 감독관이 그곳을 관리한다는 의미다. 베드로는 이 직책을 수행하려면 주의 깊고 현명하게 관리해야 한다고 말한다. 하지만 그는 대책 없이 순진하기만 한 사람은 아니었다. 그는 영적인 지도자들이 특정한 유혹에 얽매이기 쉽다는 사실을 알았다. 따라서 그는 대조적인 세 구절을 통해 세 가지 죄와 세 가지 대책을 이야기한다.

억지로 하지 말고

첫 번째 경고 사항은 마지못해서가 아니라 하나님의 뜻에 따라 양을 돌보라는 것이다. 베드로는 이렇게 말한다. "억지로 하지 말고." 즉, 강요를 받아서, 또는 다른 사람이 그렇게 하라고 시켜서 어쩔 수 없이 하는 것이 아니라 "하나님의 뜻을 따라 자원함으로" 하라는 말이다. 우리는 해야만 해서가 아니라 그렇게 하고 싶어서 사람들을 목양하는 것이다. "저는 발버둥 치고 고래고래 악을 썼지만, 하나님이 사역을 하라고 부르시더군요. 저는 원하지 않았습니다만, 주님이 제 멱살을 잡고 강대상에 던져 버리셨습니다."라는 식으로 말하는 목사를 본 적이 있는가? 이렇게 말하는 사람이 있으면 나는 이렇게 답한다. "저는 하나님이 그렇게 하셨다고는 생각하지 않습니다."

목회 사역은 그 일을 위해 태어났기 때문에, 열망하는 마음이 있어서, 기꺼운 마음으로 하는 일이다. 스펄전은 만약 당신이 사역의 자리에 있기 원하지 않는 목회자라면, 차라리 배관공이 되는 편이 나을 거라고 선포했다. 하나님은 발버둥 치고 고래고래 악을 쓰는 자들을 억지로 부르시지 않는다. 디모데전서 3장 1절에서 바울은 이렇게 말한다. "곧 사람이 감독의 직분을 얻으려 함은 선한 일을 사모하는 것이라." 어느 누가 "글쎄요, 저는 원래 돈을 엄청나게 벌려고 했었는데, 어쩌다 보니 하나님이 당신을 보내서 이렇게 목회를 하고 있네요."라고 말하는 목사 아래 있고 싶어 하겠는가? 우리는 기꺼운 마음으로 양무리를 쳐야 한다.

더러운 이득을 위하여 하지 말고

베드로는 억지로 하지 말아야 한다고 명령한 뒤에, 사역을 하는 동기에 대해서 도전한다. 우리는 사역을 할 때 "더러운 이득을 위하여 하지 말고 기꺼이"(벧전 5:2) 해야 한다. 킹제임스 성경(KJV)은 "더러운 이득"을 "더러운 이익"(filthy lucre)으로 번역한다. 즉, 재정적인 이익이나 이득을 위해 사역을 한다는 말이다. 디모데전서 3장 3절 말씀을 보면, 장로는 "돈을 사랑하지 아니하며"라고 한다. 바울은 디도에게 장로와 집사는 더러운 이득을 탐하지 아니하는 자여야 한다고 분명히 말한다(딛 1:7).

디모데전서는 말씀과 가르침에 수고하는 장로들은 배나 존경할 자로 알고 보수를 하라고 지침을 내린다. 목회자에게 삯을 지급하는 것도 하나님의 경제의 일부다. 황소의 입에 망을 씌우지 말아야 한다. 열매를 맺게 하는 데 도움이 되었다면, 그 열매의 일부를 먹게 해야 한다. 그런데 콘퍼런스나 기타 자리에서 말씀을 전해 달라고 요청받을 때, 비용을 청구하거나 계약서를 쓰자고 하는 목회자나 설교자가 있다는 이야기를 들을 때면 매우 언짢은 기분이 든다. 다른 교회에서나 콘퍼런스에서 설교할 때, 그 초대를 받아들이거나 거절하는 이유가 얼마나 많은 돈을 주느냐에 달렸는가? 목회자로서 맺은 관계를 이용해 얼마나 재정적인 이득을 볼 수 있을지 생각하는가? 이는 곧 점심을 먹으러 가서 계산하려는 척만 하는 것과 다름없다. 그러면서 다른 사람들이 계산하면 자신이 내려 했다고 말한다. 점심값을 내라. 얻어먹기만 하는 사람이 되지 말라! 베드로는 사역을 통해서 금전상의 이익을 얻으려 하지 말라고 경고한다. 사역이 불순해지기 때문이다.

맡은 자들에게 주장하는 자세를 하지 말고

세 번째로, 베드로는 이렇게 말한다. "맡은 자들에게 주장하는 자세를 하지 말고 양 무리의 본이 되라"(벧전 5:3). 기억하라. 베드로는 절대로 그 양 무리가 당신의 양 무리라고 한 적이 없다. 당신에게 주어진 책임은 당신이 가르치는 내용을 지키는 "본"이 되는 것이지, "예외"가 되는 것이 아니다. 베드로는 장로들이 위협이나, 감정적인 협박, 권력, 또는 정치력을 이용해서 다스려서는 안 된다는 점을 시사한다. 오히려 본을 보임으로써 그들을 다스려야 한다는 것이다. 하지만 이 말이 장로의 권위를 부정하는 것은 아니다. 5절에서 베드로는 교회가 "장로들에게 순종"해야 한다고 명령한다. 이는 장로들에게 교회를 다스리는 권위가 있으며, 그들이 교회에 지시를 내려야 할 때도 있다는 점을 나타낸다. 다만 본을 보임으로써 이러한 권위를 발휘하라는 것이다.

예수님은 마가복음 10장 42절에서 제자들에게 똑같이 가르치셨다.

"예수께서 불러다가 이르시되 이방인의 집권자들이 그들을 임의로 주관하고 그 고관들이 그들에게 권세를 부리는 줄을 너희가 알거니와." 그러면서 예수님은 이러한 세속적인 예와는 대조적으로 다음과 같이 말씀하시며 제자들에게 도전하셨다. "너희 중에는 그렇지 않을지니 너희 중에 누구든지 크고자 하는 자는 너희를 섬기는 자가 되고 너희 중에 누구든지 으뜸이 되고자 하는 자는 모든 사람의 종이 되어야 하리라 인자가 온 것은 섬김을 받으려 함이 아니라 도리어 섬기려 하고 자기 목숨을 많은 사람의 대속물로 주려 함이니라"(43-45절).

스펄전도 이렇게 썼다.

> 누구든지 으뜸이 되려고 하는 자는 종이 되어야 한다. 우리 모두 기꺼이 우리 주인의 집 로비에 있는 깔개가 되자. 자신의 영광을 구하지 말고 약한 지체를 돌보며 그들에게 영광을 돌리자. 우리 주님의 교회에서는 가난하고, 약하고, 고통당하는 자들이 영광의 자리에 앉게 하자. 그리고 강한 자들은 저들의 약함을 감당하도록 하자. 가장 낮은 자리에 임하는 자가 가장 높은 자다. 가장 하찮은 자보다 더 비천하게 되는 자가 가장 위대한 자다.[4]

베드로의 편지를 받은 사람들은 베드로전서 5장 3-4절 말씀을 읽으면서 분명 에스겔 34장을 떠올렸을 것이다. 에스겔 선지자는 하나님을 대신해서 1절에서 이렇게 말한다. "여호와의 말씀이 내게 임하여." 에스겔이 이 말씀을 선포할 때, 사람들은 이렇게 생각했을 것이다. '잘됐군. 올 것이 왔어. 이제 다른 나라들에 대한 심판의 말씀을 듣게 되겠군. 우리는 저들의 부정함에 관한 이야기를 듣게 되겠지.' 그런데 이스라엘의 영적 지도자들은 오히려 이러한 말씀을 듣게 된다. "인자야 너는 [드럼 소리가 울린다] **이스라엘 목자들**에게 예언하라." 그 영적 지도자들은 이렇게 생각했을 것이다. '잠깐만! 우리는 같은 편이라고!'

하지만 에스겔은 계속해서 말한다. "주 여호와께서 이같이 말씀하시되 자기만 먹는 이스라엘 목자들은 화 있을진저 목자들이 양 떼를 먹이는 것이 마땅하지 아니하냐 너희가 살진 양을 잡아 그 기름을 먹으며 그 털을 입되 양 떼는 먹이지 아니하는도다"(34:2-3). 에스겔의 말은 왕, 선지자, 제사장, 회당 지도자, 그리고 모든 영적인 감독자들로 이루어진 그 세계를 뒤흔들었을 것이다.

목자들은 양들의 기름을 먹고 그 털을 입었다. 그들은 취하기만 하되 먹이지는 않았다. 에스겔은 계속해서 말씀한다. "너희가 그 연약한 자를 강하게 아니하며 병든 자를 고치지 아니하며 상한 자를 싸매 주지 아니하며 쫓기는 자를 돌아오게 하지 아니하며 잃어버린 자를 찾지 아니하고 다만 포악으로 그것들을 다스렸도다"(4절). 이 말씀이 친숙하게 들리는가? 혹독하게 강제로 양들을 압제하는 이 상황이 말이다. 분명히 베드로는 이 구절을 염두에 두고 있었을 것이다. 목자가 없어서 이스라엘의 울타리는 무너지고 말았다. 현재에 대입해서 생각해 보자. 나는 설교가 좋지 않아서 교회를 떠나는 사람보다 보살핌을 제대로 받지 못해서 교회를 떠나는 사람이 더 많다는 이야기를 들었다.

에스겔 34장 5-6절은 계속해서 다음과 같이 말씀한다. "목자가 없으므로 그것들이 흩어지고 흩어져서 모든 들짐승의 밥이 되었도다 내 양 떼가 모든 산과 높은 멧부리에마다 유리되었고." 양들은 멧부리로 올랐다. 그곳밖에 맹수에게서 피할 곳이 없었기 때문이다. 에스겔은 이어서 이렇게 말씀한다.

내 양 떼가 온 지면에 흩어졌으되 찾고 찾는 자가 없었도다 그러므로 목자들아 여호와의 말씀을 들을지어다 주 여호와의 말씀에 내가 나의 삶을 두고 맹세하노라 내 양 떼가 노략거리가 되고 모든 들짐승의 밥이 된 것은 목자가 없기 때문이라 내 목자들이 내 양을 찾지 아니하고 자기만 먹이고 내 양 떼를 먹이지 아니하였도다 그러므로 너희 목자들아 여호와의 말씀을 들을지어다 주 여호와께서 이같이 말씀하시되 내가 목자들을 대적하여(6-10절).

하나님께서 "내가 목자들을 대적하여"라고 말씀하셨다고 잠시 상상해 보라. 그러고 나서 하나님은 말씀하신다. "내 양 떼를 그들의 손에서 찾으리니 목자들이 양을 먹이지 못할 뿐 아니라 그들이 다시는 자기도 먹이지 못할지라 내가 내 양을 그들의 입에서 건져 내어서 다시는 그 먹이가 되지 아니하게 하리라." 하나님은 목회자들에게서 자신의 백성을 구해 내셔야 한다. 왜냐하면, 그들은 사사로운 이익을 얻기 위해 양 떼를 약탈하기 때문이다.

목회자인 우리는 유명 인사가 아니다. 다만 섬기는 종일 뿐이다. 물론 웅크린 자세로 발을 씻는 것보다는 강대상에 높이 서는 것이 더 쉬운 일일 것이다. 과부와 고아를 방문하는 것보다는 콘퍼런스에서 연설하는 것이 더 쉬운 일일 것이다. 혼자서 성도들을 위해 기도하기보다는 사람들이 보는 자리에서 세미나를 인도하는 것이 더 쉬운 일일 것이다. 하지만 에스겔과 베드로가 강조하는 바는 단순하다. 하나님을 사랑하고 그의 양 무리를 아끼기 때문에 목회를 해야 한다는 것이다.

알고 있는가? 당신이 설교를 마치고 강대상에서 내려올 때, 사람들은 "목사님, 참 대단하십니다."라는 말을 해주려고 당신에게 오는 것이 아니다. 그들은 "제발 저에게 신경 좀 써 주세요. 제발 저를 돌봐 주세요. 지금 하신 말씀에 신적인 권위가 있었고, 영적으로 끌림을 느꼈습니다. 저를 인도해 주세요."라는 말을 하려고 오는 것이다. 사람들은 설교를 듣고 나서 주해가 탁월했다는 이야기를 하려고 설교자에게 다가오는 것이 아니다. 설교가 목자의 지팡이에서 중요한 부분인 것은 사실이다. 하지만 설교에 대한 말씀보다는 목회에 대한 말씀이 더 많다. 당신은 얼마나 많은 시간을 사람들과 함께 보내고 있는가? 강대상에서 보내는 시간이 더 많지는 않은가?

이 모든 내용은 예레미야 10장 21절 말씀으로 귀결된다. "목자들은 어리석어 여호와를 찾지 아니하므로 형통하지 못하며 그 모든 양 떼는 흩어졌도다." 어떤 목자들은 주님을 찾지 않는다. 이는 심각한 문제다. 당신의 성도들을 보살피라. 그들이 예수님과 잘 동행할 수 있도록 이끌라. 당신은 그들의 "영적인" 지도자이기 때문이다.

목회 사역은 영광스러운 책무다

세 번째 목회 사역의 엄중한 실제는 목회가 영광스러운 책무라는 점이다. 베드로전서 5장 4절 말씀은 이렇다. "목자장이 나타나실 때에 시들지 아니하는 영광의 관을 얻으리라." 베드로는 영적인 지도자로 잘 섬기면 영원한 상급을 받게 된다고 말했다. 궁극적으로 목회자의 상급은 돈이나 세상의 영광으로 측량할 수 없다. 다만 예수님께서 "잘 하였도다 착하고 충성된 종아 …… 네 주인의 즐거움에 참여할지어다"(마 25:23)라고 하시는 말씀을 듣기 원할 뿐이다. 성경에서 가장 많은 사랑을 받고 친숙한 말씀은 아마도 시편 23편일 것이다. 사실 베드로는 "목자장"이라는 용어를 사용하면서 이 시편을 그대로 따라 했다. 시편

23편은 많은 사람에게 위안을 준다. 얼마나 유명한 말씀인지 믿지 않는 사람들도 보통 이 말씀은 다 알 정도다. 이제 시편 23편이 우리의 본이 되신 목자장을 어떻게 그려 내고 있는지 주의를 기울여 보자.

"여호와는 나의 목자시니 내게 부족함이 없으리로다 그가 나를 푸른 풀밭에 누이시며"(1-2절). 푸른 풀밭은 고대 중동에서는 매우 드문 지역이었다. 그 땅은 보통 갈색 돌무더기로 되어 있었기 때문에, 목자들은 바위 사이에 있는 얼마 안 되는 풀을 찾아다녀야 했다. 시편 저자는 계속해서 말한다. 그가 "쉴 만한 물가로 인도하시는도다 내 영혼을 소생시키시고 자기 이름을 위하여 의의 길로 인도하시는도다 내가 사망의 음침한 골짜기로 다닐지라도 해를 두려워하지 않을 것은 주께서 나와 함께하심이라"(2-4절). 당신은 숨을 거두기 직전인 사람이 자기 목사님이 와서 손잡고 기도해 주기를 바라고 있으니 병원에 와달라는 전화를 얼마나 많이 받아 봤는가? "주의 지팡이와 막대기가 나를 안위하시나이다 주께서 내 원수의 목전에서 내게 상을 차려 주시고 기름을 내 머리에 부으셨으니 내 잔이 넘치나이다 내 평생에 선하심과 인자하심이 반드시 나를 따르리니 내가 여호와의 집에 영원히 살리로다"(4-6절).

목양학 수업을 듣고 싶다면, 그저 시편 23편을 읽고 "내 성도들에게 똑같이 하겠다."라고 말하기만 하면 된다. 그것이 하나님의 돌보심의 본질이다. 하나님을 목자로 비유하는 것은 그의 백성이 양이라는 깨달음과 연결된다. 하지만 그것으로 끝이 아니다. 우리는 히브리서 13장 20절 말씀에서 하나님이 "양들의 큰 목자이신 우리 주 예수를 영원한 언약의 피로 죽은 자 가운데서 이끌어" 내셨다는 사실을 본다. 예수님은 우리의 큰 목자가 되신다. 베드로도 베드로전서 2장 25절에서 이에 관해 다음과 같이 말한다. "너희가 전에는 양과 같이 길을 잃었더니 이제는 너희 영혼의 목자와 감독 되신 이에게 돌아왔느니라." 하나님은 보통 대리인을 통하여, 즉 자기 이름을 대신하는 사람을 택하여 양을 치신다. 다른 말로 하자면, 하나님은 사람을 자기 양 떼의 목자로 삼으시고, 지금도 사람들을 불러 자기 양 무리를 돌보게 하신다는 것이다.

예수님이 요한복음 10장 11절에서 하신 말씀 또한 기억하라. "나는 선한 목자라 선한 목자는 양들을 위하여 목숨을 버리거니와." 그런데 요한복음 10장 12절에서는 이와 대조를 이루는 존재를 볼 수 있다. "삯꾼은 목자가 아니요 양도 제 양이 아니라 이리가 오는 것을 보면 양을 버리고 달아나나니 이리가 양을 물어 가고 또 헤치느니라." 삯꾼은 양 무리를 사랑해서가 아니라 더러운 이득을 얻기 위해 양을 치는 자들이다. 이 삯꾼은 자신이 삯꾼이기 때문에, 그리고 양을 사랑하지 않기 때문에 달아나 버린다.

예수님은 계속해서 이렇게 말씀하신다. "나는 선한 목자라 나는 내 양을 알고 양도 나를 아는 것이 아버지께서 나를 아시고 내가 아버지를 아는 것 같으니 나는 양을 위하여 목숨을 버리노라 또 이 우리에 들지 아니한 다른 양들이 내게 있어 내가 인도하여야 할 터이니 그들도 내 음성을 듣고 한 무리가 되어 한 목자에게 있으리라"(요 10:14-16).

축산학 논문에 따르면, 중동 지역의 목자들은 보통 100마리 이상의 양을 치는데, 보통 다른 서너 명의 목자들과 함께 양들이 같은 땅에서 풀을 뜯게 할 때가 많다고 한다. 즉, 목초지나 언덕에는 보통 300-400마리의 양과 여러 명의 목자가 있다는 뜻이다. 그런데 한 양이 어쩌다가 무리에서 떨어져 방황하면 목자는 그 양을 부르고, 또 그 양은 목자의 목소리에 반응한다. 목자의 목소리를 알기 때문이다. 예수님은 이를 염두에 두시고 요한복음 10장의 말씀을 하신 것이다.

리처드 백스터는 목회자들에게 이렇게 말한다. "우리는 자녀를 대하는 아버지와 같이 성도를 대해야 한다. 그렇다. 어머니의 그 자애로운 사랑도 우리의 사랑을 능가할 수 없다. 우리는 반드시 그리스도가 그들 안에 지어질 때까지 산고를 겪어야 한다. 성도들은 우리가 다른 외적인 것에는 전혀 신경 쓰지 않는다는 사실을 봐야 한다."[5] 사무엘 선지자도 이스라엘 백성에게 이렇게 말한다. "나는 너희를 위하여 기도하기를 쉬는 죄를 여호와 앞에 결단코 범하지 아니하고"(삼상 12:23). 흥미로운 점은, 사무엘은 자신의 자리를 잃은 후에 이렇게 말했다는 것이다.

목자 겸 지도자의 목적

이 장에서 다룬 모든 내용은 히브리서 13장 17절 "너희를 인도하는 자들에게 순종하고 복종하라 그들은 너희 영혼을 위하여 경성하기를 자신들이 청산할 자인 것같이 하느니라"라는 말씀의 서문에 불과하다. 당신은 하나님께 교회의 크기를 두 배로 성장시켜 달라고 기도하기 전에, 책임감을 두 배로 감당할 준비가 되었는지를 분명히 하라. 더 큰 사역을 구하기 전에 그 사람들을 돌볼 시간을 낼 수 있는지 분명히 하라. 목자가 하나님의 양 무리에 대해서 가져야 할 책임감과 의무감은 매우 엄중하기 때문이다. 사람들을 볼 때 육체를 지닌 영원한 영혼이라고 생각한다면, 당신이 하려는 일의 영역과 차원과 깊이가 완전히 달라질 것이다. 목자 겸 지도자의 목적은 자기 백성을 목양하여 그들로 하여금 영혼의 목자장이신 예수 그리스도를 더욱 사랑하고 소중히 여기도록 만드는 것이다.

PRAYER

아버지, 영적인 지도자들을 위하여 기도합니다.
오, 주님, 우리에게 신실함을 허락하소서.
우리를 책임 있는 자로 세우시기 전에
우리가 먼저 책임감에 대해서 생각하게 하소서.
우리에게 주어진 양 무리는 주님의 양 무리이며,
우리 또한 주님의 양임을 모두 기억하게 하소서.
더러운 돈에서, 교만한 야망에서, 군림하려는 리더십에서,
기쁨이 아닌 의무로 하는 목회에서 우리 마음을 지켜 주소서.
하나님을 찾아야만 하나님의 마음에 합한 목자가
될 수 있다고 말한 예레미야에게서 영감을 얻게 하소서.
오, 아버지, 우리가 겸손하게 노력하여
아버지의 돌보심을 아버지의 양 무리에게 전하게 하소서.
예수님의 이름으로 기도합니다.
아멘.

8
Steven J. Lawson

이제 내가 사람들에게 좋게 하랴
하나님께 좋게 하랴 _ 갈 1:10

복음을 수호하라

스티븐 J. 로슨, 2009
갈라디아서 1:6-10

그리스도의 은혜로 너희를 부르신 이를 이같이 속히 떠나 다른 복음을 따르는 것을 내가 이상하게 여기노라 다른 복음은 없나니 다만 어떤 사람들이 너희를 교란하여 그리스도의 복음을 변하게 하려 함이라 그러나 우리나 혹은 하늘로부터 온 천사라도 우리가 너희에게 전한 복음 외에 다른 복음을 전하면 저주를 받을지어다 우리가 전에 말하였거니와 내가 지금 다시 말하노니 만일 누구든지 너희가 받은 것 외에 다른 복음을 전하면 저주를 받을지어다 이제 내가 사람들에게 좋게 하랴 하나님께 좋게 하랴 사람들에게 기쁨을 구하랴 내가 지금까지 사람들의 기쁨을 구하였다면 그리스도의 종이 아니니라(갈 1:6-10).

모든 세대에 걸쳐 교회의 성도들은 예수 그리스도의 복음의 순결성과 배타성을 지키기 위해 투쟁해야 했다. 예외는 없었다. 로마의 클레멘트, 이그나티우스, 순교자 유스티누스와 같은 이들은 예수 그리스도의 복음의 순결성을 지키기 위해 생명을 바쳤다.

2세기에는 이레나이우스가 영지주의에 맞서 싸웠고, 폴리캅은 생명까지 희생하면서 로마 총독에게 항거했다. 3세기에 키프리아누스는 배교에 맞서 싸우다가 사형 선고를 받았다. 그는 의복을 벗고, 무릎을 꿇으며 이렇게 말했다. "하나님께 감사를."[1]

아타나시우스는 4세기에 그리스도의 신성을 부정하며 복음을 전면으로 부인한 아리우스주의에 대항하여 싸웠다. 아타나시우스는 흔들리지 않고 세상에 맞섰다. 그는 복음을 위해서라면 기꺼이 온 세상과 맞설 사람이었다.

어거스틴은 인류의 타락을 부정하는 펠라기우스와 맞서 전쟁을 벌였다. 존 위클리프, 존 후스, 마틴 루터는 로마 가톨릭 교회의 왜곡된 복음 및 인간의 공로와 가치를 인정하는 타락한 제도를 공격했다. 존 칼빈은 로마와 그 오염된 복음에 총공격을 가했고, 자유사상가, 유니테리언 교도, 기타 잘못된 종파들을 공박했다.

그다음 세대에서도 기독교 지도자들은 계속해서 예수 그리스도의 복음의 배타성을 지키기 위해 엄청난 대가를 치러야 했다. 존 로저스, 그리고 메리 여왕에게 죽은 284명의 순교자는 성찬의 본질을 두고 로마 가톨릭 교회에 항거했다. 이는 사실상 복음의 순수성에 대한 싸움이었다. 토마스 크랜머, 니콜라스 리들리, 휴 래티머는 복음의 영광을 위해 항거하다 옥스퍼드에서 화형을 당했다. 래티머는 리들리에게 강력하게 말한다. "리들리 군, 안심하고 남자답게 행동하세. 우리는 오늘 하나님의 은혜로 영국의 촛불을 밝히는 것일세. 그리고 그 불은 절대로 꺼지지 않으리라 믿네."[2] 6개월 후, 크랜머는 강제로 강대상에서 끌려 나와 그 순교자가 죽은 곳으로 호송되었고, 건전한 말씀의 기준을 옹호하다가 생명을 잃었다.

조나단 에드워즈는 복음의 순수성을 지키기 위해 알미니안주의와 도덕률 폐기론에 맞서 싸웠다. 조지 휫필드는 영국 교회에서 복음이 잠잠하게 되자 밖으로 나가 넓은 들판과 도로에서 큰 목소리로 선포했다. "저는 오늘 당신들의 영혼에 관해 이야기하려고 왔습니다."³ 아사헬 네틀톤은 찰스 피니에 맞서 복음을 위해 싸웠고, 찰스 스펄전은 복음의 메시지와 방법론을 두고 내리막길 논쟁(Down-Grade Controversy)을 벌였다. 모든 세대가 그러했다. 모든 기독교 지도자가 복음을 위해 싸우며 제 역할을 했다. 우리도 그래야 한다.

바울도 갈라디아서 1장 6-10절에서 바로 이 작업을 하고 있다. 그는 예수 그리스도의 복음의 순수성과 배타성을 지키기 위해 전쟁을 선포한다. 이는 목숨을 걸 만한 가치 있는 일이다.

복음을 위해 선한 싸움을 싸우다

실제로 사도 바울은 복음을 위해 싸우며 평생을 보냈다. 그는 골로새인들 사이에 퍼진 초기 영지주의에 맞섰다. 그는 갈라디아인들 사이에 퍼진 세속 철학, 유대의 율법주의, 동방의 신비주의, 엄격한 금욕주의에 맞서 싸웠다. 고린도에서는 그리스도의 부활을 부정하는 자들에 맞서 전투를 벌였다. 그는 심지어 데살로니가인들 사이에 퍼진 열광주의와 씨름하기도 했다.

갈라디아서에서는 교회에 들어온 유대의 율법주의에 맞섰다. 율법주의는 그가 평생을 두고 씨름한 대상이었다. 바울은 복음을 옹호하면서 유대주의자로 알려진 거짓 교사들 무리와 전쟁을 벌였다. 이 무리는 율법과 은혜, 행위와 믿음을 혼합하여 믿는 자와 믿지 않는 자 모두를 모세의 율법 아래에 두려고 했다. 그들은 구원이란 율법으로 얻는 것이며, 성화는 육체의 공로로 이루어지는 것이라고 주장했다. 이에 대한 응답으로 사도 바울은 갈라디아의 교회들에 이 편지를 쓴 것이었다. 이 편지에서 바울은 영웅과 같이 용맹하게 예수 그리스도의 복음을 위하여 선한 싸움을 싸운다.

이 서신서는 바울의 편지 중에서도 가장 격정적이다. 다른 편지들은 대필자에게 받아쓰도록 했지만, 갈라디아서만큼은 자기 손으로 펜을 들고 직접 써내려갔다. 게다가 글자도 큼지막하게 써서 모든 사람이 자신이 하는 이야기를 분명하게 읽도록 했다. 그는 복음을 변질시키는 모든 이에게 다른 이들을 속여 넘기기 전에 그들이 먼저 지옥에 떨어질 것이라고 거룩한 불을 뿜어내듯 직설적으로 말한다. 바울은 유대주의자들을 논박하면서 갈라디아인들이 그렇게 빨리, 그렇게 쉽게 이 거짓 복음에 빠지게 되었다는 사실에 놀라워한다. 이제 바울이 직접 이 문제를 다루고, 교회와 성숙한 대화를 나눌 시간이 온 것이다.

오늘날 우리는 복음을 수호해야 한다

우리 역시 그때와 완전히 똑같은 시대를 살고 있다. 1세기와 마찬가지로 예수 그리스도의 복음은 끊임없이 공격받고 있다. 사교, 사이비 종교, 로마 가톨릭 교회, 바울에 대한 새로운 견해, 비주재권 구원 옹호론자들(non-lordship advocates), 사회 복음론자들, 보편 구원론자 등 많은 사람이 예수 그리스도의 복음의 순수성과 배타성에 공격을 가해 왔다. 이에 복음을 지키며 하나님의 은혜로 강력하게 버티고 있는 모든 교회 지도자들이 끊임없는 공격을 받게 되었다. 육상 경기장에는 다음과 같은 광고 문구가 붙어 있다. "우리는 이곳을 지켜야 한다(We must protect this house, 스포츠 브랜드 '언더아머' 광고문-역자 주)." 목자들이여, 우리는 이 복음을 지켜야 한다.

우리는 이 구절에서 바울이 어떤 단어를 사용했는지, 어떤 경고를 하는지 주의를 기울여야 한다. 그리고 이 말씀이 우리 마음을 다시 사로잡아야 한다. 이 말씀이 우리 귀에 트럼펫처럼 울리게 하라. 이 말씀의 울림에 맞춰 행진하라. 이 말씀이 우리 마음을 사로잡고, 우리 영혼을 소집하게 하라.

이 구절을 네 가지 주제로 구분하려고 한다. 첫째, 6절과 7절에 나타나는 바울의 낙담. 둘째, 7절 끝부분에 나오는 바울의 적대자들. 셋째, 8절과 9절에 나오는 바울의 저주. 넷째, 10절에 나오는 바울의 목적이다.

바울의 낙담

바울은 6절에서 "내가 이상하게 여기노라"라고 하며 자신이 갈라디아인들에게 놀랐다는 것을 드러낸다. "이상하게 여기노라"라는 단어는 큰 충격을 받아 어리둥절하며 경악했다는 강한 뜻이 있다. 바울은 갈라디아에서 온 소식을 듣고 너무나도 당혹한 나머지 할 말을 잃었다. 그는 자신이 왜 놀랐는지 그 이유를 다음과 같이 설명한다. "너희를 부르신 이를 이같이 속히 떠나"(1:6). 바울은 갈라디아인들이 자신에게 전해 받은 그리스도의 복음을 버렸다는 사실에 낙담한다. "떠나"라는 단어는 군대 용어로, 군인이 자기가 담당한 위치나 구역을 버리고 달아난다는 뜻이다. 즉, 무단이탈인 것이다. 갈라디아인들은 하나님에 대한 충성을 버리고, 주님 되신 예수 그리스도와 맺은 서약을 깨뜨렸다. "떠나"라는 헬라어 동사는 현재 시제로 되어 있는데, 이는 바울이 이 편지를 쓰는 와중에 갈라디아인들이 그러한 행위를 했다는 뜻이다. 바로 그 순간에도 그들은 하나님을 버리는 중이었던 것이다. 더욱이 이 헬라어 동사는 중간태(middle voice, 헬라어의 동사 체계는 능동태와 수동태에 더하여 중간태가 있다-편집자 주)로 되어 있는데, 이는 갈라디아인들이 개인적으로 그 행위에 책임이 있다는 뜻이다.

갈라디아인들은 복음을 버리면서 하나님도 버렸다. 그들은 단순히 특정한 신학 체계를 버린 것이 아니었다. 물론 신학 체계도 중요하지만, 그들은 그 신학 체계가 나타내는 하나님 자체를 떠나 버린 것이다. 마치 바울은 이렇게 말하는 것 같다. "너희는 전능하신 하나님에게서 등을 돌리는구나. 너희는 마치 탈영병 같구나. 너희는 영적인 변절자들이다. 너희는 최악의 배신자들이다. 내가 너희와 함께하면서 이 메시지를 전했건만 이렇게 빨리도 하나님을 버리는구나." 이러한 결론을 도출할 수 있는 근거는 "하나님 자신이 복음"이시기 때문이다. 복음에서 떠나는 것은 하나님에게서 떠나는 것이다. 복음은 하나님의 복음이다. 로마서 1장 1절 말씀은 복음이 하나님의 진리이며, 하나님의 능력이며, 하나님의 메시지라는 사실을 상기시킨다. 따라서 하나님의 메시지를 유기하는 것은 하나님을 유기하는 것과도 같다.

하나님의 모든 속성은 예수 그리스도의 복음이라는 무대를 통해 가장 아름답게 드러났다. 시편 19편 1절 말씀은 이렇다. "하늘이 하나님의 영광을 선포하고." 하늘이 그렇다면 우리에게 하늘나라에 가는 법을 가르치는 그 메시지에는 얼마나 더 위대한 하나님의 영광이 드러났겠는가? 하나님의 영광이 하나님이 지으신 창조 세계에도 그토록 장엄하게 드러난다면, 복음을 통해 새롭게 나타날 피조 세계에서는 더욱 위대하게 드러날 것이다. 기억하라. 우리는 복음 안에서 하나님의 거룩하심을 가장 뚜렷하게 볼 수 있다. 우리는 하나님이 우리를 초월하시는 분이며, 장엄하신 분이며, 높이 올림 받으시는 분이며, 더럽혀진 죄인들과는 무한히 구분되시는 분이라는 사실을 본다.

하나님의 거룩하심은 예수 그리스도의 복음 안에서 환하게 빛나며, 그리스도는 하나님께 해답을 내려 주시기를 간청하신다. 복음 안에서 하나님의 진노 역시 가장 생생하게 드러난다. 우리는 십자가에서 죄가 심판 아래 있음을 보며, 그리스도 안에서 우리의 죄가 하나님의 심판을 받게 됨을 본다. 우리는 그리스도가 우리의 저주를 받으시고, 우리 대신 고난을 당하시고, 우리를 위하여 하나님의 복수를 받게 되심을 주시한다. 하지만 우리는 이 복음 안에서 하나님의 의로우심도 보게 된다. 예수 그리스도의 완전한 순종과 죄 없으신 삶, 대속 죽음을 통해 우리에게 베푸신 하나님의 의로우심을 말이다. 그리고 우리는 복음 안에서 죄인들에게 의를 베푸신 하나님의 은혜를 본다.

우리는 또한 복음 안에서 하나님의 불변성을 본다. 태초부터 종말까지 구원의 길은 단 하나뿐이고, 변하지 않는 것이다. 그리고 우리는 복음 안에서 하나님의 능력을 본다. 복음에는 죄인의 괴수라도 구원하며 가장 사악한 반역자도 변화시키고 성화시키는 능력이 있다. 우리는 복음 안에서 하나님의 진리와 우리에게 알려진 바 된 구원의 경륜을 실제적으로 본다. 우리는 복음 안에서 아버지에게 택정하심을 받아 그리스도에게 위탁된 모든 자를 구원하시는 하나님의 주권을 본다. **모든 바른 신학은 예수 그리스도의 복음에서 만나며, 하나님의 모든 속성은 우리에게 복음 되시는 그리스도의 위격과 사역에서 만난다.** 복음을 버리는 것은 하나님을 버리는 것이다.

6절에서 바울은 계속해서 말한다. "그리스도의 은혜로 너희를 부르신 이를 이같이 속히 떠나 다른 복음을 따르는 것을 내가 이상하게 여기노라." 갈라디아인들은 하나님이 그들에게 주권적 은혜, 불가항력적 은혜, 유효적 은혜(effectual grace)를 통해 그들에게 구원을 베푸셨는데도 하나님을 버렸다. 이 은혜는 그들을 부르고, 하나님에 대한 그들의 모든 반감을 무력화하며, 그들을 하나님께로 이끌어 하나님의 은혜의 전리품이 되도록 했다.

하나님은 그들을 순수하고, 순전하고, 완전한 은혜로 부르셨는데, 그들은 "다른 복음"으로 돌아서 바로 그 하나님을 거부한 것이다.

복음의 종류는 단 두 가지다. 하나는 참 복음이고, 다른 하나는 거짓 복음이다. 참 복음은 우리를 구원하지만, 거짓 복음은 우리를 정죄한다. 바울은 갈라디아인들이 하나님의 성취를 말하는 복음을 버리고 그 대신 사람의 성취를 말하는 복음을 따르게 되었다고 주장한다. 이 다른 복음, 즉 "이교" 복음은 완전히 다른 종류의 복음을 나타낸다. 한마디로 하늘과 땅 차이라고 할 수 있다. 갈라디아에 스며든 이 메시지는 바울이 전한 것과는 전혀 다른 것으로, 구원의 능력도 없고, 거룩하게 하지도 못하는 율법주의일 뿐이었다. 이는 거짓 복음으로 엉터리 구원을 이야기하며 사람을 약탈하는 종교였다. 그래서 바울은 그들에게 참된 복음으로 돌아오라고 간청하는 것이다.

7절에서 바울은 이 다른 복음에 대해 쓰면서 "다른 복음은 없나니"라고 한다. 이 말은 참된 복음은 유일하다는 것이다. 예수님은 "내가 곧 길이요 진리요 생명이니 나로 말미암지 않고는 아버지께로 올 자가 없느니라"(요 14:6)라고 말씀하셨다. 따라서 구원의 길은 유일하다. 베드로도 이렇게 전한다. "다른 이로써는 구원을 받을 수 없나니 천하 사람

중에 구원을 받을 만한 다른 이름을 우리에게 주신 일이 없음이라 하였더라"(행 4:12). 바울도 이렇게 말한다. "하나님은 한 분이시요 또 하나님과 사람 사이에 중보자도 한 분이시니 곧 사람이신 그리스도 예수라"(딤전 2:5). 이 복음을 버리는 것은 구원의 유일한 길에서 떨어져 나가는 것이다.

예수님은 구원의 유일한 길이 되신다. 동정녀에게서 태어나셔서 죄 없이 완전한 삶을 사시고, 완벽한 의로움을 우리에게 주시고, 죄인을 대신하여 죽으시고, 사람의 죄를 대신 지시고, 하나님의 진노를 겪으시고, 무한히 거룩하신 하나님과 죄인을 화해시키시고, 죄와 사탄에게 종 되었던 우리를 구속하시고, 우리를 의롭다 하시기 위하여 다시 살아나시고, 하나님 아버지의 우편에 앉아 계신 분은 예수님밖에 없기 때문이다. 아무도 이 모든 일을 하지 못했다. 부처, 알라, 마리아, 교황, 어느 유니테리언 교도, 조지프 스미스, 메리 베이커 에디, 그리고 나도 포함해서 누구도 이런 일을 하지 못했다. 오직 하나님이 보내신 그리스도만이 그렇게 하실 수 있었다.

바울은 갈라디아인들이 이 참되고 유일한 구원의 복음을 버렸다는 점에 경악한다. 우리 역시 오늘날 이러한 현상이 나타날 때마다 경악해야 한다. 우리는 복음주의자들이 ECT(Evangelicals and Catholics Together, 복음주의자와 가톨릭교도들이 신학적 공통성을 시인한 선언문-편집자 주) 같은 것에 서명하려고 하고, 로마와 예수 그리스도의 복음 사이에 아무 차이가 없는 것처럼 말하는 모습을 보며 이상하게 여겨야 한다.

우리는 소위 교회 지도자라는 사람들이 텔레비전에 나와 복음을 얼버무리는 모습을 보며 경악해야 한다. 래리 킹은 잘 알려진 한 목회자를 인터뷰하면서 다음과 같이 대화를 시작했다. "우리는 이 프로그램에 그리스도를 믿거나 믿지 않거나 둘 중에 하나뿐이라고 말하는 목사님들을 많이 모셔 왔습니다. 그리스도를 믿으면 천국에 가지만, 그렇지 않으면 이 땅에서 무슨 일을 하든지 천국에 가지 못한다고 말씀하셨죠." 그 유명하다는 기독교 지도자는 이렇게 답했다. "음, 저는 잘 모르겠습니다. 저는 당신이 그리스도를 알아야 한다고는 믿습니다. 그리고 당신이 그리스도를 알게 된다면, 즉 하나님을 믿는 성도가 된다면, 그건 좋은 일을 하게 된다는 것입니다. 그래서 저는 '나는 그리스도인이지만 아무 일도 하지 않았어.'라고 말하는 것은 핑계라고 생각합니다."[4]

킹이 물었다. "당신이 유대인이라면요? 당신이 이슬람교도이거나 그리스도를 전혀 받아들이지 않는다면요?"[5] 그러자 그는 이렇게 답했다. "글쎄요, 저는 누가 천국에 가고 누가 천국에 가지 못한다고 말하는 점에 대해서는 매우 조심하는 편입니다. 저는 모릅니다." 킹이 또 물었다. "당신이 그리스도를 믿어야 한다고 생각한다면, 그 사람들[유대인이나 이슬람교도]은 잘못되었다는 거죠, 그렇죠?" 그러자 초대 손님이 답했다. "그들이 잘못되었다고 믿느냐는 질문에 대해서는 저도 잘 모르겠습니다. 저는 인도에서 아버지와 많은 시간을 보냈습니다. 저는 그들의 종교를 잘 몰라요. 하지만 그들이 하나님을 사랑한다는 사실은 압니다. 잘 모르겠어요. 그들의 진정성을 봤거든요."

그렇지 않다. 그들은 하나님을 사랑하지 않는다. 아니, 그들은 하나님을 증오한다. 우리에게 진리를 알고, 진리를 전하고, 아타나시우스, 폴리캅, 칼빈, 루터, 휫필드, 에드워즈와 함께 담대하게 서서 지붕 꼭대기에라도 올라가 모두에게 하나님의 능력만이 구원할 수 있다고 선포할 자들을 주소서. 바울은 복음을 기꺼이 버리려는 자들을 보고 너무나도 놀랐다. 우리도 이처럼 지금 이 순간 경악하고 당황해야 한다.

바울의 적대자들

두 번째로, 우리는 갈라디아서 1장 7절에서 바울의 적대자들을 보게 된다. 거짓 복음의 문제는 그 반대 세력이 성도들을 타락시키고, 혼란을 일으켰다는 점이었다. 7절 중반에서 바울은 거짓 교사들을 처음으로 언급하지만, 그들이 누구인지는 밝히지 않는다. "다만 **어떤** 사람들이"라고 한다. "어떤"이라는 단어에 동그라미 표시를 하자. 이 "어떤" 사람들은 유대주의자로, 율법주의를 교회에 들여와 사람들을 다시 율법 아래에 두려고 했던 자들이다. 그들은 결국 갈라디아 사람들을 "교란"시킨다. 교란이란 헬라어 단어 "타라손테스"(*tarassontes*)를 옮긴 것으로, 문제를 일으키고, 분란을 일으키고, 뒤흔들어 놓는다는 의미다. 이 거짓 교사들은 바울이 자리를 비운 사이에 타락한 복음으로 그곳을 차지해 버린 것이다.

거짓 교사들은 성도들이 하나님께 맺은 서약들을 뒤흔들어 놓았다. 그렇게 하면서 그들은 교회를 교란하고 분란을 일으켰다. 복음을 제거하면 모든 것이 사라지는 것이다. "어떤 사람들이 너희를 교란하여 그리스도의 복음을 변하게 하려 함이라"(7절). "변하게"라는 단어는 무언가를 바꾸어 정반대로 만든다는 뜻이다. 유대주의자들은 참 복음을 변화시켜 거짓 복음을 만들어 냈다. 그들은 메시지에 손을 대고, 그 순수성을 흐리고, 그 본질을 왜곡시킨다. 이 유대주의자들은 그리스도, 은혜, 믿음을 가르치지만, 그것만으로는 구원을 받고 성화하는 데 충분하지 않다고 한다. 그들은 인간의 공로도 구원에 필요하고, 하나님께 받아들여지기 위해서는 종교적인 노력도 요구된다고 말한다. 하지만 바울은 2장 21절에서 "만일 의롭게 되는 것이 율법으로 말미암으면 그리스도께서 헛되이 죽으셨느니라"라고 말한다. 우리가 십자가의 충분성과 관계없이 스스로 구원을 이룰 수 있다면, 갈보리는 희대의 실수가 될 것이다.

오늘날에도 복음의 적대자들이 많다. 그들은 십자가를 인정한다. 은혜에 대해서도 이야기한다. 믿음에 대해서도 거들먹거리며 이야기한다. 하지만 그러는 동시에 믿음만으로는 하나님과 바른 관계를 맺지 못한다고 주장한다. 그들은 구원을 이루기 위해서는 믿음에 덧붙여 선행을 해야 하고, 믿음에 덧붙여 침례를 받아야 하고, 믿음에 덧붙여 교회의 일원이 되어야 하고, 믿음에 덧붙여 방언을 받아야 하고, 믿음에 덧붙여 성모송(Hail Mary)을 해야 하고, 믿음에 덧붙여 미사를 드려야 하고, 믿음에 덧붙여 종부 성사를 해야 하고, 믿음에 덧붙여 공로의 보고(treasury of merit)가 있어야 하고, 믿음에 덧붙여 면죄부를 사야 한다고 말한다. 그들은 구원을 위해서는 이것들이 필요하다고 주장한다. 그리고 그렇게 사람의 영혼을 저주에 빠지게 한다.

물론 신학적으로 복음을 대적하는 자들도 존재한다. 그들은 삼위일체, 예수 그리스도의 완전한 신성, 그리스도의 주 되심, 동정녀 탄생, 예수님의 죄 없는 삶, 대속 죽음, 예수님의 육체적 부활, 예수님의 재림을 부정한다. 어떤 이들은 그리스도를 통한 구원의 배타성을 거부하며 이렇게 이야기한다. "예수님은 하나님이 계시는 산 정상으로 인도하는 여러 갈림길 중 하나일 뿐이야." 하지만 예수님이 천국에 가는 유일한 길이 아니라면, 예수님은 천국에 이르는 길이 될 수 없다. 왜냐하면, 예수님은 자신이 구원의 유일한 길이라고 주장하셨기 때문이다. 그리고 거짓말쟁이는 우리의 구원자가 될 수 없다. J. C. 라일은 그리스도가 구원의 유일한 길이심을 진정으로 믿는다면, 이는 우리 설교의 특징이 될 것이고, 우리의 선포에 능력이 될 것이라고 말한다. 목회자인 우리는 그리스도를 이야기해야 하고, 우리의 설교는 그리스도로 가득해야 한다. 그리스도는 구원의 유일한 길이시기 때문이다.[6]

참된 복음은 하나님의 아들, 즉 주 예수 그리스도를 통한 하나님의 구원에 초점을 맞춘다. 예수님은 완전한 하나님이시자 완전한 인간으로서 우리 죄를 위하여 십자가에서 자신을 희생 제물로 드리셨다. 십자가에서 예수님은 우리를 위하여 죄가 되시고, 우리 죄를 지시고, 우리 대신 죽으시고, 하나님의 분노 아래 고난을 받아 죄인들을 이 악한 세대에서 구원하셨다. 이 모든 세계는 심판 아래에 놓여 있다. 로마서 1장 18절 말씀은 이렇게 선포한다. "하나님의 진노가 불의로 진리를 막는 사람들의 모든 경건하지 않음과 불의에 대하여 하늘로부터 나타나나니." 지금, 바로 이 시간, 우리 세상은 거룩하신 하나님의 심판 아래에 놓여 있다. 우리가 구조될 수 있는 유일한 방법이 있다면, 바로 주 예수 그리스도의 십자가에 나와서 믿음으로 그분을 신뢰하는 것이다. 이것이 복음이다.

바울은 이 진리를 갈라디아서 2장 16절에서 확인한다. "우리가 율법의 행위로써가 아니고 그리스도를 믿음으로써 의롭다 함을 얻으려 함이라." 의롭게 된다는 것은 거룩하신 재판관이 법정에서 그렇다고 선포하시는 것이다. 의롭다 함이란 하나님이 그리스도의 의로우심이 예수님을 믿는 죄인들에게 전가되었다고 선포하시는 것이다. 이러한 선포와 전가는 은혜만으로, 믿음만으로, 그리스도 안에서만 가능한 것이다. 루터는 말했다. "이는 다른 모든 교리의 기초가 되는 핵심 조항이다. 이것만이 하나님의 교회를 낳고, 키우고, 세우고, 보존하고, 지킨다. 이것이 없으면 하나님의 교회는 한 시간도 유지될 수 없다."[7] 루터는 더 나아가 칭의 교리가 교회의 성패를 결정하는 중요한 문제라고 말한다.[8] 갈라디아에 들어온 거짓 교사들이 타락시키고, 왜곡하고, 더럽힌 핵심 진리도 바로 이것이다. 그리고 바울이 거짓 교사들에 대항하여 지키려고 한 것도 바로 이 진리, 즉 칭의였다.

바울의 저주

우리는 바울이 낙심하는 모습과 바울의 적대자들을 보았다. 그리고 이제 바울의 저주를 살펴보려고 한다. 이 유대주의자들은 바울이 가르친 복음을 깎아내리려고만 한다. 그러자 갈라디아서 1장 8절에서 바울은 극단적인 예를 들면서까지 강력하게 자신의 주장을 펴나간다. 그는 "그러나 ……라도"라는 과격한 선언으로 이 말을 시작한다. 바울, 바나바, 디모데, 누가, 또는 대천사 미가엘과 천사장 가브리엘 및 그 외 수호천사, 세라핌, 케루빔 등 "하늘로부터 온 천사라도 우리가 너희에게 전한 복음 외에 다른 복음을 전하면 저주를 받을지어다"라고 선포한다.

이러한 존재들이라도 은혜로 말미암아 그리스도를 믿음으로 받는 구원에 반대되는 복음을 전한다면, 그는 "저주를 받을"(헬라어 "아나테마" [anathema], 혐오하는 것) 자인 것이다. 이는 매우 강력한 단어다. 이 단어는 "반드시 죽게 되다, 영원한 지옥 불에 던져지게 되다", 즉 지옥에 떨어지게 된다는 뜻이다. 직설적으로 말하자면, 바울은 "그들이 저 아래 구덩이로 누군가를 끌고 가기 전에 자신들이 먼저 지옥으로 떨어질 것이다."라고 선포한 것이다. 바울은 하나님의 마음을 분하게 만드는 일이 생기면 자신의 마음이 분한 그런 사람이었다.

마틴 루터는 이 구절에 대해서 이렇게 생생한 주석을 남겼다. "바울은 불을 뿜고 있다. 그의 열정이 어찌나 강렬한지 천사까지 저주하기 시작한다."[9] 바울에게서는 중립, 냉담함, 소극성이라고는 전혀 찾아볼 수 없다. 그는 복음을 변호하고 있기 때문이다. 제임스 몽고메리 보이스는 이렇게 썼다. "어찌 그렇지 않을 수 있겠는가? 바울이 전하는 복음이 사실이라면, 그 복음은 예수 그리스도의 영광과 사람들의 구원이 달린 엄청난 일이다. 만약 사람이 공로로 구원받을 수 있다면, 그리스도는 헛되이 죽은 것이다. 십자가는 그 능력을 상실할 것이다. 잘못된 복음을 배우면, 진정한 구원을 떠나 파멸로 끌려가게 된다."[10] 보이스의 말은 정곡을 찌른다! 유일하고 참된 구원의 복음을 더럽히는 자는 영혼들을 지옥에 떨어지게 하기 때문이다.

바울은 9절에서 다시 탄약을 채워 넣고, 교조적으로 보일 정도로 자신의 주장을 펴나간다. 자신이 전하는 메시지는 갈라디아인들이 예전에 들었던 그 메시지와 동일하다고 말이다. 바울은 이렇게 말한다. "우리가 전에 말하였거니와." 바울은 자신이 갈라디아에 있었던 때를 언급한다. 그는 자신이 메시지를 바꾼 것이 아니며, 이 메시지는 사람이 아닌 그리스도에게서 받은 것이라고 열변을 토한다. 그는 말한다. "우리나 혹은 하늘로부터 온 천사라도 우리가 너희에게 전한 복음 외에 다른 복음을 전하면(현재형이라는 점에 주의하라) 저주를 받을지어다"(8절). 바울은 이 충격적인 발언을 반복하면서 거짓 선지자들이 맞게 될 심판의 엄중함을 강조한다. 지옥의 가장 뜨거운 곳은 그리스도의 복음을 왜곡하고 다른 이들을 그 지옥 구덩이로 끌고 간 거짓 교사들을 위해 예비되어 있을 것이다.

바울이 글을 시작하면서 이러한 말을 했다는 사실을 다시 한 번 생각해 보길 원한다. 다른 서신서를 보면 바울은 보통 도입 부분에 교회에 대하여 하나님께 감사를 표한다. 바울은 보통 편지 서두에 이렇게 쓴다. "오, 너희로 인하여 내가 하나님께 얼마나 감사를 드리는지 모른다. 나는 항상 너희를 생각한다. 너희는 나에게 정말 큰 기쁨이다." 하지만 갈라디아서에는 그런 말이 전혀 없다. 이 사도는 완전히 거룩한 열정에 사로잡혀 있기 때문이다. 바울이 이러는 것은 당연한 일일 수밖에 없다. 하나님과 그리스도의 영광이 거짓 메시지로 인해 더럽혀졌기 때문이다. 바울은 우리를 구원하고 성화하는 유일한 길인 이 복음이 위태하게 되었다는 사실에 분노한 것이다.

바울은 이렇게 하면서 주인 되신 그분의 발걸음을 그대로 따르고 있다. 예수님 본인도 거짓 종교 지도자들이 구원의 참된 길을 막는다고 경고하셨다. 예수님은 이렇게 말씀하셨다. "좁은 문으로 들어가라 멸망으로 인도하는 문은 크고 그 길이 넓어 그리로 들어가는 자가 많고 생명으로 인도하는 문은 좁고 길이 협착하여 찾는 자가 적음이라"(마 7:13-14). 예수님은 "거짓 선지자들을 삼가라 양의 옷을 입고 너희에게 나아오나 속에는 노략질하는 이리라"(7:15)라는 말씀으로 결론을 내리신다. 바울이 그들을 저주하는 것도 당연한 일이었다. 이때는 대화를 할 때가 아니라 선포를 할 때였다.

바울의 목적

넷째, 우리는 마지막으로 바울의 목적을 본다. 그가 목적으로 삼은 것은 하나님의 양 무리를 돌보는 모든 지도자 역시 마땅히 목적으로 삼아야 할 것이다. 이는 모든 그리스도인 지도자와 그리스도인이라면 씨름해 봐야 할 문제다. 즉, "이제 내가 사람들에게 좋게 하랴 하나님께 좋게 하랴"(갈 1:10)는 것이다. 다른 선택권은 없다. 천국에서 하나님의 인정을 받는 삶을 살아갈 것이냐, 사람들의 박수갈채를 받는 삶을 살아갈 것이냐 뿐이다. 만약 바울이 사람들의 인정을 얻길 바랐다면, 그는 말투를 조금 더 부드럽게 다듬었을 것이다. 하지만 그는 세상의 인기는 전혀 고려하지 않았다. 그는 심지어 교회 그리고 자신이 편지를 보내고 있는 교회로부터도 별로 인기를 얻고 싶어 하지 않았다. 바울은 다만 천국에서 이 말씀을 듣고 "아멘."이라고 답하기를 바라며 글을 썼을 것이다. 그는 하나님이 말씀하신 것을 기록하여 하나님의 인정을 받고자 했을 뿐이다. 이 거친 언어를 보면 도저히 사람들에게 잘 보이기를 바라고 쓴 것 같지 않다. 사람을 기쁘게 하는 자들은 거짓 복음을 선포하는 자들에게 저주를 내리지는 않기 때문이다. 하지만 바울은 그런 것에는 전혀 신경 쓰지 않았다. 왜냐하면, 그는 오로지 하나님을 기쁘시게 하는 일만 추구했기 때문이다.

당신은 누구를 기쁘게 하는가?

이제 반드시 짚고 넘어가야 할 것이 있다. 우리가 하나님을 기쁘시게 하려고 한다면, 누구를 불쾌하게 만드냐는 중요한 문제가 아니다. 우리가 하나님을 불쾌하시게 한다면, 누구를 기쁘게 만드냐도 중요한 문제가 아니다. **사역은 단순하다. 우리는 궁극적으로 전능하신 하나님의 은혜와 인정만을 구해야 한다.** 바울은 이렇게 썼다. "사람들에게 기쁨을 구하랴 내가 지금까지 사람들의 기쁨을 구하였다면 그리스도의 종이 아니니라"(갈 1:10). 궁극적으로 보자면 사람을 기쁘게 하는 것과 하나님을 기쁘시게 하는 것은 상호 배타적인 것이지, 상호 포용적인 것이 아니다. 당신이 사람을 기쁘게 하려고 한다면, 하나님은 노하시게 될 것이다. 반대로 하나님을 기쁘시게 하려고 한다면, 당신은 사람을 화나게 할 것이다. 우리 주님도 마태복음 6장 24절에서 이렇게 말씀하셨다. "한 사람이 두 주인을 섬기지 못할 것이니 혹 이를 미워하고 저를 사랑하거나 혹 이를 중히 여기고 저를 경히 여김이라 너희가 하나님과 재물을 겸하여 섬기지 못하느니라." 예수님은 우리에게 주인이 단 한 분이라는 사실을 아셨다. 그래서 그리스도의 종인 우리는 오직 그리스도의 지시만 받고, 그리스도의 승인만을 구하는 것이다.

바울은 데살로니가전서 2장 4절에서 이렇게 쓴다. "오직 하나님께 옳게 여기심을 입어 복음을 위탁받았으니 우리가 이와 같이 말함은 사람을 기쁘게 하려 함이 아니요 오직 우리 마음을 감찰하시는 하나님을 기쁘시게 하려 함이라." 바울은 자신이 하나님께 선택되었고, 부르심 받았고, 구별되었고, 구원받았고, 구속되었고, 명령을 받았고, 깨우침을 받았고, 가르침을 받았고, 임명을 받았고, 능력을 받았고, 지시를 받았다는 사실을 깨달았다. 그렇다면 그가 사람을 기쁘게 하려고 할 이유가 도대체 무엇이겠는가?

바울은 마지막 때 우리가 하나님 앞에 서게 될 것을 알았다. 우리는 사람이나 천사가 아닌 하나님께 심판을 받을 것이다. 그리고 하나님께 상급을 받든지, 아니면 버림을 당하든지 둘 중 하나가 될 것이다. 따라서 우리가 기쁘시게 해드릴 분은 하나님 한 분뿐이시다. 하나님을 기쁘시게 하는 메시지도 한 가지뿐이다. 즉, 예수 그리스도의 참된 복음으로서, 은혜로만, 믿음으로만, 그리스도 안에서만 구원을 받는다는 것이다.

우리가 따라야 할 본

존 낙스는 이 땅에서 복음을 들고 용감하게 나아갔던 사람이다. 감사하게도 나는 몇 년 전, 맥아더 박사와 함께 낙스가 묻혀 있는 곳을 방문하여 그가 설교했던 강대상에 서 볼 수 있었다. 낙스는 스코틀랜드의 로마 가톨릭 사제였다가 복음의 능력으로 개종한 뒤 조지 위샤르트의 호위 무사가 된 인물이다. 그런데 위샤르트가 순교를 당하면서 그가 하던 사역이 낙스에게 그대로 넘어가게 된다. 이후 낙스는 세인트 앤드류 성에서 설교를 시작했는데, 곧 프랑스군의 포로로 잡혀가 프랑스 갤리선에 오르게 된다. 그는 배에서 19개월간 전쟁 포로로 노역에 시달렸다. 풀려 난 뒤에는 스코틀랜드로 돌아가서 복음을 전했다.

그러던 와중에 피의 메리(Bloody Mary)가 왕위를 잡자 낙스는 스코틀랜드를 떠나 제네바로 가서 영국 피난민 교회의 목사로 봉사했다. 그곳에서 그는 제네바 성경을 인쇄하는 데 중요한 역할을 하기도 했다. 그러다가 피의 메리가 왕위에서 물러나자 낙스는 스코틀랜드로 돌아갔다. 스코틀랜드의 여왕으로 새로 등극한 메리 스튜어트는 여왕으로서 맞는 첫 주일에 성의 은밀한 곳에 가서 비밀리에 미사를 드렸다. 이 소식을 들은 존 낙스는 바로 다음 주일, 스코틀랜드 에든버러의 세인트 자일스 교회에서 여왕을 향해 이렇게 외쳤다. "나에게는 이 땅에서 한 번의 미사를 드린다는 것이, 이 땅에 10,000명의 무장 군인이 쳐들어왔다는 소식보다 더 두렵다." 또한, 낙스는 이렇게 말했다. "나는 악을 악이라고 분명하고도 담대하게 말하는 법을 배웠다. 나는 무화과나무를 무화과나무라고, 삽을 삽이라고 부를 것이다."[11]

이 말을 전해 들은 여왕은 격노했다. 그녀는 낙스를 불러 그가 이야기한 내용에 대해 자세히 설명해 보라고 한다. 낙스는 기꺼이 여왕 앞에 섰다. 여왕은 그에게 공격적으로 질문을 던지면서 세 가지 죄목과 혐의를 씌웠다. 그러나 그는 전혀 움츠러들지 않고 미사의 우상성에 대해 선언하며, 미사는 하나님의 심판을 이 땅에 불러일으킬 것이기 때문에 스코틀랜드에 절대로 발붙일 수 없게 해야 한다고 강변했다. 낙스는 주저 없이 주 예수 그리스도 안에 있는 유일하고 참된 복음, 우리를 구원하는 은혜의 복음을 전했다. 이에 여왕은 눈물을 흘리고 말았다. 낙스는 여왕이 상처받은 동물처럼 으르렁거리기 시작했다고 기록했다. 스코틀랜드의 종교 개혁은 우레의 스코틀랜드인 존 낙스와 스코틀랜드 여왕 메리가 여섯 차례 만나면서 이루어진 일이었다.

1572년 12월 24일 낙스가 에든버러에서 죽었을 때, 낙스의 무덤에는 다음과 같이 오래오래 기억될 말이 새겨졌다. "여기 평생에 한 번도 사람의 얼굴을 두려워하지 않은 사람이 눕는다."[12] 1560년 낙스가 기록한 '스코틀랜드 신앙고백서'의 마지막 말을 보면, 낙스가 어떤 사람인지 가장 잘 알 수 있을 것이다. "오, 주여! 일어나소서. 당신의 원수를 당황케 하소서. 당신의 거룩한 이름을 미워하는 저들이 당신 앞에서 떠나가게 하소서. 당신의 종들에게 힘을 주셔서 당신의 말씀을 담대히 말하게 하소서. 그리고 모든 민족이 당신에 대한 참된 지식을 확실히 붙잡게 하소서."[13]

오늘날 이런 지도자가 어디에 있는가? 누군가 말한 것처럼, 오늘날 설교자들의 문제는 그 누구도 설교자들을 죽이려 하지 않는다는 것이다. 바울과 함께 이렇게 말할 자가 어디에 있는가? "만일 누구든지 너희가 받은 것 외에 다른 복음을 전하면 저주를 받을지어다"(갈 1:9). 나는 지금도 이 말씀을 읽는 자 가운데 그런 사람이 있기를 바란다.

PRAYER

너 주의 사람아, 헛된 일 버리고 마음과 뜻과
힘 다해 왕의 왕 섬기라 (새찬송가 328장 「너 주의 사람아」).
복음을 전하고,
복음을 가르치고,
복음을 살고,
복음을 설명하며,
복음을 확장하며,
소신껏 살라.
하나님을 기쁘시게 하라.
사람을 기쁘게 하는 자가 되지 말라.

9
Albert Mohler Jr.

예수께서 대답하시되 이 사람이나 그 부모의 죄로 인한 것이 아니라
그에게서 하나님이 하시는 일을 나타내고자 하심이라 _ 요 9:3

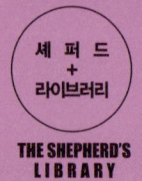

하찮은 사람도 없고, 하찮은 설교도 없다

앨버트 몰러, 2010
요한복음 9:1-42

"우리가 그를 전파하여 각 사람을 권하고 모든 지혜로 각 사람을 가르침은 각 사람을 그리스도 안에서 완전한 자로 세우려 함이니"(골 1:28). 말씀을 전하는 자가 하게 될 일은 바로 이것이다. 말씀을 전하는 자가 부여받은 일도 바로 이것이다. 말씀을 전하는 자가 해야 할 일도 바로 이것이다. 하나님은 사람을 부르시고 초자연적으로 준비시키셔서 이 임무를 다하게 하신다. 하지만 모든 사람이 이러한 명령에 유의하는 것은 아니다.

최근 어느 집회에서 말씀을 전할 기회가 있었다. 설교를 하려고 호텔 연회장으로 걸어가는데, 온갖 현란한 조명이 특수 효과를 내고 있었다. 그런데 강대상은 도저히 찾아볼 수 없었다. 진행 요원은 이렇게 말했다. "걱정하지 마세요. 전자식 강대상입니다." 나는 말했다. "내가 걱정하는 것은 강대상이 보이지 않는다는 점입니다." 그러자 그는 "걱정하지 마세요. 설교할 준비가 되시면 강대상이 나타날 겁니다."라고 답했다. 그런데 이게 어찌 된 일인가. 설교할 시간이 되자 갑자기 바닥이 열리면서 파이프들이 위로 솟아오르는 게 아니겠는가. 그 얇은 파이프들 위에는 나무로 된 판이 놓여 있었고, 거기에 마이크가 있었다. 그제서야 나는 그 파이프와 나무판 뒤에 서서 설교를 하라는 것임을 알았다.

강대상으로 급조된 파이프와 나무판 뒤에 서서 나는 이런 생각을 했다. '이게 무엇을 상징하는지 잘 모르겠군. 강대상에도 문화 교류의 힘이 나타난다는 상징이거나, 아니면 강대상은 얼마든지 간편하게 치워 버릴 수 있다는 뜻이니 강대상의 소멸을 상징할 수도 있겠군.' 이처럼 너무나도 많은 교회에서 강대상이 사라지고 있다. 설교가 부재하기 때문이다. 강대상의 실종은 이 시대의 특징이라고 할 수 있다. 소위 설교라고 하는 것 중에 참을 수 없을 정도로 가벼운 설교가 너무 많다는 사실을 느낀 적이 있는가? "간략한" 설교 중에 너무나도 많은 설교가 참을 수 없을 정도로 가볍다는 사실을 느낀 적이 있는가? "훌륭한" 설교가 의미가 있는 것이다. 하지만 훌륭함과 장황함이 항상 동일한 것은 아니다. 신약을 보면, 간략한 설교가 엄청난 파급 효과를 낳는 것을 볼 수 있다. 하지만 오늘날 장황한 설교들을 실제로 보면 적은 양의 진리만을 담고 있는 경우가 많다.

설교에 무게를 더하라

목회자로서 우리가 한 노력은 언젠가 저울에 달릴 것이다. 그러면 우리가 행한 사역이 얼마나 "훌륭한" 것이었는지 알게 될 것이다. 우리는 우리를 지으신 분이자 만물의 심판자 되신 분 앞에 서서 우리의 설교가 얼마나 대단했었는지 알게 될 것이다. 우리는 무한하신 하나님을 예배하고, 무한한 복음을 선포한다. 신약은 영원한 영광의 중한 것을 우리에게 이루려 하는 것이라고 말한다. 프란시스 쉐퍼는 『하찮은 사람도 없고, 하찮은 장소도 없다』(No Little People, No Little Places)라는 책을 썼다. 나는 적어도 이 책의 제목을 통해서라도 당신이 용기를 얻길 바란다. 하찮은 사람도 없고, 하찮은 장소도 없다. 사역의 무게는 그 크기로 결정되는 것이 아니다. 하찮은 사람은 없다. 따라서 하찮은 설교도 없다고 해야 할 것이다. 그리고 하찮은 설교로 만족할 수는 없다.

하나님의 양 떼를 지도하는 자인 당신은 하나님 말씀의 능력을 아무리 높이 평가해도 지나치지 않다. 이는 맹인으로 태어났다가 고침 받은 사람의 이야기가 나오는 부분, 요한복음의 아홉 번째 장에서 확증된다. 우리는 여기에서 매혹적인 논의들과 질문들, 그리고 하나님의 영광이 드러나는 것을 본다. 이 구절에는 역설적인 요소가 많다. 실명, 빛, 시력, 보지 못하는 눈, 보게 된 눈, 그리고 볼 수 있다는 이유로 성전에서 쫓겨난 눈 등이다. 예수님은 지나가시다가 태어날 때부터 맹인된 자를 보셨다. 하지만 제자들은 그 사람을 보지 못하고 오히려 의문점을 본다. 예수님은 그 사람을 보시면서 하찮은 사람은 없다는 사실을 다시 확인해 주신다. **지도자로서 우리는 모든 사람이 중요하다는 사실을 다시 한 번 상기해야 한다. 그리고 우리는 우리 설교에 무게를 더해야 한다는 것을 인식해야 한다.**

의문점을 보는 것 vs 사람을 보는 것

예수님의 제자들은 그 사람을 보면서 이렇게 묻는다. "랍비여 이 사람이 맹인으로 난 것이 누구의 죄로 인함이니이까 자기니이까 그의 부모니이까"(요 9:2). 이 질문은 어리석은 것이 아니었다. 사실 예수님이 가르치시던 당시 상황에서 볼 때, 이 질문은 신학적으로 따지기 좋아하는 사람이라면 누구든 생각해 볼 수 있는 문제였기 때문이다. 그 사람이 맹인이 된 데는 어떠한 이유나 근거가 있을 것이다. 우리는 분명히 그 원인을 알 수 있다. 하나의 죄 또는 복합적인 죄의 결과로 맹인이 되었을 것이라고 생각할 수 있는 것이다.

그렇다면 문제가 훨씬 복잡해진다. 죄와 죄에 따른 그 결과가 분명한 연관이 있는 것처럼 보일 때도 있다. 예를 들면, 태아 알코올 증후군 때문에 앞을 보지 못하게 된 경우가 있을 것이다. 그 외에도 앞을 보지 못하게 된 명확한 이유를 찾아볼 수 있다. 하지만 여기에서 제자들이 보기에는 죄 말고는 이해할 수 있는 다른 직접적인 이유가 없었다. 욥의 친구들처럼 그들은 시대의 관습적인 신학적 사고를 따라, 이 불행이 나타난 이유가 누군가의 죄 때문이라고 생각했던 것이다. 이 남자가 맹인으로 태어난 이유는 부모의 잘못 때문일 수도 있다. 그게 아니라면 또 다른 이유가 있을 수도 있다. 그래서 제자들은 이렇게 물었다. "랍비여 이 사람이 맹인으로 난 것이 누구의 죄로 인함이니이까 자기니이까 그의 부모니이까."

신학적으로 보자면 그 답은 죄가 맞다. 우리는 창세기 3장의 세계에 살고 있기 때문이다. 성경에서 발견되는 모든 재앙은 궁극적으로는 타락을 시사하며, 또 타락으로 해명된다. 모든 죄와 모든 악, 심지어 우리가 자연적인 악 또는 도덕적 악이라고 정의하는 모든 악도 타락과 직접적으로 연결된다. 지진, 쓰나미, 모기, 조충에 이르기까지 모든 것이 창세기 3장 때문에 일어난 것들이다. 따라서 어떤 면에서 보자면 죄는 바른 해답이라고 할 수도 있다. 하지만 이는 제자들의 의문에 충분한 답변이 될 수 없었다. 또한, 예수님은 신학에 근거한 그들의 전통적인 지혜에 부합하지 않는 답변을 하셨다.

고난의 이유를 지정하는 오류

제자들이 이 질문을 한 것은 주제넘은 행동이었다. 존 칼빈은 우리가 고난의 이유를 찾고 특정한 죄와 연결하는 오류를 범하는 세 가지 이유를 제시한다.[1] 첫째, 우리는 자신보다 다른 사람들에게서 죄와 그 결과를 훨씬 쉽게 본다. 둘째, 칼빈은 그렇게 하는 것을 과도한 엄정함이라고 칭한다. 칼빈은 이 개념을 통해 우리는 절대로 고난을 수량화할 재판관이 될 수 없다고 말하고 싶었던 것이다. 어떻게 감히 우리에게 그 죄의 결과가 이러한 고난으로 나타났다고 재단할 통찰력이 있다고 생각할 수 있겠는가? 칼빈은 우리에게는 그렇게 정밀하게 계량할 방법이 없다고 말한다. 피조물이 이를 결정하려고 하는 것 자체가 완전히 주제넘고 오만한 짓이다.[2] 셋째, 칼빈은 그리스도 예수 안에 있는 자에게는 더 이상 정죄함이 없다고 기록한다. 하지만 우리는 그리스도의 소유가 되어도 여전히 고난을 받는다.[3] 우리도 이 글을 경고 삼아 주제넘게 굴지 말아야 한다.

물론 제자들은 충분히 던질 수 있는 질문을 했다. 하지만 예수님은 그 사람을 보시고 그를 고쳐 주셨다. 예수님은 그를 고쳐 주시기 전에 제자들에게 이렇게 답변하신다. "이 사람이나 그 부모의 죄로 인한 것이 아니라 그에게서 하나님이 하시는 일을 나타내고자 하심이라"(3절).

예수님은 이 사람과 그의 부모가 죄를 저질렀는지, 죄를 저지르지 않았는지가 중요한 것이 아니라고 분명히 말씀하신다. 이 일이 일어난 이유는 그와 전혀 다른 계획과 목적 때문이다. 이 사람이 맹인으로 태어난 것은 하나님의 사역이 그 안에서 나타나게 하고자 함이었다. 예수님은 계속해서 말씀하신다. "때가 아직 낮이매 나를 보내신 이의 일을 우리가 하여야 하리라 밤이 오리니 그때는 아무도 일할 수 없느니라 내가 세상에 있는 동안에는 세상의 빛이로라"(4-5절). 모든 사람, 그리고 예수 그리스도 안에 있는 모든 성도, 특히 모든 설교자는 이 말씀을 들어야 한다. 우리는 아직 낮일 때 우리를 보내신 이의 일을 하라는 이 명령을 의식하며 살아야 한다. 밤이 오면 일할 수 없기 때문이다. 우리의 사역에는 정해진 때가 있다. 우리의 존재와 우리의 사역은 유한하다. 시계가 째깍거리는 순간마다, 달력을 한 장 넘길 때마다, 한 번 숨 쉴 때마다 우리는 태어난 순간보다는 죽는 순간에 가까워져 간다. 우리는 아무 일도 할 수 없는 그때를 향해 매 순간 나아가는 것이다. 그러므로 우리는 예수님이 명하신 것을 해야 한다. 우리는 아직 낮일 때 우리를 부르신 이의 일을 해야 한다. 아무도 일하지 못할 밤이 오고 있다.

예수님은 이제 자신의 정체성에 대해 가르치기 시작하신다. 이 말씀은 요한복음 8장에서 말씀하셨던 내용과 유사하다. "나는 세상의 빛이니 나를 따르는 자는 어둠에 다니지 아니하고 생명의 빛을 얻으리라"(요 8:12). 예수님이 이렇게 말씀하시자 바리새인들은 예수님께 맞서며 이런 말을 한다. "네가 너를 위하여 증언하니 네 증언은 참되지 아니하도다"(13절). 이에 예수님은 말씀하신다. "내가 나를 위하여 증언하여도 내 증언이 참되니 나는 내가 어디서 오며 어디로 가는 것을 알거니와 너희는 내가 어디서 오며 어디로 가는 것을 알지 못하느니라"(14절). 예수님은 자신이 세상의 빛이라고 말씀하시면서 자신을 드러내셨다. 하지만 바리새인들은 이를 거부하고 예수님을 오히려 책망한다.

예수님은 제자들에게 똑같은 말씀을 하신다. "내가 세상에 있는 동안에는 세상의 빛이로라"(요 9:5). 세상의 빛이신 예수님은 눈먼 자를 고치시고 그를 통해 하나님의 역사가 나타나게 하셨다. 이제 예수님이 이 사람을 고치신 방법에 주목하라. 예수님은 땅에 침을 뱉으신 뒤에 진흙을 이겨 그의 눈에 바르시고 이렇게 말씀하신다. "실로암 못에 가서 씻으라"(7절). 이 사람은 들은 그대로 했다. 이 치유의 과정은 수동적이었다. 그는 그저 주님이 자신에게 해주신 일을 받아들이기만 했다. 예수님의 행동은 매우 상징적이다. 우리는 모두 진흙, 즉 이 땅의 티끌에서 만들어진 존재이기 때문이다.

계속 이 이야기를 따라가다 보면 요한복음 9장 7절의 놀라운 말씀에 이르게 된다. "이에 가서 씻고 밝은 눈으로 왔더라." 예수님은 눈먼 사람을 실로암 못까지 길을 더듬어 가도록 보내셨다. 그리고 그 사람은 밝은 눈으로 돌아왔다. 어떻게 이 사건을 두고 변변찮은 설교를 할 수 있겠는가? 보지 못하던 사람이 보게 되었다. 어둠이 빛이 되었다. 제자들은 의문점을 보았지만, 예수님은 사람을 보셨다. 예수님은 그의 제자들에게 이 사람의 눈이 멀었다는 사실은 신학적인 질문을 던져야 할 문제가 아님을 분명히 하셨다.

성육신하신 하나님의 아들, 이 세상의 빛이신 그분은 다만 자신이 창조하신 바로 그 땅에 침을 뱉고 진흙을 이겨 그 사람의 눈에 바르신 뒤에 씻으라고 보내셨을 뿐이었다. 그리고 그 눈먼 사람은 가서 씻고 깨끗하게 보이는 눈으로 돌아왔다. 절대로 이 사건을 두고 하찮은 설교를 할 수는 없을 것이다. 본문은 이대로 끝나지 않는다. 어둠과 보지 못함이 빛과 환히 보임이 된 후에야, 질문한 자들은 이 일의 뜻을 알게 되었다.

이웃들이 문제로 보다

이제 그 사람은 더 이상 눈먼 자가 아니었다. 그런데 이제는 이웃들이 그를 문제로 보기 시작한다. 저자는 이렇게 기록한다. "이웃 사람들과 전에 그가 걸인인 것을 보았던 사람들이 이르되 이는 앉아서 구걸하던 자가 아니냐"(요 9:8). 이웃들은 그를 바로 알아보지 못했다. 물론 이웃들은 그를 알고 있었고, 예전 같으면 그를 즉시 알아봤을 것이다. 신약 시대에 맹인은 구걸하는 사람이었다. 그래서 이웃들은 그를 무시하며 자신들이 더 우월하다고 느꼈다. 심지어 그를 불쌍하게 여기기도 했다.

이 말씀에서 일어나지 않은 한 가지 일이 있다. 눈먼 사람이 이제 앞을 볼 수 있게 되었는데, 축하해 주는 사람이 아무도 없었다는 것이다. 이웃들은 그를 전혀 축하해 주지 않았다. 그의 부모도 그러지 않았다. 당연히 바리새인들은 더욱이 그러지 않았다. 그렇다면 이웃들이 어떤 질문을 했는지 보자. "이는 앉아서 구걸하던 자가 아니냐." 그들은 이 사람을 앉아서 구걸하던 눈먼 자로 알았지만, 이제 그는 볼 수 있게 되었다. 다음 말씀은 이렇다. "어떤 사람은 그 사람이라 하며 어떤 사람은 아니라 그와 비슷하다 하거늘 자기 말은 내가 그라 하니"(9절). 여기에서 벌어지고 있는 혼란에 주의하라. 다른 사람들은 말한다. "아니라 그와 비슷하다." 즉, 다른 사람들을 무시하는 게 몸에 배면 누구든 다 똑같아 보인다는 뜻이다. 하지만 눈을 뜬 사람은 계속해서 말한다. "내가 그 사람이다. 예전에는 눈이 멀었지만 이제는 나도 볼 수 있게 되었다. 당신들은 내가 눈이 멀어서 앞을 보지 못했을 때 나를 보던 사람들이다. 이제 나는 당신들을 알아보는데, 당신들은 나를 알아보지 못하는구나."

사람들은 그에게 다른 질문을 던진다. 이제 그들은 이 사람이 구걸하던 그 맹인이라는 사실을 어느 정도 확신하게 된 것이다. "그들이 묻되 그러면 네 눈이 어떻게 떠졌느냐"(10절). 그는 설명한다. "예수라 하는 그 사람이 진흙을 이겨 내 눈에 바르고 나더러 실로암에 가서 씻으라 하기에 가서 씻었더니 보게 되었노라"(11절). 그 대답은 정확하고 순박했다. 사람들은 그에게 또 묻는다. "그가 어디 있느냐"(12절). 이에 그는 "알지 못하노라"(12절)라고 답한다. 그는 타당한 대답을 했다. 그는 예수님이 자신에게 하라고 하신 대로 행했을 뿐이다. 그리고 돌아와 보니 누가 자신을 고쳐 주었는지는 알았지만, 그분이 어디로 가신지는 몰랐던 것이다.

그다음 질문은 신학적인 것이었다. 그 사람은 정결한가, 정결하지 않은가? 성경적으로 정결과 부정을 어떻게 결정했는지 그 제도를 완전하게 알 수는 없다. 다만 이 사람을 정결하다고 승인하기 위해서는 이 기적의 본질이 무엇인지 판정을 내려야 했을 것이다. 이 기적은 전례가 없는 일이었기 때문에 몇 가지 설명이 필요했다. 그래서 사람들은 전문가들, 즉 당시의 신학자들인 바리새인들에게 이 고침 받은 사람을 데려갔다. 화자는 이렇게 기록한다. "그들이 전에 맹인이었던 사람을 데리고 바리새인들에게 갔더라"(13절). 이제 문제는 복잡해졌다. 예수님이 진흙을 이겨 그 사람의 눈을 뜨게 하신 날은 다름 아닌 안식일이었기 때문이다. 예수님은 계속해서 안식일에 사람을 고치셨다. 베데스다 못에 있던 손이 마른 남자를 고치시더니, 이제는 이 남자를 고치신 것이다. 바리새인들은 예수님이 안식일에 기적을 행하셨다는 것을 참을 수가 없었다.

이제 바리새인들은 맹인이었다가 안식일에 고침을 받은 사람과 마주치게 되었다. "예수께서 진흙을 이겨 눈을 뜨게 하신 날은 안식일이라 그러므로 바리새인들도 그가 어떻게 보게 되었는지를 물으니 이르되 그 사람이 진흙을 내 눈에 바르매 내가 씻고 보나이다 하니"(14-15절). 이는 세 가지 절차로 이루어진 작업이었다. 즉, 진흙을 바르고, 씻고, 보는 것이다. 바리새인들은 이렇게 말한다. "이 사람이 안식일을 지키지 아니하니 하나님께로부터 온 자가 아니라 하며 어떤 사람은 말하되 죄인으로서 어떻게 이러한 표적을 행하겠느냐 하여 그들 중에 분쟁이 있었더니"(요 9:16). 이 구절에서 흥미로운 역설 중 하나는 맹인이었던 사람이 예수님이 자신을 고쳐 주셨다고 밝히지 않았다는 점이다. 그런데 바리새인들은 이미 누가 이 사람을 고쳤는지 알고 있었다.

이제 바리새인들 사이에서 죄인이 이러한 표적을 행할 수 있는지를 두고 분쟁이 일어난다. 그들은 맹인에게 돌아와서 묻는다. "그 사람이 네 눈을 뜨게 하였으니 너는 그를 어떠한 사람이라 하느냐"(17절). 이 질문은 대단히 흥미롭다. 성령님의 영감으로 이 사건을 기록한 요한은 우리에게 엄청난 역설을 보여 준다. 오히려 바리새인들이 앞을 보지 못하는 사람들처럼 묻기 때문이다. "너는 이에 대해서 무어라고 하는가?" 기억해 보라. 사람들은 바리새인들이 전문가이기 때문에 이 남자를 데려간 것이었다. 그런데 이제 바리새인들이 오히려 남자에게 "우리에게 조언을 달라"고 이야기하고 있다. 남자는 그들의 요구에 이렇게 답한다. "선지자니이다"(17절).

여기 예전에 맹인이었고, 사실상 모든 이에게 무시당했던 한 사람이 있다. 그런데 이제 모든 사람이 그에게 답을 구하고 있다. 그는 신학자가 된 것이다. 그는 예수님이 선지자라고 분명히 말했다. 이 맹인이었던 사람이 모든 것을 알게 된 것은 아니었지만, 죄인이 자신을 고치지 못한다는 사실만은 제대로 알았다.

18절은 이렇게 기록한다. "유대인들이 그가 맹인으로 있다가 보게 된 것을 믿지 아니하고 그 부모를 불러 묻되." 바리새인들은 자신들이 원하던 답을 얻지 못하자, 그의 말이 사실이 아니라고 생각한다. 그래서 그의 부모를 불러 자신들 앞에 세운다. 그 부모는 매우 두려웠을 것이다. 답변을 잘못했다가는 회당에서 쫓겨날 수 있기 때문이다. 이제 부모가 아들을 만났다. 아마 부모도 바리새인들과 똑같은 질문을 하고 싶었을 것이다. 왜 아들은 눈이 멀었던 것인가? 그리고 어떻게 이런 일이 일어난 것인가? 이제 눈이 멀어 구걸하던 아들이 앞을 보게 되었다. 늘 무시당하던 그 아들이 이제는 사람들의 관심을 한몸에 받고 있다. 그리고 부모도 마찬가지였다. 바리새인들은 묻는다. "이는 너희 말에 맹인으로 났다 하는 너희 아들이냐"(19절). 당시 사람들은 앞을 보지 못하는 것을 재앙이자 저주로 여겼다는 점을 기억해야 한다. 바리새인들은 계속해서 묻는다. "그러면 지금은 어떻게 해서 보느냐."

부모는 답한다. "이 사람이 우리 아들인 것과 맹인으로 난 것을 아나이다 그러나 지금 어떻게 해서 보는지 또는 누가 그 눈을 뜨게 하였는지 우리는 알지 못하나이다"(20-21절). 그들은 이 사람이 자신들의 아들이고 태어날 때부터 맹인이었음은 알았다. 하지만 어떻게 이제 보게 되었는지에 대해서는 "우리는 알지 못하나이다"라고 답한다. 또 "누가 그 눈을 뜨게 하였는가?"라는 질문에 대해서도 "우리는 알지 못하나이다"라고 답한다. 그리고 나서 사실상 아들에게 모든 책임을 돌린다. "그에게 물어보소서 그가 장성하였으니 자기 일을 말하리이다"(21절). 우리는 부모가 이렇게 말한 이유를 알고 있다. "이미 유대인들이 누구든지 예수를 그리스도로 시인하는 자는 출교하기로 결의하였으므로 그들을 무서워함이라"(22절).

장면이 다시 변하고, 이 사람은 두 번째로 심문을 받는다. "이에 그들이 맹인이었던 사람을 두 번째 불러 이르되 너는 하나님께 영광을 돌리라 우리는 이 사람이 죄인인 줄 아노라"(24절). 이 말은 조심하라는 경고였다. 그렇지만 우리는 곧 이 사람이 신학자에 다름없다는 사실을 25절에서 보게 된다. "대답하되 그가 죄인인지 내가 알지 못하나 한 가지 아는 것은 내가 맹인으로 있다가 지금 보는 그것이니이다." 그의 주된 관심사는 신학적인 세부 사항이나 바리새인들의 딜레마를 해소해 주는 것이 아니었다. 그는 그들의 변질한 사고방식에 휩쓸리지 않았다. 오히려 그는 이렇게 답하고 있는 것 같다. "그런 질문들은 집어치우십시오. 내가 아는 것은 단 한 가지입니다. 나는 맹인이었습니다. 부모님께 물어봐도 좋습니다. 그런데 이제는 내가 보게 되었다는 것입니다."

이것이야말로 그리스도인의 전형적인 간증이다. 요한복음 9장은 단순히 맹인으로 태어났다가 앞을 보게 된 사람의 이야기가 아니다. 요한복음 9장 전체는 맹인이 앞을 보게 되어 하나님의 영광을 드러냈다는 내용이다. 요한은 이 이야기를 함께 엮어서 영적으로 맹인이었던 자가 영적인 실제를 보게 되었음을 보여 주려고 한 것이다.

바리새인들은 묻는다. "그 사람이 네게 무엇을 하였느냐 어떻게 네 눈을 뜨게 하였느냐"(26절). 그들은 이미 이 질문을 했었다. 그리고 답변도 들었다. 그런데 그 사람은 다시 답한다. "내가 이미 일렀어도 듣지 아니하고 어찌하여 다시 듣고자 하나이까 당신들도 그의 제자가 되려 하나이까"(27절). 우리는 여기에서 이 사람에 대해 새로운 사실을 알게 된다. 그는 신학자였을 뿐만 아니라 놀라울 정도로 직관력이 뛰어나고 용감한 사람이었다. 그는 바리새인들에게 "당신들도 그의 제자가 되려 하나이까"라고 물을 수 있는 용기를 지닌 사람이었다.

그 사람은 예수님을 제대로 봤다

제자들은 의문점을 봤으나, 예수님은 사람을 보셨다. 그리고 그 사람도 예수님을 제대로 봤다. 그는 바리새인들에게 놀리듯이 묻는다. "지금 뭐하자는 겁니까? 당신들도 그의 제자가 되려고 하는 것입니까?" 그러자 그들이 어떻게 대답하는가? "그들이 욕하여 이르되 너는 그의 제자이나 우리는 모세의 제자라"(요 9:28). 이들은 "우리가 아브라함의 자손이라"(요 8:33)라고 말했던 바로 그들이었다. 예수님은 전에 이렇게 답하셨다. "아니다, 너희들은 아브라함의 자손이 아니다. 아브라함이 있기 전에 내가 있었기 때문이다. 아브라함은 나를 알았다. 너희는 아브라함의 자손이 아니다."

이제 그들은 이 사람에게도 "우리는 모세의 제자라"라고 말한다. 바리새인들은 자신들이 무언가를 안다고 생각하면서 이렇게 말한다. "하나님이 모세에게는 말씀하신 줄을 우리가 알거니와 이 사람은 어디서 왔는지 알지 못하노라"(요 9:29). 이 사람이 경험한 일을 상상해 보라. 그는 눈이 멀었다가 이제 보게 되었다. 그리고 세상은 자신이 생각했던 것과 다르다는 사실을 깨닫게 되었다. 세상은 앞을 볼 수 있는 사람들로 이루어진 것이 아니었다. 세상은 앞을 보지 못하는 사람들로 이루어진 것이었다! 그때까지는 자신만 눈이 멀었고 다른 사람들은 볼 수 있다고 생각했다. 하지만 이제 그는 평생 주위에 있던 사람들이 실제로는 눈먼 자들이었다는 사실을 깨닫게 되었다.

그래서 이 사람은 이렇게 말한다. "이상하다 이 사람이 내 눈을 뜨게 하였으되 당신들은 그가 어디서 왔는지 알지 못하는도다 하나님이 죄인의 말을 듣지 아니하시고 경건하여 그의 뜻대로 행하는 자의 말은 들으시는 줄을 우리가 아나이다"(30-31절). 그 사람은 자리에 앉아 구걸하면서 자신의 눈을 뜨게 해달라고 얼마나 많이 기도했겠는가? 하지만 그는 시력을 회복하지 못했다. 그러던 어느 날 예수님이 오셨다. 그리고 이제 그는 보게 된 것이다. 이 사람은 계속해서 말한다. "창세 이후로 맹인으로 난 자의 눈을 뜨게 하였다 함을 듣지 못하였으니 이 사람이 하나님께로부터 오지 아니하였으면 아무 일도 할 수 없으리이다"(32-33절). 이 평신도 한 사람이 신학자로 구성된 패널들, 즉 율법 전문가들에게 예수님이 하나님께로부터 오지 아니하였으면 아무 일도 할 수 없으리라고 선포하고 있는 것이다.

하지만 저들은 그저 했던 말을 반복할 뿐이었다. "그들이 대답하여 이르되 네가 온전히 죄 가운데서 나서 우리를 가르치느냐"(34절). 그들은 계속해서 잘못된 자기 신학을 강변할 뿐이었다. 그들은 이 사건에서 아무것도 배우지 못하고, 여전히 이 사람에게는 하나님의 심판이 임한 것이라고 생각했다. 당신은 해결하지 못하는 신학적 문제에 마주

첬을 때 어떻게 하는가? 그 유일한 해답은 주권자이신 하나님이 그렇게 하셨다고 믿는 것이다. 하지만 당신이 바리새인이라면 그를 "쫓아내어 보냈을"(34절) 것이다.

"예수께서 그들이 그 사람을 쫓아냈다 하는 말을 들으셨더니 그를 만나사 이르시되 네가 인자를 믿느냐"(요 9:35). 이 사람은 지금까지 많은 질문을 받았다. 그리고 놀라운 용기와 순수함으로 정직하게 즉각 답을 했다. 그는 구세주가 만지신 자에게만 임하는 지식으로 그렇게 답할 수 있었다. 이제 드디어 그를 볼 수 있게 하신 바로 그분이 질문을 하신다. 그러자 이 사람은 이렇게 답한다. "주여 그가 누구시오니이까 내가 믿고자 하나이다"(36절). 그는 자신을 고쳐 주신 분이 무슨 말씀을 하시든지 믿을 준비가 되어 있던 것이다.

예수님이 뭐라고 대답하시는지 주의해서 보자. "네가 그를 보았거니와 지금 너와 말하는 자가 그이니라"(37절). 그러자 남자는 간결하게 자신의 신앙을 고백한다. "주여 내가 믿나이다"(38절). 구원이 그의 눈에만 임한 것이 아니라 그의 영혼에도 임한 것이었다. 그는 단지 보기만 하게 된 것이 아니라 믿게 되었다. 그는 입술로만 고백한 것이 아니라 예수님을 경배했다. 그러자 예수님은 오직 예수님만이 하실 수 있는 말씀으로 모든 것을 명확하게 밝히셨다. "내가 심판하러 이 세상에 왔으니 보지 못하는 자들은 보게 하고 보는 자들은 맹인이 되게 하려 함이라"(요 9:39). 예수님은 이 세상이 자신을 보지 못한다는 사실을 알려 주시기 위해 이 땅에 오셨다. 요한은 이미 예수님이 자기 땅에 오셨지만 자기 백성이 그를 영접하지 않을 것이라고 가르쳤다(1:11).

누군가 보지 못한 상태로 남아 있을 때

바리새인들은 이 사람과 완전히 대조를 이루며 다음과 같이 애처로운 질문을 던진다. "우리도 맹인인가"(요 9:40). 당신이 스스로 맹인인지를 물어야 한다면, 당신은 정말 맹인일지 모른다. 예수님은 신랄한 심판의 말씀으로 그들에게 답하신다. "너희가 맹인이 되었더라면 죄가 없으려니와 본다고 하니 너희 죄가 그대로 있느니라"(41절). 그들의 문제는 물리적으로 보지 못하는 것이 아니었다. 그들이 보지 못하는 것은 전혀 다른 범주의 것이었다. 그들은 영적, 신학적인 측면으로는 의도적으로 맹인이 되고자 했던 것이다.

그들은 보려 하지 않았기 때문에 볼 수 없었다. 그들이 앞을 전혀 볼 수 없었다는 치명적인 실상은 예수님과 바리새인들이 나눈 대화에서 분명하게 드러난다. 예수님은 이 세상을 비추기 위해 빛으로 오셨지만, 세상은 그를 알지 못했다. 이사야는 이렇게 기록했다. "그 날에 못 듣는 사람이 책의 말을 들을 것이며 어둡고 캄캄한 데에서 맹인의 눈이 볼 것이며"(사 29:18). 이사야 35장 5-6절은 "그때에 맹인의 눈이 밝을 것이며 못 듣는 사람의 귀가 열릴 것이며 그때에 저는 자는 사슴같이 뛸 것이며 말 못하는 자의 혀는 노래하리니"라고 한다. 더 나아가 이사야 42장 6-7절 말씀은 이렇게 선포한다. "나 여호와가 의로 너를 불렀은즉 내가 네 손을 잡아 너를 보호하며 너를 세워 백성의 언약과 이방의 빛이 되게 하리니 네가 눈먼 자들의 눈을 밝히며 갇힌 자를 감옥에서 이끌어 내며 흑암에 앉은 자를 감방에서 나오게 하리라." 예수님은 빛이시기 때문에 세상에 오실 때 빛을 가져오셨다. 당신은 이 지식을 가지고 무엇을 하겠는가? 하찮은 설교라도 전하겠는가? 세상의 빛은 하나님의 찬란한 영광을 드러낸다.

하나님의 영광이 드러나다

요한복음 9장은 복잡한 서사로 이루어져 있지만, 3절을 보면 그 핵심을 알 수 있다. "이 사람이나 그 부모의 죄로 인한 것이 아니라 그에게서 하나님이 하시는 일을 나타내고자 하심이라." 이를 믿는가, 믿지 않는가? 우리가 이를 믿는다면 이 세상은 완전히 달라질 것이다. 여기에 무한한 신학의 영역이 존재한다. 이는 근본을 뒤흔드는 현실이다. 이 사람은 그에게서 하나님이 하시는 일이 나타나게 하고자 맹인으로 태어난 것이다.

바리새인들만 이러한 신학을 거부한 것은 아니다. 오늘날 설교자들도 이 진리를 보지만, 그 위협적인 능력은 제거해 버린 채로 설명한다. 그들은 이 진리를 단지 예수님이 기적을 행하신 흥미로운 이야기로만 전한다. 아니면 맹인들에게 눈을 크게 떠서 보라고 권고하며 이 말씀을 도덕 교훈으로 만들어 버린다. 그들은 예수님의 말씀에 깃든 위협적인 능력을 부인하며 이 말씀의 핵심을 제거해 버린다. 그들은 이 말씀이 그저 역설로 가득한 하나의 수준 높은 문학 작품이라고 말한다. 그들은 이 말씀이 정제되지 않은 신학에 불과하다고 말하며 이제는 그러한 신학을 극복해 냈다고 변명한다. 그들은 이 말씀에서 지혜롭고 현명한 사람들도 적용할 수 있는 실용적인 원칙을 끌어낸다. 아니면 이 말씀을 하나의 치료법으로 변형시켜 참이 아닌 것은 모두 버리고 참을 바라보라고 격려한다.

하지만 예수님은 분명히 말씀하셨다. "이 사람이나 그 부모의 죄로 인한 것이 아니라 그에게서 하나님이 하시는 일을 나타내고자 하심이라." 이는 우리 모두에게도 적용된다. 이는 이 땅에 존재했던 모든 사람, 앞으로 존재할 모든 사람에게도 적용된다. 사실 이는 우주의 모든 원자와 분자에도 적용된다. 무언가가 존재하는 이유는 무엇인가? 무언가가 그 모양인 이유는 무엇인가? 무언가가 거기 있는 이유는 도대체 무엇인가? 바로 하나님이 하시는 일을 나타내고자 함이다! 이 말은 많은 사람에게 큰 충격으로 다가올 것이다. 이는 하나님이 이미 그 사람을 맹인으로 삼겠다고 결정하셨다는 뜻이다. 그가 맹인으로 태어난 이유는 예수님이 그에게 오셔서 땅에 침을 뱉으시고, 그 사람의 눈에 진흙을 바르시고, 그를 보내 씻게 하시어, 앞이 보이는 상태로 돌아오게 하시기 위함이었던 것이다.

당신이 이러한 진리를 다루기만 한다면, 절대로 하찮은 설교를 할 수 없을 것이다. 하찮은 도덕주의가 발붙일 곳은 없다. 적용할 수 있는 원칙들을 몇 개 찾아보고만 말 수 없다. 당신도 알겠지만 이 세상을 완전히 전복시키는 의미의 영역이 존재한다. 그것이 바로 복음의 실제다. 복음은 우리가 생각하는 범주들을 완전히 뒤섞어 놓는다. 복음은 모든 관습적인 지혜를 깨부순다. 복음은 우리가 맹인이며, 하나님이 자신의 영광을 드러내시기 위하여 이 모든 일을 하셨다고 말한다. 따라서 가장 중요한 질문은 바로 이 한 가지다. 우리는 하나님을 신뢰하는가, 신뢰하지 않는가?

이 사람은 예수님과 만나서 이렇게 묻지 않았다. "나는 왜 맹인이 되었습니까?" 그 대신 그는 주님이 누구이신지 알기 원했다. 그리스도는 세상의 빛이시다. 그리고 이 사람의 눈만 뜨게 해주신 것이 아니라, 예수님을 구세주와 주님으로 바라보는 모든 사람의 눈을 뜨게 해주실 것이다. 목회자인 당신은 이 진리를 가지고 무엇을 할 것인가? 하찮은 설교를 할 것인가? 목자들이여, 하찮은 사람은 없다. 날마다 복음을 절실히 필요로 하는 사람들이 우리를 얼마나 많이 스쳐 지나가는가? 다만 우리가 그들을 보지 못할 뿐이다.

예수님은 한 사람을 보셨고, 그를 고쳐 주셨다. 우리 모두 하찮은 사람은 없다는 이 진리를 보길 바란다. 그저 절실하게 앞을 보기 원하는 우리의 동료 맹인만 있을 뿐이다. 온 우주에 존재하는 모든 입자와 모든 사람이 하나님의 일을 드러내기 위하여 존재한다는 사실을 믿는다면, 하찮은 설교는 존재할 수 없다. **하찮은 본문도 있을 수 없다. 모든 말씀은 하나님의 영광을 드러내기 때문이다. 하찮은 본문이 없다면 하찮은 설교도 존재하지 않는다.**

수십억 개의 별과 무한히 팽창하는 우주도 단 한 가지 목적을 위해 존재한다. 바로 하나님이 자기 아들의 피를 흘리시어 이 행성에 사는 사람들을 구원하기로 작정하셨다는 목적이다. 온 우주는 하나님이 계획하신 구속 드라마가 펼쳐지는 극장에 불과하다. 우리는 우주의 비밀을 알고 있다. 우리는 창조의 비밀을 알고 있다. 우리는 삶의 비밀을 알고 있다. 우리는 "나는 몰랐어."라고 핑계할 수 없다. 모르겠으면 설교를 하지 말라. 모르겠으면 찾아내라. 알면 설교할 수 있다. 우리가 제대로 알기만 하면 하찮은 본문은 존재하지 않을 것이다. 그리고 하찮은 설교도 존재하지 않을 것이다.

우리가 이 진리를 이해하고 이 진리 위에 우리 사역을 세운다면, 하찮은 사람은 존재하지 않는다는 사실을 보게 된다. 우리는 절대로 하찮은 하나님을 선포하지 않을 것이다. 우리는 절대로 하찮은 복음을 선포하지 않을 것이다. 우리는 절대로 하찮은 진리를 알지 않을 것이다. 우리는 절대로 하찮은 메시지를 만들어 내지 않을 것이다. 우리는 절대로 하찮은 신념에 따라 움직이지 않을 것이다. 우리는 절대로 하찮은 열정으로 공급받지 않을 것이다. 우리는 절대로 하찮은 설교를 전하지 않을 것이다. 하지만 우리가 이 사실을 믿지 않고 이 진리에 우리 사역을 걸지 않는다면, 예전에 했던 하찮은 설교만으로도 만족하게 될 것이다.

PRAYER

아버지, 주님 앞에 나와 기도합니다.
우리가 하찮은 설교를 하지 않게 하소서.
주님이 세운 지도자들이 주님의 강력한 말씀을 전하게 하소서.
우리가 모든 노력을 다할 때 주님의 영광을 보며,
영적으로 눈먼 자들이 눈을 뜨는 기적을 보게 하소서.
하나님의 영광을 위하여
우리 주 예수 그리스도의 이름으로 기도합니다.
아멘.

10
John MacArthur

주께서 이르시되
너희 바리새인은 지금 잔과 대접의 겉은 깨끗이 하나
너희 속에는 탐욕과 악독이 가득하도다 _ 눅 11:39

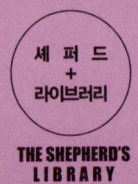

위선에 맞서라

존 맥아더, 2005
누가복음 11:37-44

　오늘날 우리는 진리를 위한 전투에서 지고 있다. 그래서 나의 열망은 언제나 목회자들로 하여금 진리를 위한 전투에 나가 승리하도록 격려하는 것이었다. 유다서는 시작부터 성도들에게 그들에게 전해진 믿음을 위하여 열심히 투쟁하라고 촉구한다. 그 믿음은 우리 구원의 기초가 되기 때문이다. 이 명령은 매우 엄중하다. 몇몇 사람들이 교회에 몰래 들어와서 진리를 파괴하기 때문이다. 진리를 두고 벌이는 이 오랜 전쟁은 사탄의 타락으로 시작하여 우리가 영원한 그 나라에 이를 때까지 계속될 것이다.

　우리는 지금 이 순간, 우리가 선 그곳에서 진리를 수호하는 전사가 되어야 한다. 이 점에 대해서는 유다서에서 배울 것이 많지만, 나는 전혀 다른 구절로 여러분을 인도하려고 한다. 나는 진리를 위해 싸운 전사 중 가장 위대한 전사이신 주 예수 그리스도를 소개하고자 한다. 그리고 예수님이 진리의 최대 원수를 어떻게 다루셨는지 함께 나누려고 한다. 그 원수는 바로 위선이다.

위선자와의 만남

누가복음 11장에서 우리는 예수님이 당시 사회 전반에 깊숙이 자리 잡고 있던 수많은 영적 테러리스트 중 한 명과 마주하시는 장면을 보게 된다. 이 원수들은 이스라엘의 종교 체계에 살며시 들어와, 백성의 존경과 높임을 받는 가장 높은 자리까지 차지해 버렸다. 그들은 굉장히 유력하고 유능한 사람들이었고, 모든 사람에게 인정과 존경을 받았다. 그래서 백성이 오랫동안 기다려 온 메시아를 오히려 배척해 버리도록 만들기까지 했다. 우리는 37-44절 말씀에서 예수님이 영적 원수인 한 바리새인과 함께 식사하시는 장면을 목격하게 된다.

> 예수께서 말씀하실 때에 한 바리새인이 자기와 함께 점심 잡수시기를 청하므로 들어가 앉으셨더니 잡수시기 전에 손 씻지 아니하심을 그 바리새인이 보고 이상히 여기는지라 주께서 이르시되 너희 바리새인은 지금 잔과 대접의 겉은 깨끗이 하나 너희 속에는 탐욕과 악독이 가득하도다 어리석은 자들아 겉을 만드신 이가 속도 만들지 아니하셨느냐 그러나 그 안에 있는 것으로 구제하라 그리하면 모든 것이 너희에게 깨끗하리라 화 있을진저 너희 바리새인이여 너희가 박하와 운향과 모든 채소의 십일조는 드리되 공의와 하나님께 대한 사랑은 버리는도다 그러나 이것도 행하고 저것도 버리지 말아야 할지니라 화 있을진저 너희 바리새인이여 너희가 회당의 높은 자리와 시장에서 문안받는 것을 기뻐하는도다 화 있을진저 너희여 너희는 평토장한 무덤 같아서 그 위를 밟는 사람이 알지 못하느니라.

우리의 위대한 지도자가 잘못된 진리를 퍼뜨리는 자들과 이렇게 싸우셨다. 대부분의 독자는 예수 그리스도가 왜 당시 가장 종교적인 사람들에게 그렇게 신랄하게 경고와 비판의 말씀을 하셨는지 이해하기 힘들 것이다. 현대 문화에서는 종교적인 사람이라면 모든 사람을 포용해야 한다고 말한다. 마치 그들과 우리가 모두 같은 하나님을 예배하고 섬기는 것처럼 말이다. 예수님도 어쨌든 종교계 인물이셨기 때문에 누구보다도 종교적인 사람들을 존경하고 인정하셨을 거라고 생각할 수도 있다. 특히 유대인들은 과할 정도로 구약의 율법에 헌신한 자들이었기 때문이다. 하지만 실상은 그 정반대였다.

거짓 종교를 책망하다

진리로 육신을 입고 오신 예수님은 참 종교를 완벽하게 이해하고 계셨다. 예수님은 하나님에게서 나온 진리만을 가르치셨고, 지옥에 떨어지게 하는 속임수를 즉시 간파하셨다. 이 세상의 어떤 세력이 영혼을 영원히 파멸할 큰 위험을 지니고 있는지도 아셨다. 예수님은 이 세상의 모든 악을 아셨고, 그중에서도 변질한 유대주의와 기독교가 최고의 악이라는 것을 아셨다. 그래서 종교인들에게, 특히 구약과 신약을 악용하는 자들에게 가장 혹독하고 영원한 심판이 임할 것이라고 하셨다.

히브리서 2장은 하나님의 심판이 하나님의 율법을 경시하는 자들에게 임할 것이라는 사실을 드러낸다. 히브리서 10장은 신약을 경시하며, 언약의 보혈을 거룩하게 여기지 않고 어떻게든 그것을 왜곡하며 짓밟으려 하는 자들에게 끔찍한 심판이 있을 것을 보여 준다. 유대의 종교 지도자들은 변절자들이었다. 그들은 구약을 곡해하고, 메시아와 메시아의 구원을 거부했기 때문이다. 이 변절한 지도자들은 로마인들을 움직여 원하던 대로 그리스도를 십자가에서 죽게 했다. 그러므로 바리새인들은 특히 엄중한 심판을 당하게 될 것이다. 일시적으로 보자면 예루살렘이 멸망할 것이며, 영원의 관점에서 보자면 그들의 영혼이 지옥에 떨어지고 말 것이다.

누가복음 11장 29절로 다시 돌아가 보자. 예수님은 무리에게 다음과 같이 말씀하신다. "이 세대는 악한 세대라." 예수님은 자신이 속한 유대 민족에 대해 이렇게 말씀하신 것이다. 같은 장 14절 말씀을 보면, 예수님은 귀신이 들려 말을 못하는 자에게서 귀신을 쫓아내셨다. 악한 영이 나가자 그 사람이 말을 하기 시작했고, 많은 사람이 경탄한다. 그런데 어떤 사람들은 이렇게 말하기도 한다. "그가 귀신의 왕 바알세불을 힘입어 귀신을 쫓아낸다"(11:15). 그 무리는 예수님께 초자연적인 능력이 있다고 믿었다. 그래서 그 힘이 하나님에게서 온 것으로 인정하든지, 아니면 사탄에게서 온 것이라고 생각하는 것이다. 사람들은 바리새인들의 거짓말, 즉 예수님은 하나님이 아닌 사탄에게서 난 자라는 말을 믿었다. 바리새인들은 예수님이 "하나님에게서" 나온 바리새인들의 종교 제도를 반대하기 때문에 하나님에게서 나온 자일 수가 없다고 주장했다. 종교에 대한 그들의 접근법은 재앙과도 같았고, 그래서 예수님은 그들을 악한 세대라고 하신 것이다.

24-26절에서 예수님은 그 무리에게 이렇게 말씀하신다.

더러운 귀신이 사람에게서 나갔을 때에 물 없는 곳으로 다니며 쉬기를 구하되 얻지 못하고 이에 이르되 내가 나온 내 집으로 돌아가리라 하고 가서 보니 그 집이 청소되고 수리되었거늘 이에 가서 저보다 더 악한 귀신 일곱을 데리고 들어가서 거하니 그 사람의 나중 형편이 전보다 더 심하게 되느니라.

예수님은 하나님 없이 도덕적이고 종교적이 되려고 하는 사람이 얼마나 끔찍한 상황에 처하게 되는지 가르치셨다.

위선을 고발하다

예수님은 바리새인들을 통렬하게 가책하시면서, 자신이 그들을 어떻게 바라보는지를 분명하게 밝히셨다. "화 있을진저 외식하는 서기관들과 바리새인들이여 너희는 교인 한 사람을 얻기 위하여 바다와 육지를 두루 다니다가 생기면 너희보다 배나 더 지옥 자식이 되게 하는도다"(마 23:15). 그리고 33절에서는 이렇게 덧붙이신다. "뱀들아 독사의 새끼들아 너희가 어떻게 지옥의 판결을 피하겠느냐." 목회자여, 당신이 진리를 위한 전쟁에 나선다면 반드시 원수들과 만나게 될 것이다.

이 본문에 나오는 내용은 지옥을 향해 가는 어느 바리새인의 이야기다. 그는 자신의 길을 가면서 다른 이들을 끌어다가 자신보다 "배나 더 지옥 자식"이 되도록 한다. 그는 극단주의자들이 그러듯이 자신을 비판하면서 다른 이의 영혼을 사로잡는다. 또한, 도덕적으로 매우 민감하기 때문에 겉으로는 양심적인 것처럼 보이고, 강력한 종교적 신념을 지닌 자들로 보인다. 기술적으로만 따지자면 그들은 예수님과 견해가 일치하며, 예수님과 동행해야 마땅할 것 같다. 하지만 사실은 그와 정반대다. 예수님은 종교 권력층보다는 오히려 창녀, 세리, 범죄자, 사회 하층민들을 더 인정하신다고 말씀하신다. 예수님은 의인을 부르러 오신 것이 아니라 죄인들을 회개하게 하려고 오신 것이기 때문이다.

종교는 사람들로 하여금 자신들의 죄에 눈멀게 하고, 자신을 의롭다고 여기게 한다. 교만함을 충족시키고, 허영심을 채워 주며, 능수능란한 위선자들을 만들어 낸다. 바리새인들은 유대인 중에서도 가장 독실한 자들로, 사람들에게 영적인 본보기가 되었다. 하지만 그들은 구약을 왜곡하여 하나님에게서 떨어져 나갔을 뿐 아니라, 다른 사람들도 그렇게 만들었다. 나는 모든 바리새인이 위선자가 되려고 작정한 자들이라고 생각하지는 않는다. 하지만 내면은 타락했으면서 외적으로는 종교적으로 보이려고 하여 그러한 결과가 나타난 것 같다. 거짓 종교는 자신의 타락상을 감추고 남을 기만하는 데 익숙하게 하고, 외적인 도덕성과 의식에만 정통하게 한다. 바리새인들에게는 하나님을 향한 사랑이 없었다. 그들은 성령님이 주시는 능력을 전혀 알지 못했고, 진리에 무지했으며, 의로움이라고는 전혀 없었다. 그들은 연기자였고, 모든 위선자가 그렇듯이 연기를 하면 할수록 더욱 그럴듯하게 보였다.

바리새인들은 종교적인 외양을 꾸며 내는 데 아주 탁월했다. 마태복음 23장 13절은 "화 있을진저 외식하는 …… 천국 문을 사람들 앞에서 닫고 너희도 들어가지 않고 들어가려 하는 자도 들어가지 못하게 하는도다"라고 말씀한다. 덧붙여서 15절은 이렇게 기록한다. "너희는 교인 한 사람을 얻기 위하여 바다와 육지를 두루 다니다가 생기면 너희보다 배나 더 지옥 자식이 되게 하는도다." 그들은 사소한 의식은 철두철미하게 지키면서 중요한 도덕적 문제는 정작 외면한다(23:23). 예수님은 말씀하신다. "겉은 깨끗이 하되 그 안에는 탐욕과 방탕으로 가득하게 하는도다"(25절). 27절에서는 이렇게 말씀하신다. "회칠한 무덤 같으니." 바리새인들은 선지자들에게 피상적인 경의만 표했을 뿐, 의로움은 전혀 개의치 않았다(29절). 예수님은 가장 통렬하고 생생한 언어로 이 거짓 지도자들의 정체를 완전히 폭로하셨던 것이다.

위선에 맞서는 일에 대한 가르침

예수님은 위선에 맞섰지만 자비로운 목적을 마음에 품으시고 그렇게 하셨다. **목회자로서 우리는 거짓 교사들을 용납하는 것이 아니라 그들에게 복음을 전해야 하는 의무가 있음을 기억해야 한다.** 누가복음 11장 37-44절에서 예수님은 종교로 속이는 자들을 어떻게 대해야 하는지 그 방법을 가르치셨다. 하지만 그 반응이 언제나 긍정적으로 나타나는 것만은 아니었다. 예수님과 바리새인의 일은 잘 마무리되지 않았기 때문이다. 성경은 이렇게 말한다. "거기서 나오실 때에 서기관과 바리새인들이 거세게 달려들어 여러 가지 일을 따져 묻고 그 입에서 나오는 말을 책잡고자 하여 노리고 있더라"(53-54절).

주님은 바리새인들과 자비롭게 맞서면서 그들의 진정한 모습을 제대로 드러내셨다. 이러한 예수님의 방법과는 정반대로, 오늘날 복음주의자들은 거짓 종교인들과 위선자들을 너무나도 쉽게 포용한다. 그렇게 하는 것이 저변을 확대하는 일처럼 보일지 모르나, 이는 위선자들이 받게 될 저주를 부추기는 행위일 뿐이다. 우리는 하나님의 말씀을 배우는 학생으로서, 거짓 교사들에 맞서 그들의 참모습을 드러내야 할 책임이 있다. 종교 위선자들의 마음은 변하지 않는다. 그들은 하나님에게서 끊어진 존재들이기에, 외적인 행위로 종교와 영성을 규정한다. 이러한 사람들은 감쌀 필요가 없다. 그들은 맞서 일깨워 줘야 한다.

바리새인들의 종교는 외적인 것이었다. 당신에게 외적인 것밖에 없다면, 외적인 것을 확장하게 된다. 그들은 의식, 예식, 규정들을 늘려 나갔다. 그들은 내면이 텅 비어 있었기 때문에 구약에서 하나님의 기본적인 율법을 가져다가 이것저것을 첨가하여 부풀려 나갔고, 결국 도저히 이해할 수 없을 지경에까지 이르게 되었다. 본질적으로 로마 가톨릭이 하는 일이 그렇다. 그들은 여러 가지 조항과 나름대로 계시라고 생각하는 것들, 이런저런 조건들을 끝없이 더한다. 그러고는 세부적인 모든 의식을 지키는 것으로 경건함을 규정하려고 한다. 그래서 그들은 자신들의 진정한 상태를 드러내려고 하면, 자신들의 제도를 공격하는 것으로 받아들이는 것이다. 그런데 예수님이 누가복음 11장에서 바리새인들에게 맞서며 정확히 이렇게 하셨다. 예수님의 전략은 상황에 직접 개입하여 즉각적으로 사람들의 인습을 타파하는 것이었다.

"예수께서 말씀하신 때에"라는 말씀은 예수님이 대중들에게 가르치는 일을 끝내셨다는 뜻이다. 예수님은 그들이 얼마나 악한 세대인지, 등불이 그렇게 많은데도 보지 못한다고 말씀하셨다(눅 11:37). 이 말씀을 마치자 한 바리새인이 예수님께 식사를 청했다. 바리새인들은 제사장은 아니지만 율법과 전통에 절대적으로 헌신한 일반 신도들이었다. 그들은 율법에 이것저것을 더하여 사실상 율법을 모호하게 만든 장본인이었다. 그들은 과거 이스라엘에서 사람들의 존경을 받는 영적인 권위자들로 알려져 있었다. 하지만 예수님의 시대에 이르러서는 자기 의로 가득하고, 악하고, 타락하고, 위선적이고, 교만하고, 사람들을 학대하는 자들로 변해 버렸다.

이유는 밝혀지지 않았지만, 그들 중 하나가 예수님을 식사 자리에 초대했다. 이 일은 사실 충격적인 사건이다. 이미 바리새인들은 예수님에 대해 큰 반감을 품고 있었기 때문이다. 그들은 예수님의 죽음을 모의하고 있을 정도였다. 하지만 누가복음 11장 37절에 등장하는 이 바리새인이 악한 동기를 지니고 있었다는 징후는 없다. 그리고 그의 의도가 무엇이었는지 보여 주는 내용도 없다.

보통 고대 이스라엘에서는 식사를 두 차례 했다. 늦은 아침에 먹는 점심과 늦은 저녁에 먹는 저녁이었다. 이 사람은 예수님을 점심에 초대했다. 식사는 순탄하게 시작되는 것 같다. 예수님이 초대에 응하시고 들어가 앉으셨기 때문이다(37절). 당시에는 친목을 도모하는 식사 자리에서는 비스듬히 기대고 앉아 음식을 먹는 것이 일반적인 식사 자세였다. 소파처럼 앉을 수 있는 자리가 있는데도 손님들과 그런 자세로 대화를 나누며 식사했던 것이다. 이런 식으로 손님을 초대하는 이유는 서로 알아가기 위함이었다. 하지만 이미 이 점에 이르러서 거짓 종교와 위선의 특징들을 알게 된다.

위선의 특징들

상징을 사랑함

거짓 종교의 첫 번째 특징은 상징을 사랑한다는 것이다. 이 말씀에서 직접적으로 적용할 수는 없지만, 일반적으로 모든 거짓 종교가 그렇다. 로마 가톨릭 교회, 그리스 정교, 사이비 종교 신자들과 이야기를 나누다 보면, 실제는 없고 상징이 그 자리를 모두 대체하고 있음을 보게 된다. "잡수시기 전에 손 씻지 아니하심을 그 바리새인이 보고 이상히 여기는지라"(11:38). 예수님은 의도적으로 바로 식탁으로 가셔서 자리에 앉으셨다. 예수님은 사람들이 자신에게 무엇을 기대하는지 아셨다. 예수님도 그 문화권에서 자라나셔서 사람들이 자신이 어떻게 해주길 바라는지 알고 계셨던 것이다. 하지만 예수님은 그렇게 하지 않으셨고, 바리새인은 그런 예수님을 이상히 여긴다. 즉, 예수님이 의식에 따라 손을 씻지 않으셨기 때문에 놀랐다는 것이다.

여기에서 핵심 단어는 "의식에 따라"이다. 더러움이나 위생이 문제가 아니라 유대 관습에서 발전해 온 상징적인 의식 행위가 문제였던 것이다. 유대인은 이방인을 만지거나 이방인이 만졌던 것을 만졌을 때, 또는 부정한 것을 만졌을 때, 의식에 따라 스스로 씻음으로써 이 세상의 모든 더럽게 하는 접촉에서 자신이 정결해지기 원한다는 열망을 상징적으로 드러내야 했다.

유대 전통에 따르면 손을 씻는 데는 특정한 방식이 있었다. 그렇다면 그런 세부적인 규정이 구약 성경에 나오는가? 그렇지 않다. 그것들은 구약 성경과 아무런 관계가 없기 때문이다. 이러한 행위로는 마음의 더러움을 전혀 씻어 낼 수 없다. 이것은 다만 의식적인 정결을 위한 공허한 행위일 뿐이다. 예수님이 마태복음 15장에서 종교 지도자들이 사람의 전통으로 하나님의 명령을 대체했다고 말씀하실 때 뜻하신 바가 바로 이것이다. 그들은 하나님의 명령을 지키지 못하자 어리석은 전통을 만들어 냈다. 예수님은 손을 씻지 않고 바로 자리에 앉으시면서 사실상 이렇게 말씀하신 것이다. "나는 너희들의 상징체계에는 관심이 없다. 그리고 너희 무리에 속하기를 원하지도 않는다." 예수님은 그 바리새인의 영적인 상태를 보여 주시기 위해 그를 모욕하기로 하신 것이다. 거짓 종교는 상징에 집착한다. 그에 따라 이 사람도 상징에 사로잡혀 있었다. 위선자들은 상징을 사랑한다.

죄악을 사랑함

거짓 종교의 두 번째 특징은 죄악을 사랑한다는 것이다. 아직 예수님은 바리새인과 아무 말씀도 하지 않으셨지만, 바리새인이 어떤 생각을 하고 있는지 정확히 아셨다. 그 바리새인은 놀라서 거기에 우두커니 서 있었다. 왜냐하면, 예수님이 물을 손가락에 묻히지 않으셨기 때문이다(눅 11:38). 주님이 이 남자에게 "저를 초대해 주셔서 감사합니다."라고 하셨는가? 그렇지 않다. 예수님이 "만나서 반갑습니다. 당신도 종교계에 있다니 참 반갑군요. 당신도 아시다시피 우리는 같은 하나님 여호와를 섬기지 않습니까?"라고 말씀하셨는가? 예수님은 절대로 그런 대화를 하지 않으셨다. 오히려 예수님은 이렇게 말씀하신다. "너희 바리새인은 지금 잔과 대접의 겉은 깨끗이 하나 너희 속에는 탐욕과 악독이 가득하도다"(39절). 예수님은 곧장 문제의 본질로 들어가서 바리새인들이 실제로는 죄악을 사랑한다는 사실을 폭로해 버리신다. 예수님은 이 사람의 마음을 읽으셨다. 그는 예수님이 상징체계를 거부해 버리시자 난처하게 되었다. 하지만 예수님은 전혀 미안해 하지 않으시고 오히려 즉각적으로 그 사람의 피상성을 공격하신다.

예수님이 이 비유를 택하신 것은 꽤 적절했다. 그들이 마침 식사가 차려진 상에 앉아 있었기 때문이다. 음식을 두는 곳은 그릇 안인데, 그릇의 밖만 깨끗이 닦는다는 것이 말이 되는가? 겉만 닦은 그릇 안에 음식을 두는 것은 의미 없는 행위다. 정결 예식은 몸의 외면은 깨끗이 할 수 있을지 모르지만, 그 내면은 "탐욕과 악독"(39절)으로 가득할 뿐이다. "탐욕"이라는 단어는 약탈, 강탈, 침범, 무력으로 무언가를 빼앗는 다는 의미가 있다. 바리새인들은 영적 테러리스트들처럼 사람들의 생명을 약탈하고 그들을 혹사했다. 예수님은 또한 바리새인들이 "악독"으로 가득하다고 하신다. 이 단어는 사악한 경향을 의미하는 것으로, 악당이라는 단어와 동의어다.

나는 복음서를 연구할수록 쾌도난마로 일을 처리하시는 예수님의 모습에 깊은 감명을 받는다. 예수님은 이 사람이 예전의 거짓 선지자처럼 가난한 자들을 괴롭히고, 개인적인 이익을 위해 위선적으로 행동하며, 사람들의 영혼을 혹사했던 것을 보셨다. 이 위선자는 죄악을 사랑했던 것이다.

지나치게 단순함

거짓 종교의 세 번째 특징은 지나치게 단순하다는 것이다. 예수님은 계속해서 날카롭게 물으신다. "어리석은 자들아 겉을 만드신 이가 속도 만들지 아니하셨느냐"(40절). 바리새인들은 의식주의자로 신학이 미천한 자들이었다. 물론 단순하다는 것은 분명한 의미를 지녔다는 말로, 복잡하지 않다는 뜻이 있다. 하지만 지나치게 단순하다는 것은 비합리적일 정도로 단순하다는 것을 의미한다. 어리석은 자들은 거짓 종교 안에 머물며 이것을 전파할 수 있다. 그들은 하나님이 오직 외적인 것에만 신경을 쓰신다고 하면서 지나치게 단순화된 현실을 받아들인 것이기 때문이다. "어리석은 자들"이라고 번역된 헬라어 단어는 "너희 뇌 없는 것들아" 또는 "너희 바보들아"라는 의미로까지 생각해 볼 수 있다. 바리새인들은 진리에 대한 지식이 거의 없었고, 하나님 앞에서 자신들처럼 삶을 살아가는 것이 예배라고 주장했다. 그러면서 하나님이 외적인 것에만 만족하시고, 내적인 것은 살피지 않으신다고 생각했다. 외식하는 자들은 자신들의 내면이 어떠한지를 안다. 고린도전서 2장 11절에서 바울은 이렇게 말한다. "사람의 일을 사람의 속에 있는 영 외에 누가 알리요." 사람들은 모두 자신의 마음을 안다. 인간은 자아를 의식하고 내부에 일어나는 일을 아는 존재다. 그러므로 분명 사람의 영이 그 사람의 속에 있다는 사실을 알 것이다.

그런데 어떻게 거룩하신 하나님이 내면은 생각하지 않으시고 의식적인 정결만을 추구하는 사람들을 흡족하게 여기신다고 생각할 수 있겠는가? 창조주가 외면에 신경을 쓰신다면 내면에도 신경을 쓰신다고 생각하는 것이 더 타당하지 않은가? 어떻게 이 바리새인들은 이렇게 어리석은 것인가? 그들은 자신들이 하나님의 심오한 진리를 가르치는 선생이며, 하나님을 알며, 의로우며, 미덕과 거룩함의 기준이 된다고 생각했다. 하지만 그들은 하나님이 그들의 패악한 마음 안에 벌어지는 일에는 관심이 없으실 거라고 생각했다. 바울은 로마서 2장 29절에서 이렇게 쓴다. "오직 이면적 유대인이 유대인이며 할례는 마음에 할지니 영에 있고." 심지어 유대인들도 하나님이 내면에 신경을 쓰신다는 사실을 알았다.

누가복음 11장 41절에서 예수님은 계속해서 말씀하신다. "그러나 그 안에 있는 것으로 구제하라 그리하면 모든 것이 너희에게 깨끗하리라." 예수님은 기본적으로 그 사람에게 자신의 마음을 돌보라고 하신다. 즉, 가난하고 궁핍한 자들에게 마음을 쓰라는 것이다. 마치 예수님은 이렇게 말씀하시는 것 같다. "너는 표면적으로만 자선을 베풀었고, 기도도 거짓으로 했고, 금식도 거짓으로 했으며, 외식하면서 의식만 행했을 뿐이다. 너는 네 유익을 위해 사람들을 강탈했다. 너는 눈먼 자들을 수탈했고, 착취했다. 하나님이 네 마음을 신경 쓰지 않으신다는 것은 믿을 수 없는 일이다."

바리새인만이 지나치게 단순한 것은 아니다. 오늘날도 이러한 일이 만연하다. 예를 들어, 로마 가톨릭 사제가 복장을 착용하고, 모든 예식과 의식에 참여하고, 자신을 거룩한 하나님의 사람이라고 하면서, 실제로는 어떻게 그렇게 성적으로 문란할 수 있는 것인지 자문해 보라.

바리새인들이 성적으로는 부정하지 않았을지 모르지만, 그들은 분명 가난한 자를 쥐어짜고 착취하는 일에는 참여했을 것이다. 어떻게 습관적으로 범죄를 저지르는 사람이 자신을 거룩한 사람이라고 하면서도 죄책감에 미치지 않을 수 있는 것인가? 안타깝게도 모든 거짓 종교에는 이러한 현상이 만연하다. 왜냐하면, 그 마음은 전혀 변하지 않았기 때문이다. 참된 복음을 전하던 사람이 매우 능숙한 위선자가 되는 경우도 있다. 그들은 그렇게 하면 할수록 더욱 능숙해지고 더욱 양심에서 멀어져, 결국 더 큰 재앙을 당하게 된다. 따라서 우리는 하나님이 외면의 하나님이 아닌 내면의 하나님이심을 기억해야 한다. 그리고 바리새인들처럼 지나치게 단순하게 믿어서는 안 된다.

부차적인 것을 사랑함

종교 위선자들의 네 번째 특징은 부차적인 것을 사랑한다는 점이다. 예수님이 42절에서 어떻게 그들을 논박하시는지 살펴보자. "화 있을진저 너희 바리새인이여 너희가 박하와 운향과 모든 채소의 십일조는 드리되 공의와 하나님께 대한 사랑은 버리는도다 그러나 이것도 행하고 저것도 버리지 말아야 할지니라." 그 사람은 예수님을 더 잘 알고 싶어서 예수님을 초대한 것이었다는 사실을 기억하라. 하지만 예수님은 이 사람이 상징을 사랑하고, 죄악을 사랑하고, 지나친 단순함을 사랑한다는 것을 폭로하셨다. 그리고 이어지는 말씀에서 예수님은 이 사람에게 세 가지 저주를 내리신다. 이는 단지 이 바리새인뿐만 아니라 모든 바리새인에게 해당하는 것이었다. 예수님은 즉각적으로 그들의 상태를 파악하시고 심판을 내리신 것이다.

"화"란 우리 주님이 도시에 심판을 선포하실 때 누가복음에서 이미 몇 차례 등장한 단어다. "화"는 슬픈 감정을 말하는 것이 아니라 심판의 선포를 뜻한다. 예수님은 마태복음 23장에서 파멸을 향해 가고 있으며 더 큰 저주를 받게 될 지옥의 자식들에 관해 이야기하시며 "화"라는 단어를 몇 차례 사용하신다. 따라서 예수님이 누가복음 11장에서 "화"라고 하신 것은 이 사람에게 심판이 임할 것이라고 말씀하신 것이다. 왜 그러한가? "너희가 박하와 운향과 모든 채소의 십일조는 드리되 공의와 하나님께 대한 사랑은 버리는도다"(42절).

바리새인들은 중요한 것이 무엇인지 모르고 부차적인 것만을 사랑했다. 하나님을 모르는 종교적인 사람들이 그러하듯, 바리새인들은 그들이 할 수 있는 외적인 것만 행할 뿐 마음의 일은 하지 못했다. 구약은 모든 사람이 레위인에게 곡식, 포도주, 기름, 양 떼의 10분의 1을 드려야 한다고 명한다(신명기 14장). 또 다른 10분의 1은 전국적으로 열리는 절기 행사를 위해 드려야 한다고 명한다(레위기 27장). 또한, 3년에 한 번씩 가난한 자들에게 10분의 1을 따로 드려야 한다고 명한다(신명기 26장). 이렇듯 십일조는 신정 정치에 필요한 자금을 공급하기 위한 것이었지, 바리새인들처럼 사소한 것까지 십일조를 드리라는 명령은 구약 어디에도 없다. 성전에 들어갈 때 씨로 가득 찬 부대를 열고 열 개 중 하나씩 그릇에 옮기는 모습을 상상해 보라. 사실 미쉬나(Mishnah, 구전된 유대인들의 율법을 문서화

한 것-편집자 주)는 소금과 같은 조미료는 십일조의 대상이 아니라고 분명히 말하고 있다. 즉, 바리새인들이 지키는 십일조는 우스운 것이었다!

바리새인들은 정의와 하나님에 대해서는 전혀 생각하지 않았다. 그들은 그들의 주 하나님을 마음과 생각과 영혼과 힘을 다해 사랑하기는커녕 그 일부도 다하지 못했다. 그들은 이웃을 자신처럼 사랑하지도 않았다. 오히려 그들은 중요하지 않은 것에 안달을 내고, 사소한 것들만 만지작거렸다.

지위를 사랑함

위선적인 종교의 다섯 번째 특징은 지위를 사랑한다는 것이다. 43절은 "화 있을진저 너희 바리새인이여 너희가 회당의 높은 자리와 시장에서 문안받는 것을 기뻐하는도다"라고 한다. 거짓 종교 지도자들은 존경받고, 높은 자리로 안내받고, 칭찬받는 것을 좋아한다. 그들은 길고 장황한 직함이 사람들의 존경을 자아낼 것이라고 생각하면서 그런 자리를 추구한다. 회당의 상석에 앉으면 사람들이 모두 자신을 우러러보기 때문에 그들은 그곳에 앉아서 자신의 위엄을 드러내고자 했다. 자신을 높이고 싶었기 때문이다.

마태복음 23장 5-12절에서 우리는 이러한 사람들이 아버지, 랍비, 선생이라는 호칭을 좋아했다는 사실을 보게 된다. 그들은 시장에서 사람들에게 인사받는 것을 좋아했다. 하지만 사람의 눈에 높아 보이는 지위에 오르려는 열망은 일종의 우상 숭배라고 할 수 있다. 요한복음 5장 44절에서 우리 주님은 유대인 지도자들에게 물으신다. "너희가 서로 영광을 취하고 유일하신 하나님께로부터 오는 영광은 구하지 아니하니 어찌 나를 믿을 수 있느냐." 거짓 종교 지도자들의 모습이 바로 그렇다.

그들은 자신들이 하나님을 사랑하고, 이웃을 사랑하고, 영성과 종교에 관해 대단한 통찰력을 지닌 것처럼 행동하며, 자신들은 거룩하고, 의롭고, 덕스러운 존재라고 주장한다. 하지만 실제로 그들이 신경 쓰는 것은 오로지 사람들에게서 영광과 찬양을 받는 것뿐이다. 그들은 말 그대로 사람들을 지옥으로 끌고 가는 영적 테러리스트들이다.

예수님은 누가복음 11장 44절에서 다음과 같이 말씀하시며 그들을 향한 고발을 마무리하신다. "화 있을진저 너희여 너희는 평토장한 무덤 같아서 그 위를 밟는 사람이 알지 못하느니라." 주님은 이렇게 말씀하시는 것이다. "나는 너희가 다른 사람에게 한 일로 인해 너희에게 저주를 선포한다." 이번에는 그들이 저지른 죄악 때문이 아니라 다른 이들에게 죄악을 전했기 때문에 그들을 심판하시는 것이다. 이스라엘의 모든 백성이 그들의 거짓말과 위선에 끌려갔다. 그들은 바리새인들과 같은 악을 행했기 때문에 동일한 심판을 받게 될 것이다.

예수님은 무덤으로 비유를 드신다. 구약은 이스라엘 사람들에게 시체를 만지지 말라고 금하는데(레위기 21장), 민수기 29장에 따르면, 사람이 시체를 만지면 그는 의식에 따라 부정한 자로 간주되어 유월절을 지킬 수 없게 된다. 다시 정결해지려면 정결 의식에 참여해야 했다. 사실 민수기 19장을 보면, 7일에 걸친 정결 절차는 꽤 복잡한 과정이었을 것이다. 따라서 율법의 금지 조항에 따라 무덤을 만지는 일이 없도록 모든 무덤에 반드시 표시를 해놓아야 했다. 사람들이 실수로 무덤 가까이에 갔다가 더럽혀지는 일이 없도록 하기 위해서 말이다.

예수님은 바리새인들이 아무런 표시가 없는 무덤과 같다고 말씀하셨다. 사람들은 그들과 접촉하면서도 자신들이 더럽혀진다는 사실을 깨닫지 못했다. 사람들은 단지 의식적으로 더럽혀지는 것만이 아니라 영적으로도 더럽혀지는 것이었다. 왜냐하면, 결국 그들의 영혼이 위험에 빠지게 되기 때문이다. 예수님은 이 주제가 얼마나 중요한 것인지를 아셨다. 자비롭게도 예수님은 이 바리새인에게 그의 실제 모습이 어떠한지를 볼 수 있도록 모든 기회를 베푸셨다. 하지만 결국 그 결과는 적대감으로 나타났다 (눅 11:53).

위선을 드러내야 하는 책임감

사역으로 섬기는 우리는 예수님이 보이신 본을 배워야 한다. 즉, 악에 맞서되 악을 퍼뜨리는 자를 위한다는 자비로운 마음으로 해야 한다. 우리에게는 그 사람을 자기 자신에게, 그리고 다른 이들에게 드러내야 하는 책임이 있다. 바리새인과의 만남은 사적인 것으로 시작했지만, 예수님은 이를 더 큰 무리로 확장하셨고, 결국 그들에게 그 메시지를 적절히 전하셨다. 우리는 이 사람들처럼 되지 않도록 조심해야 한다. 우리는 상징에 사로잡히지 말고 실질적인 것이 되기를 원해야 한다. 우리는 조현병에 걸린 사람과 같이 마음과 생각은 죄로 가득하면서 겉으로만 깨끗한 척하며 자기 자신을 속이는 삶을 살지 말아야 한다. 그리고 부차적인 문제에 매달리지 말아야 한다. 중요하지 않은 일에 집착하지 말아야 한다. 높은 지위에 오르려 하고, 칭찬이나 영광을 구하는 죄를 저지르지 말아야 한다. 그 대신 우리는 의로움을 사랑하고, 하나님을 사랑하고, 그리스도를 사랑하고, 다른 이를 사랑하고, 낮아짐과 겸손을 사랑해야 한다. 그래서 우리에게 맡겨진 자들이 우리와 마주쳤을 때, 더럽혀지거나 죽음에 노출되는 것이 아니라 생명을 접하게 해야 한다.

PRAYER

아버지, 우리에게 이 말씀을 주셔서 우리 주님이 바리새인과
식사를 나누신 모습을 볼 수 있게 해주시니 감사합니다.
우리는 온 백성이 반대하던 외로운 예수님을 봅니다.
예수님은 속이는 자들과 영적 테러리스트들의
정체를 드러내기 위해 유일하게 싸움을 행할 수 있는 분이셨습니다.
우리 주님은 언제나 자비로우셔서
사람의 영적인 상태를 사실대로 보여 주셨습니다.
우리가 우리 주 예수님의 영을 지니고 나아가
마음이 상한 죄인들을 불쌍히 여기며
종교적 위선자들과 맞서게 하소서.
우리가 사랑으로 자비롭게 진리를 말하게 하소서.
또한, 아무것도 숨기지 않게 하소서.
우리가 위선자가 되어 성도들 앞에서,
아버지 앞에서 다른 모습으로 살지 않게 하소서.
우리는 구세주와 함께 서기 원합니다.
구세주 예수님의 이름으로 기도합니다.
아멘.

11
Austin T. Duncan

내가 이를 때까지
읽는 것과 권하는 것과 가르치는 것에 전념하라 _ 딤전 4:13

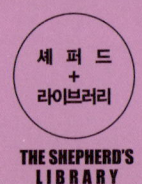

셰 퍼 드
+
라이브러리

THE SHEPHERD'S
LIBRARY

당신의 교회 예배에 빠진 것은 무엇인가?

오스틴 T. 던컨, 2014
여러 성경 말씀

당신의 교회 예배에 빠진 것은 무엇인가? 방문객을 맞이하는 참신한 방법인가? 천편일률적인 찬양 목록에 새로운 노래를 더하는 일인가? 아니면 예배실에서는 커피를 마시지 말라고 공지했던 것을 재고해야 하는가? 물론 당신의 교회는 그런 점들을 놓치고 있을지 모른다. 하지만 새로운 찬양곡이나 커피, 또는 새로운 방식의 광고가 성경적인 교회 예배에 필수 요소는 아닐 것이다.

미국 교회들이 대부분 세례와 성찬식을 거행하고, 함께 찬양하며, 설교를 하고 있지만, 성경적인 교회 예배에 필요한 두 가지 핵심 요소를 망각하고 있는 경우가 많다. 즉, 성경 낭독과 목회 기도(pastoral prayer, 공예배 시 개교회 공동체를 지도하고 양육하는 목회자[목사]가 예배를 드리는 무리[교회]에 속한 모든 사람]를 위하여 드리는 일종의 사제적 기도-『교회용어사전』)다. 그런데 성경은 예배를 드릴 때 이 두 가지 모두를 행하라고 명한다. 이는 성경적일 뿐 아니라 교회에 매우 큰 유익이 된다. 우리는 목회자로서 사람들 앞에서 하나님의 말씀을 읽고, 강력하고 효과적으로 하나님께 기도하여 우리 성도들에게 유익을 끼치기 위해 노력해야 한다.

문제점

목회자들은 성경을 읽으면서 적절한 관심을 기울이거나 어려워하는 마음 없이 집중하지 않고 읽을 때가 많다. 성경을 읽는 것과 성경을 해석하는 것이 어떠한 관계가 있는지 모르는 사람이 많은데, 성경을 마구잡이로 읽는 사람은 성경에 대해 마구잡이식 견해를 전하는 것과 마찬가지라고 할 수 있다. 교회 인도자들이 비할 데 없는 하나님의 말씀을 읽을 때보다 광고를 전할 때 더 유창하게 말을 하는 경우가 많다.

또한, 목회 기도에 관해서 이야기해 보자. 교회를 다니는 사람들은 예를 들어 수면 발작을 일으킨 어떤 성도를 위해, 또는 본질적으로 이와 다를 것 없는 내용에 대해 "중구난방"식으로 목회 기도를 하는 것을 경험했을 것이다. 때로 목회 기도는 잡담 시간이 되거나, 더욱 영적으로 교회 광고를 하는 시간, 또는 의학 정보 사이트에 나와 있는 병 목록을 나열하는 시간이 되어 버린다.

목회자로서 우리는 이 영역에 더욱 효율적이 되어야 한다. 왜냐하면, 우리가 드리는 예배의 모든 구성 요소는 우리가 결정한 것이 아니라 궁극적으로 하나님이 세우신 것이기 때문이다. 성경 낭독은 하나님의 목소리를 울려 퍼지게 하고, 목회 기도는 산을 움직인다. 이 둘은 정말 중요하다.

성경 낭독 : 성경적 근거

제프리 커크랜드는 이렇게 썼다. "성경 낭독이란 성도들이 정기적으로 만나는 모임에서 하나님의 말씀을 경건하게, 반복적으로, 공동으로, 모두가 들을 수 있도록 크게 읽는 것이다. 그렇게 하는 목적은 하나님이 말씀하신 것을 강화하고, 새롭게 하나님께 순종하겠다고 결단하고, 하나님의 거룩하심과 더불어 하나님이 예배자들에게 요구하신 거룩함을 인식하는 것이다."[1]

여기에서 핵심 단어는 "경건하게, 반복적으로, 공동으로, 들을 수 있도록"이라는 것이다. 이러한 성경 읽기는 설교를 위해 성경을 읽는 것과는 구별된다.

신명기 31장 9-13절에서 모세는 성경 읽기의 본을 보여 준다.

> 또 모세가 이 율법을 써서 여호와의 언약궤를 메는 레위 자손 제사장들과 이스라엘 모든 장로에게 주고 모세가 그들에게 명령하여 이르기를 매 칠 년 끝 해 곧 면제년의 초막절에 온 이스라엘이 네 하나님 여호와 앞 그가 택하신 곳에 모일 때에 이 율법을 낭독하여 온 이스라엘에게 듣게 할지니 곧 백성의 남녀와 어린이와 네 성읍 안에 거류하는 타국인을 모으고 그들에게 듣고 배우고 네 하나님 여호와를 경외하며 이 율법의 모든 말씀을 지켜 행하게 하고 또 너희가 요단을 건너가서 차지할 땅에 거주할 동안에 이 말씀을 알지 못하는 그들의 자녀에게 듣고 네 하나님 여호와 경외하기를 배우게 할지니라.

이스라엘이 가나안에 들어가기 전, 모세는 그들이 언약을 신실하게 지키게 하려고 토라를 정기적으로 읽을 것을 명령한다. 사람들은 정기적으로 말씀을 들음으로써 율법서에 노출되어야 했다. 말씀을 듣는다는 것은 그 말씀의 근원이 사람 또는 그들의 지도자가 아닌, 오직 하나님이라는 사실을 일깨우는 것이다. 미래 세대는 이전 세대가 시내 산에서 하나님의 말씀을 들었던 것처럼 하나님의 말씀을 직접 귀로 듣지는 못하겠지만, 여전히 계시의 말씀 가운데 하나님의 음성을 들을 것이다. 성경 말씀을 낭독하는 목적은 이스라엘을 언제나 하나님의 말씀에 의지하는 거룩한 백성으로 보존하는 것이었다.

출애굽기, 여호수아, 느헤미야를 보면, 이스라엘의 역사에서 중요한 사건이 있을 때마다 하나님의 말씀을 낭독했다. 시편도 귀에 들리도록 큰 목소리로 읽을 것을 권한다. 몇몇 시편은 번갈아서 읽거나 교독을 하도록 작성되기도 했다. 번갈아 읽기란 두 무리의 사람들이 시편의 다른 부분을 번갈아 가며 읽거나 노래하는 방식이다. 뮤지컬의 듀엣처럼 제사장과 이스라엘 백성은 함께 하나님께 찬양을 불렀던 것이다. 신명기 27장과 여호수아 8장에서는 사람들이 하나님의 말씀을 서로에게 이야기한다. 말씀을 읽는다는 것은 진리를 고백하는 행위이자, 언약을 강화하고, 하나님이 자기 백성에게 드러내신 계시의 중요성을 일깨우는 행위였다.

구약 시대와 신약 시대 사이에는 회당이 생겨나면서, 하나님의 백성이 함께 모여 정해진 계획에 따라 성경을 읽었다. 에버렛 퍼거슨은 이렇게 쓴다. "회당 의식 중에는 시편 교독, 찬양, 설교, 기도, 헌금 사이에 성경을 읽는 순서가 있었다. 우리는 초기 그리스도인들의 예배에 관한 기록에서도 이와 동일한 요소들을 확인할 수 있다. 즉, 읽기, 노래, 설교, 기도 및 헌금이었다."[2] 이는 오늘날 우리가 교회에서 드리는 예배와도 매우 비슷해 보인다.

누가복음 4장을 보면, 랍비 예수가 이사야서를 펴서 하나님의 말씀을 큰 목소리로 읽고 "이 글이 오늘 너희 귀에 응하였느니라"(21절)라고 말씀하시는 장면이 나온다. 이렇게 말씀을 읽는 것은 예수님 당시에 예배를 드리는 일반적인 방식이었다.

신약 성경을 보면 그리스도의 부활 이후에도 성경 낭독은 계속되었다. 디모데전서 4장 13절 말씀은 "내가 이를 때까지 읽는 것과 권하는 것과 가르치는 것에 전념하라"라고 한다. 지나치게 세밀한 내용은 다루지 않겠지만, 이 구절은 주해를 하기 위해 말씀을 읽으라는 것이 아니라 그리스도인들이 지켜야 할 별개의 행위를 말하는 것이다. 이를 뒷받침하는 명백한 증거는 이 말씀이 세 가지 요소를 언급한다는 점이다. 즉, 읽는 것, 권하는 것, 가르치는 것이다. 이 세 가지는 분명하게 구분되는 것으로, 바울은 디모데에게 사역을 할 때 이를 모두 적용해 보라고 권한다. 필립 타우너는 성경 낭독을 다음과 같이 설명한다. "성도들이 몇몇 본문을 이단적으로 읽어 비정통적인 해석에 빠지지 않도록 막고, 성경 이야기를 바르게 해석하도록 끌어내기 위해 고안된 공동체 관습."[3] 사람들은 신화와 허구적인 이야기에 빠지기 쉽다. 따라서 디모데는 성경을 읽어 사람들이 하나님의 말씀을 정확하게 알도록 하라는 명령을 받은 것이다.

더 나아가 다른 서신서들에서도 초대 교회가 성경을 함께 읽었다는 예들이 나온다. 그리스도인들은 이 편지를 다른 교회들과 공유했고, 사람들이 모였을 때 편지를 큰 목소리로 읽으며 성경처럼 취급했다. 베드로는 사도들의 글이 구약과 동등한 권위를 지닌다고 확증했다 (벧후 3:16). 하나님의 온전한 계시를 알기 위해서 그리스도인들은 구약 성경과 더불어 사도들의 서신도 계속해서 읽어야 했다 (엡 5:19; 골 3:16). 이는 우리가 성경 낭독을 해야 하는 충분한 이유가 된다.

성경 낭독 : 그 유익함

성경 낭독은 성경적일 뿐 아니라 매우 유익하다. 성경 낭독에 따르는 네 가지 유익을 살펴보자.

무기력하게 성경 읽는 일을 방지한다

첫째, 성경 낭독은 성경을 읽고 싶은 열정을 북돋워 준다. 하나님의 말씀을 펴고 해석이나 입문서, 또는 어떠한 설명 없이 말씀을 읽다 보면, 성경에 대한 당신의 믿음이 더 커지는 것을 느낄 수 있을 것이다. 예배의 수평적인 측면에만 집중하는 교회 예배와 의도적으로 하나님의 말씀을 들음으로써 수직적인 측면에 집중하는 예배에는 큰 차이점이 있다.

하나님의 말씀은 읽기만 해도 경외심이 생긴다. 그런데 이는 오늘날 드리는 예배와는 잘 맞지 않는다. 오늘날 대부분의 예배는 성경으로 회중을 압도하는 일이 일어나지 않게 하려 하기 때문이다. 목회자들은 자신들이 준비해 온 메시지나 재미있는 소개에서 벗어나려고 하지 않는다. 이러한 행동들은 교회 지도자들이 성서의 본질과 능력을 제대로 이해하지 못하고 있음을 보여 준다. 성경을 낭독할 시간을 내지 않는가? 그렇다면 성경에 대한 교리를 잘 모르고 있다는 것이다. 성경 낭독은 교회 지체들을 성경과 연결하고, 그들에게 말씀의 능력을 의식하게 함으로써 성경의 교리를 굳게 세우게 한다.

그레이스 커뮤니티 교회에 오기 전, 내가 자라나고 섬겼던 교회는 성경 낭독을 하지 않았다. 나와 내 아내는 그레이스 커뮤니티 교회에 오고 나서 목사님이 성경을 펴고 한 장 전체를 읽으시는 모습을 처음으로 보게 되었다. 맥아더 목사님은 이렇게 성경을 낭독하신 후에 바로 진지하게 목적이 분명한 목회 기도를 하셨다. 처음에는 자리에서 너무 많이 일어서야 해서 낯설기도 했다. 하지만 "신사 숙녀 여러분, 예수님게 소리를 질러 볼까요." 또는 "주님께 박수로 영광을 올려 드립시다." 와 같은 발언들은 이러한 상황에 분명 맞지 않았다. 하나님의 말씀을 계속해서 읽는 것을 들으면, 그 교회가 하나님의 말씀을 매우 높게 여긴다고 생각하게 될 것이다.

목회자여, 예배에 성경 낭독 순서를 마련하여 그것을 잘해 나가길 바란다. 이는 성도들이 하나님의 말씀을 사랑하고 오직 성경에만 의지하도록 가르치는 일이 된다. 성경 낭독을 하다 보면, 히브리서 4장 12절 말씀과 같이 말씀이 좌우에 날이 있는 검과 같이 효과를 발휘하는 것을 경험하게 될 것이다. 이 말씀은 우리가 중심이 아니라는 점을 깨닫게 한다. 하나님의 말씀은 우리의 뛰어난 주석이 없어도 일할 수 있고, 또 앞으로도 일할 것이다. 찰스 스펄전의 이야기는 좌우에 날이 있는 이 검에 어떤 능력이 있는지를 잘 보여 준다. 스펄전은 런던의 수정궁에서 음향을 점검하다가 강대상에 올라가서 이렇게 말했다. "보라 세상 죄를 지고 가는 하나님의 어린 양이로다"(요 1:29). 그런데 관람석에서 일하던 한 사람이 이 선포의 말씀을 듣고 회심하는 일이 일어났다. 이 사건은 하나님의 말씀이 얼마나 큰 능력이 있는지 깨닫게 한다. 성경의 능력 앞에 당신의 존재가 작아지는 것만 같은가? 이는 당연한 일이다! 그 능력이 당신에게 있지 않다는 점이 대단하지 않은가?

하나님의 말씀을 낭독하면 그 예배는 성경에서 말씀하시는 하나님에게 향하게 된다. 성경 낭독은 계시 그 자체가 자비임을 깨닫게 한다. 성경 낭독은 우리를 구원하시고, 언제나 목적을 성취하시는 하나님의 능력을 보여 준다(사 55:10-11). 또한, 회중 가운데 있는 죄를 깨우치게 한다(약 1:23-25). 당신이 그 주에 성적인 부도덕에 대해서 전하지는 않았지만, 데살로니가전서 4장 말씀을 낭독하여 이 죄에 대해서 경고의 말씀을 들어야 할 자가 그 말씀을 들을 수도 있다. 섭리를 베푸시는 하나님을 찬양하라. 하나님은 당신이 준비하지 않은 말씀을 성도들에게 주신 것이다!

하지만 많은 복음주의 교회가 성경 낭독은 기숙 학교에 맡겨 버리고 자신의 마음과 눈에서는 멀리한다. 한 저자는 이렇게 쓴다. "복음주의자들, 누구보다도 자신을 성경의 사람으로 여기는 그들에게서도 성경을 낭독하겠다는 열망이 그렇게나 미미하다는 점은 역설적이다."[4] 하지만 우리가 성경의 명료함을 믿고, 성경이 본질적으로 분명하다고 믿는다면, 성경 낭독은 강력한 효과를 발휘한다. 데이비드 웰스는 『거룩하신 하나님』에서 무오류성의 문제를 다루며 이렇게 이야기한다.

> 무오류성의 문제는 기본적으로 성경의 "본질"에 집중하는 것이다. 그런데 성경의 무오류성이라는 개념을 지키기로 한 사람들이 실제로 자기 손에는 그런 말씀이 전혀 없는 것처럼 살아갈 수도 있다. 사실 이러한 현상은 항상 발생한다. 그리고 슬픈 사실은 성경의 본질이 논의되는 와중에 교회에서 조용히 성경을 사용하지 않게 된다는 점이다. …… 교회에 이러한 초월적인 말씀이 없으면, 그 교회에는 키도 없고, 나침반도 없고, 식량도 없는 것이다. 말씀이 없는 교회는 교회 문화 밖에서 견딜 능력이 없고, 현대성의 유혹을 감지하고 자신을 그 유혹에서 분리해 낼 능력도 없다. 말씀이 없으면 교회에는 아무런 의미가 없는 것이다.[5]

기억 상실 증상이 고쳐진다

두 번째로, 성경을 큰 소리로 읽으면 역사에 대한 기억 상실 증상이 고쳐진다. 퍼거슨은 이렇게 쓴다. "대부분의 그리스도인이 성경과 친숙해지는 기회는 교회에서 성경 말씀 읽는 것을 들을 때라는 사실을 기억해야 한다."[6] 정기적으로 성경을 읽는 것은 초기 교회에서도 매우 중요한 일이었다. 분명히 초기 교회에서는 지금처럼 개개인이 가죽으로 제본이 된 성경을 가지고 있지 않았다. 성도들은 집에 성경책을 쌓아 두고 있지도 않았다. 그래서 그들은 함께 모여 성경을 낭독하고 말씀을 들었다. 성경 낭독은 개인적인 행위가 아닌 공동체의 행위로, 교회 역사 내내 지속해 온 것이다.

성경 낭독은 우선 회당에서 시행되었는데, 사도 시대 이후에도 순교자 저스틴과 같은 사람들의 증언에서 그 흔적을 찾아볼 수 있다. 순교자 저스틴은 이렇게 기록했다. "주일이면 도시와 시골의 몇몇 공공장소에서 성도들이 집회를 열었다. 그리고 그들은 사도들의 글과 선지서를 시간이 허락하는 한 계속해서 읽었다." 이 글은 서기 158년경에 기록된 것이다. 이후의 교회 역사를 계속 따라가다 보면, 4세기에는 복합적 읽기를 포함하는 대표적인 성경 읽기 방식이 등장한다. 구약 성경에서 한 말씀, 복음서에서 두 말씀을 읽는 것이다. 마지막으로 읽을 때는 모두 일어서서 읽었다. 교회들이 모두 이 특수한 전통을 따라 해야 한다고 주장하는 것은 아니다. 다만 나는 지금 우리 교회가 왜 천 년 전 교회, 수백 년 전 교회의 모습과 왜 그렇게 달라졌는지 이유를 알고 싶은 것이다. 2,000년 동안 교회는 성경 낭독을 해왔다. 그런데 이러한 관습은 어디로 사라졌는가?

오늘날 교회들은 아버지의 날을 위해 잘 만들어진 영상을 제작하고,

부부 관계에 대한 강의를 홍보하기 위해 교회 지붕에 침대를 올려놓는 일에 몰두하고 있다. 토마스 버글러는 『미국 기독교의 유년화』(The Juvenilization of American Christianity)에서 이러한 내용에 대해 쓴다. 그는 현대 교회가 스테로이드를 맞은 학생부와 같다고 말한다. 학생부를 정죄하는 것은 아니지만, 예배 시간이 점차 하나님이 아닌 문화를 따라가는 모습에 대해서는 할 말은 해야 한다. 우리는 예배를 드릴 때 하나님을 기쁘시게 하도록 해야지, 세상 사람들의 기준에 맞춰서는 안 된다. 교회 역사를 보면 우리는 어리석음을 깨닫고 더욱 성숙한 방안을 택할 수 있게 된다. 2,000년 동안 기독교인들은 예배를 드리면서 성경 낭독을 했다. 교회 역사를 보면 성경을 낭독한 예가 훨씬 더 많이 나온다.[7] 이러한 전통을 독립 기념일 관련 영상을 보는 것으로 대체하는 일이 없도록 하자.

주해 설교의 주춧돌이 된다

셋째, 성경 낭독은 주해 설교의 주춧돌이 된다. 설교는 성경을 크게 읽는 법을 배우는 것으로 시작한다. 나는 맥아더 목사님의 설교를 처음 들었을 때, 성경을 읽으시는 방법에 우선 놀랐다. 나는 성경을 읽으시는 목소리만 듣고도 목사님이 그 성경 구절의 의미를 잘 알고 있다는 사실을 알 수 있었다. 어떤 설명을 하기도 전에, 설교 개요를 전하기도 전에, 성경을 읽으며 어떤 부분에서는 멈추고 어떤 부분은 강조하시는 것만으로도 성경을 해석하시는 것 같았다. 약 10년 전쯤 열렸던 셰퍼드 콘퍼런스가 기억난다. 그때는 마크 데버가 참가했다. 그는 에스겔 1장을 읽었는데, 나는 말씀 읽는 것만 듣고서도 에스겔처럼 마음이 완전히 풀려 버리는 것 같았다. 그들이 성경을 읽을 때, 나는 그들이 말씀을 매우 존경하고 있다는 점을 확실하게 느꼈다. 좋은 설교의 기초는 잘 읽는 것이다.

제프리 아더스는 『읽는 것에 전념하라』(Devote Yourself to the Public Reading of Scripture)는 책에서 이렇게 썼다. "많은 교회에서 성경 낭독은 설교하기 전에 목을 가다듬는 시간으로 전락해 버렸다."[8] 당신은 아무 설명 없이 성경만 읽고도 성경의 기초와 계시적인 특징에 대해서 전할 수 있다. 주해자로서 우리는 하나님의 말씀이 스스로 말씀한다고 믿어야 한다. 성경을 낭독할 때 하나님의 말씀은 분명히 그렇게 한다.

인간 중심적인 예배를 방지한다

넷째, 성경 낭독은 인간 중심적인 예배를 방지한다. 이미 언급한 것처럼 성경 낭독은 경외감과 진중함을 불러일으킨다. 성경을 읽는 교회는 천국을 향한 교회다. "우리는 이 거룩한 말씀에 순복합니다. 말씀은 우리의 안내자입니다. 말씀은 우리의 하나님입니다. 하나님이 그렇게 말씀하셨습니다."라고 고백하는 사람들과 함께 말씀을 받는 것이 얼마나 큰 즐거움인가. 인터넷 생중계로는 절대로 이렇게 할 수 없다.

성경 낭독 : 잘하는 방법

이제 성경 낭독을 잘하기 위한 몇 가지 방법을 제시하고자 한다.

해석하며 읽으라

첫 번째 방법은 정보를 해석하며 읽는 것이다. 오케스트라의 단원은 본인이 연주하는 작품의 빠르기나 박자를 결정하지 않는다. 빠르기나 박자는 악보에 기록되어 있고, 지휘자도 이에 따라 지휘를 한다. 음악가는 그 작품의 진수를 성실하게 해석하는 역할을 부여받았을 뿐이다. 마찬가지로 성경을 낭독하는 사람은 저자의 의도를 표현하고, 자신 앞에 있는 메시지를 제대로 전해야 한다.

예를 들어, 누가복음 2장 16절 말씀은 "빨리 가서 [오래 멈춤] 마리아와 요셉과 구유에 누인 아기를 찾아서"(And they went with haste [long pause], and found Mary and Joseph, and the baby lying in a manger, ESV)라고 한다. 만약 쉬지 않고 이 구절의 후반부까지 너무 빠르게 읽어 버리면, 마리아와 요셉, 예수님이 모두 구유에 누인 것같이 들린다. 그렇게 되면 큰 문제다. 본문을 잘못 읽으면 해석도 잘못된다. 다시 한 번 읽어 보자. "빨리 가서 마리아와 요셉과 [오래 멈춤] 구유에 누인 아기를 찾아서." 이제 예수님만이 구유에 누워 계신다는 점이 분명해졌다. 성경을 잘 읽으면 목회자는 성경을 해석하는 동시에 사람들에게 좋은 해석학을 제공하기도 하는 것이기도 하다. 그러니 문단과 구두점, 문법에 주의하라.

성경을 읽으면서 단어나 구절을 적절히 묶지 못하는 일도 있다. 아니면 본문의 어조를 완전히 놓쳐 버리는 일도 있다. 낭독자는 저자가 절정으로 삼은 곳에서 절정에 달한 것처럼 읽어야 하고, 그 구절의 느낌에 맞추어 적당한 감정을 표출해야 한다. 이것이 구두로 하는 성경 해석이다. 신학교에서는 설교에 대해 가르치기 전에 이것을 기초 과목으로 가르쳐야 한다.

잘 읽는 것은 구절에 있는 보물들을 발견하는 도구가 될 수 있다. 어떤 장르는 몸짓과 감정을 담아서 읽는 것이 좋다. 시를 읽을 때는 시 자체의 아름다움과 대칭을 생각하며 읽어야 한다. 예를 들면, 시편 18편을 읽을 때는 하나님을 뵐 때 따르는 두려움과 경외감을 제대로 전달해야 한다. 시편 3편은 절망으로 시작하여 확신을 향해 가고 결국 확신으로 마친다. 하나님의 말씀을 읽을 때 그러한 다양한 감정을 전달할 수 있어야 한다. 하지만 그렇다고 반드시 연기자만큼 잘해야 한다는 것은 아니다. 쇼를 하면서 읽으라는 것이 아니라 해석을 하면서 읽어야 한다는 뜻이다. 믿음의 마음만 있다면 당신은 이미 잘하고 있음을 확신할 수 있을 것이다.

서신서를 읽을 때는 동사를 강조하고, 논의를 잘 따라가며, 저자의 엄정한 논리를 명료하게 발음해야 한다. 성경을 잘 읽으려면 본문을 잘 이해해야 한다. 이는 절대 흉내 낼 수 없는 것이다. 목회자는 그저 일어나서 자신의 은사에만 의지해서는 안 된다. 로마서 16장을 읽으면 "드루배나", "드루보사", "아순그리도", "블레곤"이라는 단어를 어떻게 발음해야 하는지 모를 수도 있기 때문이다. 시간을 충분히 들여 발음을 제대로 할 수 있도록 노력하라. 이런 노력을 들이지 않으면 당신은 궁극적으로 성도들에게 성경의 어떤 부분은 그다지 경건하게 대하지 않고 관심을 가지지 않아도 된다고 가르치는 격이 되고 만다. 설교자인 당신은 성경에 포함된 족보도 하나님이 주신 것이며, 성경은 교훈과 책망과 바르게 함과 의로 교육하기에 유익한 것이라는 점을 기억해야 한다.

준비하고 읽으라

이는 두 번째 방법으로 이어진다. 준비하라. 즉흥적으로, 또는 즉석에서 말씀을 읽지 말라. 낭독을 하려는 사람은 설교하려는 사람처럼 준비해야 한다. 목회자는 메시지에 푹 잠겨 말씀을 온전히 이해하고 본문을 자신의 것으로 만들어야 한다. 그렇다고 본문을 암기하라는 것은 아니다. 다만 그 본문에 정통해야 한다는 것이다. 까다로운 부분들을 명심하고, 구두점을 따르며, 필요하다면 도구를 사용해서라도 단어의 뜻과 발음을 정확히 파악해야 한다.

믿는 마음으로 읽으라

세 번째 방법은 믿는 마음으로 읽으라는 것이다. 스티븐 올포드는 이렇게 썼다. "당신은 자신이 그 말씀을 믿는 것처럼 읽으라."[9] 신앙, 확신, 그리고 자신감을 목소리에 담아서 당신이 성경의 충분성을 분명히 믿는다는 사실을 강조해야 한다. 당신은 하나님의 말씀을 읽는 것이다. 그 말씀은 진리이며, 확실하고, 믿을 수 있다. 그러니 반드시 저자를 신뢰하는 독자처럼 성경을 읽으라(시편 19:7-9 참고).

자신을 적절하게 의식하고 읽으라

네 번째 방법은 자신을 적절하게 의식하고 읽으라는 것이다. 이는 당신의 몸, 머리, 팔, 손, 그리고 발까지도 신경을 쓰라는 뜻이다. 몸짓은 자연스러워야 하며, 도움이 되지 않는 몸짓은 자제해야 한다. 간혹 벌떼에 쫓기고 있는 것처럼 보이는 설교자들이 있다. 이런 문제로 어려움을 겪고 있다면, 당신에게 진실을 말해 줄 수 있는 사람에게 도움을 요청하라. 팔을 앞으로 쭉 펴고 손바닥을 밖으로 향하여 오지 말라는 듯한 손짓을 하면서 "수고하고 무거운 짐 진 자들아 다 내게로 오라 내가 너희를 쉬게 하리라"(마 11:28)라는 말씀을 하지 말라. 거리를 두려는 것 같은 몸짓을 하면, 그 구절이 담고 있는 따뜻하게 맞아 주는 어조를 전하지 못한다. 다시 한 번 말하지만, 이렇게 하는 목적은 자연스럽고 적절하게 행동하여 관심이 분산되지 않도록 하는 것이다. 설교할 때 당신은 설교가 당신에 대한 것이 아니라 성경에 대한 것임을 분명히 나타내는 방식으로 그 임무를 실행해야 한다.

채플은 이렇게 이야기했다. "성경을 읽는 사람은 말씀을 전하는 과정에서 가장 두드러지는 요소다. …… 하지만 하나님과 그곳에 모인 사람들 사이에서 벌어지는 영적인 드라마상에서는 가장 덜 중요한 인물이기도 하다."[10] 이는 경험에 의지하지 말아야 한다고 경종을 울리는 말이다. 성경 낭독은 당신에게 달린 것도 아니고, 낭독자의 기술에 달린 것도 아니다. 다만 비켜서서 성도들이 순수한 하나님의 말씀을 들을 수 있도록 하는 것일 뿐이다.

연습하라

마지막 방법은 연습하라는 것이다. 나는 자신의 설교를 녹음해서 들어 볼 것을 권한다. 아마 견딜 수 없이 고통스러운 경험이 될 것이다. 하지만 그렇게 하지 않으면 당신이 말할 때 어떤 습관을 보이는지 알아차릴 수 없을 것이다. 연습할 때는 우선 평소처럼 자연스러운 목소리로 읽어 보라. 그리고 나서는 책임감 있는 목소리, 정중한 목소리, 신뢰할 수 있는 목소리로 읽어 보라. 의미를 담아서, 연민을 담아서, 진지하게 감정도 드러내면서, 강조할 곳은 강조하면서 읽으라. 기대하는 마음으로, 겸손한 마음으로, 확신에 찬 믿음을 가지고 읽으라. 설교를 잘하는 사람은 많아도 낭독을 잘하는 사람은 그리 많지 않다. 낭독을 잘하기 위해서는 반드시 연습이 필요하다.

앨런 로스는 『영광의 소망을 생각하다』(Recalling the Hope of Glory)에서

이 문제를 잘 다루고 있다.

> 성경 낭독과 주해는 교회 예배에서 주요한 행위다. 이는 하나님께 경건한 마음으로 헌신하며 드리는 제물이다. 하나님의 거룩한 말씀에 대한 이해 없이, 해석 없이, 열정 없이 말씀을 낭독하면 모든 예배의 기초, 즉 하나님에게서 듣는 것이 약해진다. 성경을 분명하고 확신 있게, 힘 있게 낭독하는 것은 사람들에게 성경의 권위를 보여 주고 반응을 요구하는 방식으로 하나님의 말씀을 내놓는 것이다. 성경 낭독은 예배에서 가장 강력한 순서가 되어야 한다. 모든 말씀은 하나님에게서 나온 것이다.[11]

성경 낭독은 오늘날 많은 교회에서 도외시되고 있다. 하지만 목회 기도가 더 도외시되고 있는 것 같다.

목회 기도 : 성경적 기초

목회 기도는 성경 낭독과 직접적으로 연결된다. 이는 예배의 또 다른 측면으로, 하나님이 직접 명하신 것이며, 많은 성경 말씀이 이를 지지한다. 열왕기상 8장에서 솔로몬은 성전을 완공하고 나서 기도를 드린다. 기도가 본질적으로 공동으로 드리는 것이라는 점은 "우리"라는 복수 대명사를 사용한다는 데서 명백히 드러난다.

> 솔로몬이 무릎을 꿇고 손을 펴서 하늘을 향하여 이 기도와 간구로 여호와께 아뢰기를 마치고 여호와의 제단 앞에서 일어나 서서 큰 소리로 이스라엘의 온 회중을 위하여 축복하며 이르되 여호와를 찬송할지로다 그가 말

씀하신 대로 그의 백성 이스라엘에게 태평을 주셨으니 그 종 모세를 통하여 무릇 말씀하신 그 모든 좋은 약속이 하나도 이루어지지 아니함이 없도다 우리 하나님 여호와께서 우리 조상들과 함께 계시던 것같이 우리와 함께 계시옵고 우리를 떠나지 마시오며 버리지 마시옵고 우리의 마음을 주께로 향하여 그의 모든 길로 행하게 하시오며 우리 조상들에게 명령하신 계명과 법도와 율례를 지키게 하시기를 원하오며 여호와 앞에서 내가 간구한 이 말씀이 주야로 우리 하나님 여호와께 가까이 있게 하시옵고 또 주의 종의 일과 주의 백성 이스라엘의 일을 날마다 필요한 대로 돌아보사 이에 세상 만민에게 여호와께서만 하나님이시고 그 외에는 없는 줄을 알게 하시기를 원하노라 그런즉 너희의 마음을 우리 하나님 여호와께 온전히 바쳐 완전하게 하여 오늘과 같이 그의 법도를 행하며 그의 계명을 지킬지어다(왕상 8:54-61).

이 강력한 축도문은 솔로몬에게만 집중되어 있지 않다. 솔로몬과 이스라엘 모두가 하나님의 축복을 받는 자로 강조되어 있다. 이러한 기도는 역대상 29장, 그리고 에스라 9-10장 말씀에서 에스라가 이스라엘 백성을 위해 기도했을 때도 명백하게 드러난다. 오늘날 개인주의적인 사회에서 우리는 종종 성경을 읽고, 기도하고, 경건 시간을 확보하고, 고독을 유지하는 것이 개인의 책임이라고 생각한다. 하지만 성경은 공동으로 하는 영적 훈련과 기도에 더욱 초점을 맞추고 있다. 그리고 사도행전 4장 23-31절에서는 초대 교회의 기도 모임이 어떠한 모습이었는지 분명하게 말해 준다. 성도들은 누군가가 만성 간 질환에 걸렸다고 하여 그것을 두고 기도하고 있지 않다. 우리는 오히려 다음과 같은 말씀을 보게 된다.

사도들이 놓이매 그 동료에게 가서 제사장들과 장로들의 말을 다 알리니 그들이 듣고 한마음으로 하나님께 소리를 높여 이르되 대주재여 천지와 바다와 그 가운데 만물을 지은 이시요 또 주의 종 우리 조상 다윗의 입을 통하여 성령으로 말씀하시기를 어찌하여 열방이 분노하며 족속들이 허사를 경영하였는고 세상의 군왕들이 나서며 관리들이 함께 모여 주와 그의 그리스도를 대적하도다 하신 이로소이다 과연 헤롯과 본디오 빌라도는 이방인과 이스라엘 백성과 합세하여 하나님께서 기름 부으신 거룩한 종 예수를 거슬러 하나님의 권능과 뜻대로 이루려고 예정하신 그것을 행하려고 이 성에 모였나이다 주여 이제도 그들의 위협함을 굽어보시옵고 또 종들로 하여금 담대히 하나님의 말씀을 전하게 하여 주시오며 손을 내밀어 병을 낫게 하시옵고 표적과 기사가 거룩한 종 예수의 이름으로 이루어지게 하옵소서 하더라 빌기를 다하매 모인 곳이 진동하더니 무리가 다 성령이 충만하여 담대히 하나님의 말씀을 전하니라.

본을 보여 가르치라

사람들을 이렇게 기도하게 만들 방법은 유일하다. 이렇게 기도하도록 가르치는 것이다. 즉, 목회자의 본을 봐야만 이렇게 기도할 수 있다는 뜻이다. 목회자는 반드시 기도가 그저 눈을 감고 입 밖으로 아무 말이나 하는 것이 아니라는 점을 보여 줘야 한다. 기도는 주의 깊게, 사려 깊게, 침착하게, 명료하게, 전략적으로 하는 행위다. 특히 공동으로 예배할 때는 더욱 그러하다. 디모데전서 2장 1-4절 말씀은 이를 뒷받침하는 탁월한 구절이다. 여기에서 바울은 디모데에게 교회가 어떤 기능을 해야 하는지 가르친다.

그러므로 내가 첫째로 권하노니 모든 사람을 위하여 간구와 기도와 도고와 감사를 하되 임금들과 높은 지위에 있는 모든 사람을 위하여 하라 이는 우리가 모든 경건과 단정함으로 고요하고 평안한 생활을 하려 함이라 이것이 우리 구주 하나님 앞에 선하고 받으실 만한 것이니 하나님은 모든 사람이 구원을 받으며 진리를 아는 데에 이르기를 원하시느니라.

이 규정에서 당신은 목회자가 회중 앞에서 기도할 때 포함해야 하는 내용에 대해 진단책과 해법을 보게 된다. 이러한 기도를 드리면 자아에 집중된 기도, 스스로 동기를 부여하는 식의 기도를 하지 않게 된다.

그리스도인들은 사실 기도로 잘 알려진 존재였다. 그리고 기도는 예배의 중요한 부분이었다. 그런데 오늘날 기도는 설교 말미에 잠깐 덧붙여진 요식 행위 정도가 되었다. 이제는 "기도합시다. 하나님, 우리가 지금 설교한 내용에 따라 살게 하소서."라고 설교를 마무리하려는 경향이 사라진 것이다. 반면에 교회 역사를 보면 매우 다양한 형식의 길고 강력한 기도가 많다. 이는 현대 미국 복음주의 교회에 만연한 모습, 즉 자유 기도(free prayer)로 치우친 현상에 균형을 맞춰 줄 것이다.

우리는 성도들을 대표해서 하나님께 기도할 때 그 내용을 미리 준비하기보다는 즉석에서 기도하는 것이 더 영적이라고 생각한다. 스펄전은 『목회자 후보생들에게』라는 책에서 다음과 같이 권고한다. "그래서 여러분께 아주 솔직하게 경고를 하려고 합니다. 사랑하는 형제들이여, 당신의 기도 때문에 예배를 망치는 일이 없도록 하려면, 성소에서 이루어지는 모든 일을 최고로 해내야겠다고 굳게 다짐해야 합니다."[12]

맥아더 목사님은 이 일의 대가이시다. 언젠가 나는 목사님께 왜 주일 아침에 그런 식으로 기도를 드리시는지 물었다. 그러자 목사님은 아주 간단하게 답변하셨다. "저는 하나님께 성도들을 올려 드리고 싶습니다. 저는 성도들을 위한 기도, 성도들과 함께하는 기도, 성도들을 대표하는 기도를 드리기 원합니다."[13] 목회자인 우리는 반드시 목회 기도의 역할을 이런 식으로 생각해 봐야 한다. 목회 기도는 오늘날 만연한 개인주의적인 기도에 대해 완벽한 해독제가 될 것이다. **목회 기도는 우리가 서로를 위해 함께 기도하는 일에 헌신하고 책임을 진다는 것을 일깨우는 위대한 요소다.**

좋든 싫든 간에 모든 교회에는 나름의 예배 의식이 있다. 아마도 당신은 공동 기도문을 사용하지 않을지도 모른다. 하지만 방문자를 맞이하는 것이나 찬양, 설교도 예배 의식이다. 그렇다면 우리는 이렇게 물어야 한다. 당신은 그리스도인들이 수천 년 동안 계속하고 있는 이 예배 시간에 하나님이 당신에게 하기 원하시는 모든 일을 하고 있는가? 오늘날 예배 의식은 보통 이런 식이다. 환영, 찬양 네 곡, 예배 인도자의 기도, 설교, 마무리 기도, 폐회송, 그리고 해산이다. 이러한 순서는 역사적으로 보자면 매우 빈약한 형식이다. 특히 기도에 관해서는 더욱 그러하다.

기도의 종류

기도의 종류는 다양하다. 기도의 다양성을 발전시키는 데 도움이 될 자료들도 넘치도록 많다. 우선 탄원하는 기도가 있는데, 이는 하나님께 부르짖어 하나님께 청하도록 돕는 목적의 기도다 (시 8; 100; 113편). 예배를 시작하는 기도이며 매우 성경적이다. 두 번째로는 경배와 찬양의 기도가 있다. 이러한 기도는 하나님의 위대하심과 은혜를 인정하는 것이다. 셋째로, 고백의 기도가 있다. 이는 우리의 죄를 고백하고 은혜를 달라고 고백하는 기도다. 이 기도는 성경 전체에서 찾아볼 수 있다. 보통 이러한 기도는 개인적으로 이루어지지만, 시편 40편 11-13절이나 요한일서 1장 9절 말씀 "만일 우리가 우리 죄를 자백하면"처럼 공동으로 드리기도 한다. 목회자는 "주님, 당신의 백성 된 우리가 죄를 저질렀습니다."라고 기도하는 것이 이치에 맞다. 로마 가톨릭에서 하는 것처럼 그들을 용서해 주는 것은 아니다. 다만 하나님이 은혜에 대해서 가르쳐 주신 것, 즉 그리스도 안에는 온전하고 자유로운 용서가 있다는 진리를 저들에게 가르쳐야 한다.

넷째로, 계시의 기도가 있다. 에베소서 1장 17-19절에서 사도 바울이 이러한 기도를 드린다. 다섯째, 당신은 하나님이 베푸신 모든 은혜에 대해 감사의 기도를 드려야 한다. 여섯째, 감사의 기도와 함께 도고의 기도를 해야 한다. 종교 개혁자들은 이 기도에 다스리는 자들을 위한 탄원, 교회의 안녕을 위한 기도(특히 교회 안에 있는 개개인들), 복음의 진보를 위한 기도가 포함된다고 생각했다. 바울은 복음의 진보를 위해 기도할 때마다 도고의 기도를 드렸다.

목회 기도 : 잘하는 법

목회 기도를 더 잘하기 위한 첫 번째 방법은 준비하라는 것이다. 하나님께 구하라. 깨닫게 해달라고 구하는 것은 훌륭한 출발점이다. "내 눈을 열어서 주의 율법에서 놀라운 것을 보게 하소서"(시 119:18). 당신이 기도하려는 내용을 잘 생각해 보고, 회중의 필요를 고려하며, 이 기도를 통해 당신이 이루려는 목적이 무엇인지 생각해 보는 것이 중요하다. 반드시 기도 내용을 써서 준비할 필요는 없다. 하지만 목회 기도는 즉흥적으로 드리는 기도가 아니다. 목회 기도는 당신이 계속해서 생각해 온 내용이기 때문이다. 나는 교회에서 기도 인도를 할 때 요점들만 간략하게 적어서 간다. 기도할 때도 체계가 있기를 바라기 때문이다. 이렇게 하는 것도 도움이 된다.

우리는 이러한 기도와 개인적인 기도의 차이점을 반드시 알아야 한다. 각자가 처한 환경, 직업, 질병, 사건에 대해 기도하는 것도 좋다. 당연히 사람 마음에는 그런 일들이 떠오르는 법이다. 하지만 우리는 성도들에게 더욱 큰 것을 기도하도록 가르쳐야 한다. 그들에게 지혜, 거룩함, 순결, 복음의 진보를 위해 기도하도록 가르치라. 당신이 이러한 내용을 두고 기도하라고 가르치지 않으면, 청년들뿐만 아니라 예배 인도자들, 목회자들도 온갖 상투어로 가득하고 반복적인 문장으로 이루어진 기도를 다시 하게 될 것이다. 목회 기도를 준비하면서는 성경으로 기도하는 것이 실용적인 방법임을 잊지 말라.

두 번째 방법은 모든 것을 아시는 하나님께 미주알고주알 떠벌리지 말라는 것이다. 이는 목회 기도에서 가장 자주 나타나는 문제다. 한 가지 예를 들어 보자. "주님, 존 칼빈은 주인이 공격을 당하면 주인의 개가 짖는다고 했습니다. 저는 하나님의 진리가 공격받는 것을 보면서도 잠잠했습니다. 저는 겁쟁이와 같았습니다." 당신은 하나님께 존 칼빈이 말한 것을 다 이야기할 셈인가? 기도에 각주라도 달 셈인가?

나와 절친한 한 친구 목사가 어느 주일 아침에 기도를 드렸는데, 이는 이러한 현상이 잘 나타난 예가 될 수 있을 것이다. 이 친구 목사는 이렇게 기도했다. "주님, 당신의 '루아흐'(*ruach*), 다시 말해 '영혼'이……." 나중에 나는 물어봤다. "그래서 하나님께 히브리어를 통역해 드리겠다고요?" 목회 기도는 성도들을 교화하는 시간도, 그들에게 기도하는 법을 가르치는 시간도 아니다. 그 시간은 분명 당신이 하나님께 이야기하는 시간임을 명심하라. 그러니 하나님이 이미 알고 계신 것들은 말하지 말라.

세 번째 방법은 기도 중에 설교를 하거나 광고를 하지 말라는 것이다. 예를 들어, 기도 중에 훈계를 하면 매우 어색해진다. 기도하다가 갑자기 "그리고 주님, 저 완고한 자들을 도와주소서."라고 한다고 생각해 보라. 당신은 하나님께 말씀을 드리는 것이지 사람들에게 설교를 하는 것이 아니다. 스펄전은 말했다. "설교 시간에는 설교를 하고, 기도 시간에는 기도를 하라."[14] 또한, 기도는 광고를 하는 시간도 아니다. "주님, 학생부 부모님들이 12월 11일까지 스키 여행 회비를 모두 내게 해주시기를 기도합니다. …… 남전도회 모임에 성이 A에서 J까지 해당하는 분들이 도넛을 가져오게 하소서." 기도 시간에는 하나님, 그리고 그의 나라와 그의 백성을 생각하도록 하라.

예배를 드릴 때 기도를 잘할 수 있도록 연습하라. 아마 연습이 가장 중요할 일일 것이다. 스펄전은 말했다. "탄원은 단순하고 진심 어리게 하라. 그리고 당신의 설교가 기준 이하라고 느껴졌으면, 기도로 설교를 만회했다고 사람들이 생각하도록 만들라."[15]

두 가지 필수 요소

성경 낭독과 목회 기도는 우리의 예배를 변화시키는 데 큰 도움이 될 것이다. 이 두 가지는 하나님께 심취하고, 하나님께 집중하는 것이다. 그저 말할 때의 나쁜 습관을 없애고 불필요하게 입술을 내밀지 않도록 하는 정도의 문제가 아니다. 궁극적으로 우리는 탁월한 예배를 드려 하나님께 최고의 영예와 영광을 돌리려고 하는 것이다. 우리가 하나님을 예배하기 위해 모이면, 하나님은 우리에게 예배하는 법을 가르쳐 주실 것이다.

PRAYER

하나님, 우리의 열망은 궁극적으로 잘 준비되고,
생각하고, 참여하여, 주님의 말씀을 듣는 것입니다.
아버지, 주님의 말씀을 경외하는 마음이 자라게 하소서.
우리가 목적을 가지고 성도들을 이끌고,
그들이 예배 가운데 진정으로 아버지를 만나도록 돕게 하소서.
기도 중에 하나님께 나아가게 하심을 감사드립니다.
이렇게 나아갈 수 있다는 사실은
예수님이 갈보리에서 이루신 일을 생각하게 합니다.
확신에 차서, 겸손하게, 아버지가 명하신 대로
아버지의 성도들을 인도할 수 있는 사람이 되도록 용기를 주소서.
우리가 우리 삶과 사역과 교회에서
당신을 기쁘시게 하도록 하소서.
아멘.

12
John MacArthur

몸은 하나인데 많은 지체가 있고 몸의 지체가 많으나
한몸임과 같이 그리스도도 그러하니라 _ 고전 12:12

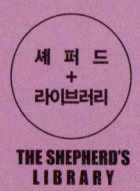

셰퍼드
+
라이브러리

THE SHEPHERD'S
LIBRARY

교제를 추구하라

존 맥아더, 2014
고린도전서 12:12-27

대다수의 목회자가 교회 내 교제라는 주제에 매우 익숙할 것이다. 그렇지만 나는 이 말씀을 통해 교제에 대한 이해를 높이고, 교제에 대한 목회자의 책임감을 더욱 분명히 인식하게 만들려고 한다. 그리고 교회생활에서 교제의 모든 원칙을 이행하는 일이 시급하다는 것을 강조하려고 한다. 이제 고린도전서 12장 12-27절 말씀을 자세히 살펴보도록 하자.

몸은 하나인데 많은 지체가 있고 몸의 지체가 많으나 한몸임과 같이 그리스도도 그러하니라 우리가 유대인이나 헬라인이나 종이나 자유인이나 다 한 성령으로 세례를 받아 한몸이 되었고 또 다 한 성령을 마시게 하셨느니라 몸은 한 지체뿐만 아니요 여럿이니 만일 발이 이르되 나는 손이 아니니 몸에 붙지 아니하였다 할지라도 이로써 몸에 붙지 아니한 것이 아니요 또 귀가 이르되 나는 눈이 아니니 몸에 붙지 아니하였다 할지라도 이로써 몸에 붙지 아니한 것이 아니니 만일 온몸이 눈이면 듣는 곳은 어디며 온몸이 듣는 곳이면 냄새 맡는 곳은 어디냐 그러나 이제 하나님이 그 원하시는 대로 지체를 각각 몸에 두셨으니 만일 다 한 지체뿐이면 몸은 어디냐 이제 지체는 많으나 몸은 하나라 눈이 손더러 내가 너를 쓸 데가 없다 하거나 또한 머리가 발더러 내가 너를 쓸 데가 없다 하지 못하리라 그뿐 아니라 더 약하게 보이는 몸의 지체가 도리어 요긴하고 우리가 몸의 덜 귀히 여기는 그것들을 더욱 귀한 것들로 입혀 주며 우리의 아름답지 못한 지체는 더욱 아름다운 것을 얻느니라 그런즉 우리의 아름다운 지체는 그럴 필요가 없느니라 오직 하나님이 몸을 고르게 하여 부족한 지체에게 귀중함을 더하사 몸 가운데서 분쟁이 없고 오직 여러 지체가 서로 같이 돌보게 하셨느니라 만일 한 지체가 고통을 받으면 모든 지체가 함께 고통을 받고 한 지체가 영광을 얻으면 모든 지체가 함께 즐거워하느니라 너희는 그리스도의 몸이요 지체의 각 부분이라.

교회 생활의 핵심은 바로 이 비유에서 생생하게 드러난다. 교회 생활이란 성도들이 영적인 추력을 받아 서로 친밀한 관계를 나누는 것이다. 사도 바울이 몸이라는 긴 비유를 통해서 전하려고 했던 것이 바로 그것이다. 우리는 또한 이 진리가 신약 성경, 특히 바울 서신서에서 반복적으로 나타나는 것을 보게 된다. 예를 들면, 바울은 갈라디아서 3장에서 우리가 모두 그리스도 예수 안에서 하나라는 점을 강조한다. 에베소서 4장 15-16절에서는 우리가 모두 함께 그리스도에게까지 온전하게 자라나야 한다고 말한다. 빌립보서 2장에서는 자신보다 다른 이를 돌보고, 자신을 낮추고, 이타적인 그리스도의 자세를 지녀야 한다고 일깨운다. 이는 교회 생활의 마땅한 모습이며, 이 구절들은 교회 내의 교제라는 문제를 시급히 해결해야 한다는 사실을 우리 마음에 다시 정립해 줄 것이다.

교제의 축복

디트리히 본회퍼는 내 삶에 엄청난 영향을 미쳤다. 목회를 시작할 때 더욱 그러했는데, 특히 본회퍼의 책 『신도의 공동생활』은 나에게 참으로 심오한 영향을 주었다. 마침 나는 교회 내에서 교제를 개발하는 목회자의 책임에 관해서 연구하고 있었는데, 이 주제에 대한 자료를 별로 찾아볼 수 없었다. 그런데 본회퍼의 이 책은 그리 신학적이지 않고 오히려 경건 서적에 가까웠지만, 통찰력이 매우 뛰어나 내게 큰 도움이 되었다. 특히 그의 삶이 어떻게 마무리되었는지를 생각하면 더욱 그러했다. 디트리히 본회퍼는 1945년 4월 어느 음침한 새벽, 플로센부르그에 있는 나치 수용소에서 히틀러의 측근인 하인리히 힘러의 명으로 사형을 당했다. 본회퍼는 사형당하기 약 2년 전에 투옥되어 테겔, 베를린, 부헨발트, 쇤베르크, 플로센부르그에 있는 수용소를 옮겨 다닌 상태였다.

그렇게 수용소를 옮겨 다니면서 본회퍼는 외부 세계와 모든 접촉이 단절되었다. 자신이 알고 사랑했던 모든 사람과 떨어져 홀로 고립된 생활을 했던 것이다. 사실 그는 모든 교제와 단절되었다. 그가 『신도의 공동생활』을 저술했던 때는 수용소에 갇히기 몇 년 전이었다. 이 책에서 그는 "다른 그리스도인이 물리적으로 존재한다는 것은 성도들에게 비할 수 없는 기쁨과 힘이 된다. 그들은 삼위 하나님의 은혜로운 임재가 물리적으로 우리에게 나타난 존재들이다! 하나님의 뜻으로 날마다 다른 그리스도인들과 함께하며 교제의 삶을 살아가는 특권을 누리다니, 그 부유함은 얼마나 무궁무진한 것인가?"[1] 그는 계속해서 말한다. "이런 특권을 누리는 자는 무릎을 꿇고 하나님께 감사하며 그것이 은혜임을 선포하라. 우리는 은혜로만 그리스도인 형제들과 함께 공동체 내에서 교제의 삶을 누릴 수 있다."² 본회퍼는 성도들과 함께 누리는 교제의 축복을 제대로 깨달은 사람이었다.

교제를 위한 예수님의 기도

신약 성경의 많은 비유 역시 그리스도인의 교제를 강조한다. 그리스도의 교회인 우리는 한 신랑에게 매인 자들이다. 우리는 한 포도나무에서 나온 가지들이다. 우리는 한 목자를 따르는 양 떼이자, 한 왕을 섬기는 왕국이다. 한 아버지를 모시는 가족이자, 한 토대를 두고 지어진 건물이다. 고린도전서 12장을 보면, 그중에서 가장 밀접한 관계를 보여 주는 비유가 나온다. 우리는 한 머리를 지닌 한몸이라는 것이다. 몸의 비유는 오직 신약에만 나오며, 교회를 이해하는 매우 독특한 방식이라고 할 수 있다.

교회에서 나누는 교제는 심오하고, 영적이며, 실제적이다. 교제란 삶을 공유하는 것으로 절대적으로 중요하다. 요한복음 17장을 보면, 주님은 기도하실 때 "우리와 같이 그들도 하나가 되게 하옵소서"라는 말씀을 계속하신다. 예수님은 사회적인 의미에서 하나 됨을 위해 기도하신 것이 아니라 영적인 실체를 위해 기도하셨다. 그리고 그 기도는 교회가 생겨남으로 응답을 받았다.

예수님은 아버지께 자신과 아버지가 하나인 것처럼, 그 자녀들도 하나로 만들어 달라고 기도하셨다. 얼마나 놀라운 일인가! 우리는 성부, 성자, 성령이 한 분이신 것과 같은 방식으로 하나가 되는 것이다. **삼위**

일체 하나님이 누리시는 교제는 교회에서 나누는 교제의 본이 된다. 즉, 삶, 사랑, 목적, 진리, 힘을 공유하는 것이다. 이것이 바로 교제다.

신약에서 헬라어 동사 "코이노네오"(*koinoneo*)는 여덟 번 사용된다. 그중 일곱 번은 "공유하다"로 번역되었고, 단 한 번만 "참여하다"로 번역되었다. "코이노니아"(*koinonia*) 또는 "코이노노스"(*koinonos*)라는 명사는 30번 나오는데, "공유", "기여", "사귐", "참여", 때로는 "교제"로 번역되었다. 그렇다면 교제라는 개념은 우리가 동료로 연결되어 공동의 삶과 목적을 나누는 것을 말한다. 이것이 교회 생활의 핵심이며 교회의 본질적인 모습이다.

잘못된 방향으로 향하다

나는 최근 몇 년간 교회가 이제는 교제를 추구하는 방향으로 나아가고 있지 않다는 점을 목격하면서 상당히 불편함을 느낀다. 교회는 더 깊고 심오한 영적 교제가 나타나는 것을 원하지 않는 것처럼 보인다. 1980년대 유대인 인문주의자인 닐 포스트먼은 『죽도록 즐기기』라는 책을 썼다. 그는 복음주의자들을 비판하면서, 복음주의자들이 너무나 많은 것을 오락에 내주면서 진지하게 사고하는 능력을 상실했다고 말한다. 그는 이 책에서 텔레비전이 마음을 불구로 만든다고 지적한다. 텔레비전은 사람들이 지적인 것, 의미 있는 것을 생각하지 못하게 만들고, 그저 좀비처럼 화면에 전송되는 것을 멍하니 응시하도록 만들었다는 것이다.

나는 닐 포스트먼이 실제로 이렇게 많은 미국인이 텔레비전을 보느라 삶을 낭비할 거라고는 믿지 않았을 것이라 생각한다. 그런데 이제 그 결과는 극단적인 사생활이라는 파괴적인 현상으로 나타나게 되었다. 사람들은 스마트폰을 소유하게 되면서 그것을 통해 자신이 선택한 세계를 소환할 수 있게 되었다. 모든 사람이 신이 되어 자신만의 우주, 자신이 선호하는 것들로 가득한 비밀스러운 세상의 창조자가 되었다. 자신이 원하는 것은 다운로드하고, 원하지 않는 것은 지워 버리면 된다. 그렇게 해서 자신이 좋아하는 것, 자신을 유혹하는 것으로 가득한 자신만의 공간을 만드는 것이다. 스마트폰은 이제까지 고안된 어느 생활필수품보다도 훨씬 이기적인 기기다. 우리는 자기중심적인 탐닉과 유혹으로 가득한 극도로 사적인 세계를 손에 넣게 되었다. 또한, 기술이 발전하면서 언제나 쉽게 그러한 세상을 접할 수 있게 되었다. 당신은 당신이 듣고 싶은 음악, 선생님, 오락거리, 친구를 선택하면서, 하나님과 마찬가지로 당신의 세상을 창조한 조물주가 된 것이다. 당신을 탐닉하게 만드는 그 많은 유혹거리는 모두 교제에 치명적인 것들이다.

이 주제에 관해 칼 트루먼은 이렇게 쓴다. "인터넷 소셜 네트워크, 페이스북 친구들에 의해 우정의 언어는 납치당했고 값싼 것이 되어 버렸다."[3] 이는 몇몇 사람이 교회의 유년화(juvenilization of the church)라고 부르는 현상의 증상이다. 트루먼은 계속해서 말한다. "페이스북의 언어는 유치함을 초래하고, 또 장려한다. 유치함은 문자를 통해 전염되는 질병이다."[4] 연구 결과에 따르면, 고등학생은 평균적으로 하루에 9시간 동안 인터넷을 한다고 한다. 당신이 목사가 되어 이러한 다음 세대와 교제를 나눈다고 생각해 보자. 트루먼은 소셜 미디어의 창궐에 대해서 이렇게 쓴다. "실제 세계가 아닌 괴이한 세계에서 연명하는 그런 인간 아메바들은 어떤 위험도 지려고 하지 않고, 다른 이에게 자신을 내주려고도 하지 않으며, 아픔을 감내하려는 참된 시도도 하지 않는다. 그들은 헌신하지 않는다. 희생하지 않는다. 실제적인 의미나 가치를 찾지도 않는다. 그들은 스스로 창조된 아바타다."[5]

디지털 세상에는 실제적인 교제가 존재하지 않는다. 기독교는 개인이 혼자 경험하는 것이 아니다. 사생활은 교회를 파괴한다. 우리는 급속하게 자신만의 가상 세계, 가상 자아를 만들어 낸 사람들을 따라가려고 하고 있다. 그러면서 이렇게 생각하게 된다. '나는 트위터를 한다. 고로 나는 존재한다. 기술을 통해 마음을 투사하여 창조한 완벽한 나, 불굴의 나, 자아를 실현한 나가 진정한 나다.'

비극적이게도 문화는 인간을 더욱 고립되게 하고, 소비 지상적으로 만들고, 자신에게만 몰두하라고 부추긴다. 그 결과, 교제를 추구하기란 매우 어려운 일이 되었다. 안타깝게도 복음주의 교회는 수십 년 동안 이 세상이 원하는 대로 사생활을 허용하고, 편리함을 제공하며, 의무를 지우지 않기 위해 노력해 왔다. 세상 문화는 교제가 사라지기를 바라고, 교회 생활 역시 그들이 설계한 매혹적인 유혹의 희생물이 되기를 원했다.

초대형 교회에 출석하는 사람들의 숫자도 감소하고 있다. 역사상 처음으로 만들어진 아이튠즈(iTunes) 교회가 대세가 되었기 때문이다. 나는 교회가 다음과 같이 광고하는 것을 보았다. "e-그룹에 참여하세요." 오늘날 추세가 이렇다. 실제 교회에서는 당신과 의견이 일치하지 않는 사람과 마주쳐야 한다. 실제 교회에서는 당신이 그닥 좋아하지 않는 사람 옆에 앉아야 할 수도 있다. 실제 교회에서는 설교자가 당신이 듣고 싶어 하는 말을 하지 않을 수도 있다. 그중에서도 어르신들의 취향에 맞춰 4분의 4박자로 옛날 노래를 불러야 한다는 것은 최악이다.

얼마나 끔찍한가? 이는 스스로 창조해 낸 개인의 세계를 선호하는 이들에게는 받아들이기 너무 힘든 일이다. 많은 사람이 정보와 경험, 관계 모두 자신의 결정권에 맞춰서 선별한다. 따라서 진리, 정확함, 신뢰성, 합리성, 희생, 지연된 만족, 의미 있는 관계 등은 배제되는 것이다.

이러한 현상은 케빈 밀러가 『크리스채너티 투데이』에 기고한 글에 잘 드러난다. 그는 하나같이 교회를 떠나 버리고 만 도널드 밀러, 랍 벨, 브라이언 맥라렌에 관해서 썼다. 역설적이게도 10년 전에 그들은 세상에서 가장 영향력 있는 복음주의자들로 여겨졌다. 이 지도자들은 이머전트 교회 운동 세력이었는데, 개개인에게 종교의 결정권이 있다고 하면서 자체적으로 무너지고 말았다. 그들은 하나님 말씀의 정확성, 권위, 명료성에 대해 편견이 있었다. 그들은 개인화된 종교를 만들었고, 사람들이 서로 함께할 이유가 없다고 생각하기 시작하면서 몰락하고 말았다. 도널드 밀러는 블로그에 이렇게 썼다. "내가 하나님께 노래를 부른다고 해서 하나님과 연결되는 것은 아니다." 그는 다음과 같이 묻기도 한다. "그래서 내가 교회를 출석하느냐고? 솔직히 말하면 자주 참석하지는 않는다."[6] 또 길 한편에 서서 초콜릿 쿠키와 코코아로 성찬식을 하면 어떨지 논의하기도 했다. 이러한 생각은 사람들로 하여금 자신만의 성사를 만들어 내게 하고, 극도로 개인화된 신앙을 갖도록 만들 뿐이다.

안타까운 현실은 지난 20년 동안 교회가 약한 교회론에 굴복했다는 것이다. 심지어 개혁 신학이 중흥하는 와중에도 우리는 지난 세대를 통째로 교제에 반대하는 개인주의 성향에 넘겨주고 말았다. 목회자인 당신에게도 누군가가 "목사님의 교회에서는 첨단 기술을 어떻게 이용하고 계십니까? 소셜 미디어를 잘 사용하고 계십니까?"라고 물으면 부담감을 느끼게 될 것이다. 모든 것이 그렇듯이 기술도 기술 나름의 가치를 지니고 있으며, 선한 용도로 사용할 수 있는 도구가 될 수 있다. 하지만 끔찍한 악의 배출구가 될 수도 있다. 지도자인 우리는 가상 공간으로 실제 교제를 대체해서는 안 된다. 교회는 사생활, 고립, 자기애와 맞서 싸워야 한다.

교제에 대해 알아야 할 것

교제의 기초

이렇게 정도에서 이탈한 교회를 바로잡으려면, 우리는 교제의 기초를 제대로 이해해야 한다. 요한일서 1장 1절은 아마도 교제의 기초에 대한 가장 완벽한 말씀일 것이다. "태초부터 있는 생명의 말씀에 관하여는 우리가 들은 바요 눈으로 본 바요 자세히 보고 우리의 손으로 만진 바라." 요한은 자신이 그리스도로 성육신하신 하나님을 직접 경험했다고 하면서 계속해서 이렇게 말한다. "이 생명이 나타내신 바 된지라 이 영원한 생명을 우리가 보았고 증언하여 너희에게 전하노니 이는 아버지와 함께 계시다가 우리에게 나타내신 바 된 이시니라 우리가 보고 들은 바를 너희에게도 전함은 너희로 우리와 사귐이 있게 하려 함이니 우리의 사귐은 아버지와 그의 아들 예수 그리스도와 더불어 누림이라"(2-3절).

교제의 기초는 구원이라는 단어다. 복음을 선포하는 이유는 "당신이 우리와 교제를 누리도록, 그리고 우리의 참된 교제는 아버지와 그의 아들과 나누는 것"임을 전하기 위함이다. 요한은 복음을 선포하면서 복음의 목적은 서로를 이어 주는 것이라고 강조한다. 즉, 동역자의 관계를 이루고, 서로 삶과 목적과 능력과 사역을 공유하는 것이다. **복음의 목적은 개개인을 구원하고, 그들에게 원하는 대로 할 수 있는 특권을 제공하는 것이 아니다. 복음의 목적은 교제를 하게 하는 것이다.** 예수님은 이를 위해 기도하셨고, 요한은 예수님의 기도에 대한 응답을 기록한 것이다.

예수님은 제자들에게 하나가 되라고 기도하시면서 사회적인 하나 됨을 이야기하신 것이 아니었다. 예수님은, 우리 안에 거하시며 그리스도의 몸을 이루시는 성령의 사역을 통해 실제적인 연합이 나타나길 기도하셨다. 고린도전서 6장 17절에서 바울은 "주와 합하는 자는 한 영이니라"라고 한다. 주님과 하나가 된 자는 주님의 소유가 된 모든 자와 하나가 되는 것이다. 주변에서 "이 사람은, 저 사람은 교제에서 벗어났어."라고 말하는 것을 심심찮게 듣는다. 하지만 이 말은 정확하지 않다. 교제에서 벗어났다면 성도가 아니기 때문이다. 성도라면 교제 가운데 있어야 한다. 그 교제의 기초는 구원이기 때문이다. 따라서 모든 성도는 서로 연합하게 된다. 구원받은 모든 사람은 그 교제에 온전하게 참여하라는 명령과 함께 그렇게 할 수 있는 권리를 부여받았다. 그리고 이러한 우리의 책임은 다른 사람에게까지 확장된다. 하나님은 영적인 목적을 이루시기 위해 우리의 삶을 하나로 묶으셨기 때문이다.

요한은 교제의 기초가 구원이라는 점을 명확히 한 후 요한일서 1장 5-7절에서 교제와 대비되는 것을 보여 준다.

> 우리가 그에게서 듣고 너희에게 전하는 소식은 이것이니 곧 하나님은 빛이시라 그에게는 어둠이 조금도 없으시다는 것이니라 만일 우리가 하나

님과 사귐이 있다 하고 어둠에 행하면 거짓말을 하고 진리를 행하지 아니함이거니와 그가 빛 가운데 계신 것같이 우리도 빛 가운데 행하면 우리가 서로 사귐이 있고 그 아들 예수의 피가 우리를 모든 죄에서 깨끗하게 하실 것이요.

모든 사람이 빛 가운데 있지 않으면 어둠 가운데 있는 것이다. 구원받지 않았으면 잃어버린 바 된 것이다. 교제 가운데 있지 않으면 교제를 벗어난 것이다. 성도들은 항상 교제 가운데 있으므로 빛 가운데 있는 것이다.

다른 사람에게 교제에서 벗어나 있다고 지적할 때는 주의해야 한다. 그 사람은 다윗처럼 "주의 구원의 즐거움을 내게 회복시켜 주시고"(시 51:12)라며 울부짖는 방황의 시기를 겪고 있을지도 모른다. 도널드 그레이 반하우스가 얘기한 것처럼 "갑판에서 넘어진 것과 배 밖으로 넘어져 빠진 것은 다르다."[7] 당신은 죄를 저지르게 될 것이다(요일 1:8-10). 하지만 당신이 교제라는 갑판 위에만 있다면, 때로 넘어지고 죄에 굴복했다고 하더라도 치명적이지는 않을 것이다. 왜냐하면, 다음의 말씀이 있기 때문이다. "만일 누가 죄를 범하여도 아버지 앞에서 우리에게 대언자가 있으니 곧 의로우신 예수 그리스도시라 그는 우리 죄를 위한 화목 제물이니 우리만 위할 뿐 아니요 온 세상의 죄를 위하심이라"(요일 2:1-2). 우리는 갑판에서 넘어질 수 있다. 하지만 그것으로 끝이 아니다. 성도들의 교제란 영원한 것이기 때문이다.

본회퍼는 이렇게 쓴다.

나는 예수 그리스도가 나를 위해, 나에게 하신 일 때문에 다른 이들과

형제가 되었다. 다른 이들도 예수 그리스도가 그를 위해 하신 일 때문에 나와 형제가 된 것이다. 우리가 예수 그리스도를 통해서만 형제가 된다는 사실에는 도저히 측량할 수 없는 깊은 뜻이 담겨 있다. 사람의 됨됨이, 직함, 그리스도인이라면 그 사람의 영성과 경건함 때문에 우리가 교제를 맺는 것이 아니다. 우리가 교제하는 이유는 그 사람이 그리스도의 소유가 되었기 때문이다. 교제는 오직 그리스도가 우리 모두에게 하신 일 때문에 가능하다. 앞으로도 영원히 그러할 것이다.[8]

더 나아가 그는 이렇게 쓴다. "그리스도인의 교제는 우리가 반드시 이루어야 하는 이상이 아니다. 이는 그리스도 안에서 하나님이 창조하신 현실이다." 다시 한 번 말하지만, 교제의 기초는 구원이다.

교제의 본질

교제의 기초는 구원이라는 점에 동의한다면, 이제 교제의 본질을 검토해 봐야 한다. 사도행전 2장에서 베드로는 강력한 말씀을 선포했고, 그 결과 3,000명의 영혼이 말씀을 받아들이고 세례를 받아 입교한다(41절). 그리고 나서 이 성도들은 끊임없이 사도의 가르침을 받아 서로 교제하고 떡을 떼며 기도하는 일(42절)에 헌신적으로 참여한다. 심지어 그들은 다음의 말씀대로 한다.

믿는 사람이 다 함께 있어 모든 물건을 서로 통용하고 또 재산과 소유를 팔아 각 사람의 필요를 따라 나눠 주며 날마다 마음을 같이하여 성전에 모이기를 힘쓰고 집에서 떡을 떼며 기쁨과 순전한 마음으로 음식을 먹고 하나님을 찬미하며 또 온 백성에게 칭송을 받으니 주께서 구원받는 사람을 날마다 더하게 하시니라(44-47절).

교제의 실제는 함께하고 나누는 것이다. 나눔이란 일시적인 방식과 더불어 영적으로 나누는 것도 포함한다. 우리는 초대 교회가 계속해서 그 두 가지 일에 전력으로 헌신했다는 사실을 알고 있다. 그들은 심지어 일시적인 방법을 통해서도 자신들이 동역자이고 영적으로 연합되었음을 보여 주었다. 역사를 보면 많은 사람이 이 위대한 사건을 통해 예수님을 받아들였고, 그 이후에도 계속 예루살렘에 머물렀다. 그곳이 세상에 존재하는 유일한 교회였기 때문이다. 사람들은 디아스포라 공동체에서 유월절과 오순절을 맞아 예루살렘으로 돌아왔다. 그들은 교회에 머물면서 보살핌을 받았고, 필요를 충족할 수 있었다.

사람들은 자신의 "재산과 소유를 팔아 각 사람의 필요를 따라 나눠 주는"(45절) 일을 시작했다. "팔아"에 해당하는 헬라어 단어는 미완료 시제로, 그들이 계속해서 자신들의 자원을 나누었다는 것을 의미한다. 서로에게 필요한 것을 공급해 주기 위해 재산을 팔고 정리한 것이다. 이 일이 어떤 영향력을 미쳤는지는 47절에 더욱 명확하게 나타난다. "온 백성에게 칭송을 받으니 주께서 구원받는 사람을 날마다 더하게 하시니라." 참된 교제, 희생의 교제, 사랑의 교제가 있는 교회는 세상에 강력한 증거가 된다. 요한복음 13장 35절에서 예수님은 "너희가 서로 사랑하면 이로써 모든 사람이 너희가 내 제자인 줄 알리라"라고 말씀하신다. 이는 사랑의 감정을 말하는 것이 아니라 사랑을 실제로 표현하는 것을 의미한다. 이것이 교제다.

이방인인 아리스티데스는 그리스도인을 지켜보면서 다음과 같은 유명한 글을 남겼다. "그들은 다른 세계가 임할 것을 바라며 모든 부정함에서 자기 자신을 삼간다. 가난한 자나 궁핍한 자, 또는 무언가 필요한 것이 있는 자들이 있으면 이삼일 금식을 하여 궁핍한 자들에게 필요한 음식을 공급한다. 그렇게 하는 것이 그리스도인들의 법이며 행동 양식이다."[9] 교회는 세상에 강력한 증거가 되어야 한다. 하지만 오늘날에는 이런 모습이 사라졌다. 특히 번영 복음은 이른바 "교회"의 이기심과 유치함만을 부추길 뿐이다. 교회의 증거는 온전하게 지켜져야 한다. 사생활과 고립은 이에 걸림돌이 된다.

교제의 상징

다음으로는 교제의 상징을 살펴보려고 한다. 교제의 상징은 고린도전서 10장 16-17절에 나온다. "우리가 축복하는바 축복의 잔은 그리스도의 피에 참여함이 아니며 우리가 떼는 떡은 그리스도의 몸에 참여함이 아니냐 떡이 하나요 많은 우리가 한몸이니 이는 우리가 다 한 떡에 참여함이라." 교제의 상징은 바로 성찬식이다. 성찬을 나누며 우리는 모두 십자가 아래 무릎을 꿇게 된다. 성찬식은 유대인이나 헬라인, 남자나 여자, 노예나 자유인을 가르는 모든 구분을 없앤다. 이는 그리스도의 속죄 사역에 근거하여 삶을 공유한다는 것이 무엇인지를 보여주는 위대한 상징이다.

그레이스 커뮤니티 교회의 목사로서 내가 지난 몇 년간 강조하는 것이 있다. 성찬이란 십자가를 돌아보는 것인 동시에, 성찬을 통해서 그리스도의 몸을 하나님의 아들의 희생 앞에 무릎 꿇은 죄인들의 집단으로 볼 수 있게 된다는 점이다. 교회의 모든 지체는 공동으로 구원에 참여하는 것이다. 하지만 지금 이 진리는 사라지고 있다. 한번은 우리 동네를 벗어나 어느 유명한 큰 교회에 갈 기회가 있었다. 그런데 정말 고통스러운 일을 겪었다. 설교자가 끔찍할 정도로 성경을 잘못 다루었고, 예배가 끝날 무렵에는 "오늘은 성찬 주일입니다. 출구 옆에 빵과 주스가 마련되어 있으니 나갈 때 가지고 가세요."라고 하는 것이 아니겠는가. 그때까지는 어떻게든 견뎠지만 더는 참고 있을 수 없었다. 성찬식을 그런 식으로 취급한다는 것은 정말 가증스러운 행태다.

비록 성경에는 우리가 얼마나 자주 성찬식을 해야 하는지 정확한 지침이 나와 있지는 않지만, 우리는 성찬을 할 때마다 정직하게 스스로 반성하면서 십자가를 돌아봐야 한다. 그리고 이 의식에 담긴 교제의 측면을 강조해야 한다. 교회는 영생이라는 영광을 얻은 사람들이 모여 한 지체를 이룬 것이다. 우리는 모두 동등하게 그리스도로 구속을 받은 자들이며, 모두 동등하게 그리스도에게서 영생을 받아 그리스도 안에서 생명을 유지하는 자들이다. 성찬식은 우리를 겸손하게 하고, 우리를 동등하게 만들고, 우리를 진지한 자기반성으로 부른다. 하지만 성찬은 우리가 서로 연합되어 있음을 생생하게 기뻐하는 의식이기도 하다. 그러니 성찬식을 생각 없이 하지 말고 진중하게 다루라.

교제에 대한 위험

네 번째로, 우리는 교제에 위험이 되는 요소를 파악해야 한다. 그것은 바로 죄다. 죄는 성도들로 하여금 징계를 받게 할 뿐 아니라, 교제를 파괴하고, 연합을 산산조각내며, 교회의 목적을 흐리게 만든다. 그래서 고린도전서 11장 27절에 "그러므로 누구든지 주의 떡이나 잔을 합당하지 않게 먹고 마시는 자는 주의 몸과 피에 대하여 죄를 짓는 것이니라"라고 한 것이다. 죄악 된 습관을 버리지 못하고, 스스로 반성하지 못한다면, 이는 너무나 심각한 문제다. 우리가 계속 이러면 주님은 우리를 아프시게 하거나 어쩌면 죽게 하실지도 모른다. 31절에서 바울은 이를 더욱 강력하게 표현한다. "우리가 우리를 살폈으면 판단을 받지 아니하려니와." 이 말씀을 뒷받침하는 논리는 고린도전서 5장 6절에 나온다. 즉, "적은 누룩이 온 덩어리에 퍼지는 것을 알지 못하느냐"는 것이다. 목회자로서 우리는 사람들이 자신의 죄를 고백하지 않는다면 이 상징에 참여하지 못하게 해야 한다는 명을 받았다. 이 의식을 진지하게 받아들이지 않는 사람들은 교회의 연합이라는 의미를 진지하게 이해하지 못한 자들이다.

마태복음 18장을 보면 신약에서 처음으로 교회가 언급된다.

> 네 형제가 죄를 범하거든 가서 너와 그 사람과만 상대하여 권고하라 만일 들으면 네가 네 형제를 얻은 것이요 만일 듣지 않거든 한두 사람을 데리고 가서 두세 증인의 입으로 말마다 확증하게 하라 만일 그들의 말도 듣지 않거든 교회에 말하고 교회의 말도 듣지 않거든 이방인과 세리와 같이 여기라 (15-17절).

나는 교회의 미래가 문화적 적절성, 마케팅, 첨단 기술에 달린 것이 아니라고 확신한다. 오히려 교회의 미래는 교회의 거룩함에 달려 있다. 교제를 발전시키기 원한다면 당신은 교회 안에 존재하는 죄를 제대로 처리해야 한다.

바울이 고린도후서 12장 15절을 기록하면서 교회가 자신을 대하는 방식에 마음이 상했다고 하는 것을 보라. "내가 너희 영혼을 위하여 크게 기뻐하므로 재물을 사용하고 또 내 자신까지도 내어 주리니." 바울은 고린도인들이 영적으로 잘되기만 한다면 목숨까지라도 기꺼이 내어놓을 사람이었다. 바울은 이렇게 말한다.

> 너희는 이때까지 우리가 자기변명을 하는 줄로 생각하는구나 우리는 그리스도 안에서 하나님 앞에 말하노라 사랑하는 자들아 이 모든 것은 너희의 덕을 세우기 위함이니라 내가 갈 때에 너희를 내가 원하는 것과 같이 보지 못하고 또 내가 너희에게 너희가 원하지 않는 것과 같이 보일까 두려워하며 또 다툼과 시기와 분냄과 당 짓는 것과 비방과 수군거림과 거만함과 혼란이 있을까 두려워하고 또 내가 다시 갈 때에 내 하나님이 나를 너희 앞에서 낮추실까 두려워하고 또 내가 전에 죄를 지은 여러 사람의 그 행한 바 더러움과 음란함과 호색함을 회개하지 아니함 때문에 슬퍼할까 두려워하노라(19-21절).

바울은 교회의 순수성을 지켜야 한다는 부담감을 느끼고 있었다. 목회자인 당신 역시 그래야 한다. 당신이 하는 사역의 미래는 당신이 교회의 진리와 거룩함에 대해 품은 열정에 따라 달라질 것이다. 미디어에 능하다면 사람들을 모을 수 있을지 모른다. 하지만 그렇게 한다고 해서 거룩함이 생기는 것은 아니다. 거룩함은 예수 그리스도를 교회에 모셔 오는 것이기 때문이다. 두세 사람이 함께 모였을 때, 그리스도는 그들 가운데 계신다. 하지만 죄는 순수한 교제를 어렵게 하며, 그 결과 죄를 더 은밀하게 유지하게 한다.

교제의 의무

지금까지 우리는 교제의 기초는 구원이라는 사실을 살펴봤다. 또한, 교제의 본질은 영적인 삶과 더불어 이생의 삶도 공유하는 것임을 알았다. 교제의 상징은 성만찬이며, 죄는 교제에 위험이 된다.

다섯 번째로 우리는 교제의 의무를 이해해야 한다. 마태복음 18장에서 우리는 교제를 나눌 때 반드시 삼가야 할 일을 보게 된다. "누구든지 나를 믿는 이 작은 자 중 하나를 실족하게 하면", 즉 죄를 짓게 하면 "차라리 연자 맷돌이 그 목에 달려서 깊은 바다에 빠뜨려지는 것이 나으니라"(6절)라는 말씀이다. 이는 동료 그리스도인을 실족하게 하는 것보다 맷돌을 목에 달고 바다에 빠지는 것이 낫다는 말이다. 예수님은 7절에서 계속해서 말씀하신다. "실족하게 하는 일들이 있음으로 말미암아 세상에 화가 있도다." 10절에서는 "삼가 이 작은 자 중의 하나도 업신여기지 말라"고 하신다. 우리가 삼가야 할 한 가지 원칙은 곧 다른 성도가 죄를 짓도록 하지 말라는 것이다.

우리는 자유를 과시하거나, 다른 이들을 경멸하거나, 과소평가하거나, 그들이 필요한 것을 주지 않거나, 그들을 조롱하거나, 무관심하거나, 사기를 치거나, 심지어 그들이 죄를 저지를 때 지적하지 않아서 그들을 실족하게 할 수도 있다. 그렇다면 이제는 5절에 나오는 긍정적인 서술에 주목하라. "또 누구든지 내 이름으로 이런 어린아이 하나를 영접하면 곧 나를 영접함이니." 당신이 다른 성도를 당신의 삶에 받아들였다면, 그 성도가 누구인지에 관계없이 당신은 그리스도를 영접한 것이다. 이 말씀은 긍정적인 관점에서 보자면 다른 성도들을 영접하라는 것이고, 부정적인 관점에서 보자면 다른 성도들을 공격하지 말라는 뜻이다. 이것이 당신이 따라야 할 모범이다. 이렇게 하는 것이 교제에 따르는 의무이기 때문이다.

마태복음 18장에는 우리가 동료 그리스도인들의 마음을 상하게 하지 말아야 하는 몇 가지 이유가 나와 있다. 우선 성도들이 천사들과 맺고 있는 관계 때문이다. "삼가 이 작은 자 중의 하나도 업신여기지 말라 너희에게 말하노니 그들의 천사들이 하늘에서 하늘에 계신 내 아버지의 얼굴을 항상 뵈옵느니라"(10절). 이는 동양의 왕궁에 존재하던 관습을 떠올리게 하는 놀라운 진술이다. 동양에서는 존경을 받는 사람들은 하인을 선발하여 자신을 대신하여 왕 앞에 서서 왕의 얼굴을 보게 했다. 우리는 히브리서 1장 14절 말씀에 따라 천사가 구원받을 상속자들을 섬기는 일을 한다는 사실을 알고 있다. 천사들은 하나님께 속한 모든 사람을 지켜보고, 인도하며, 공급하고, 보호하고, 기도를 전달하고, 기도 응답을 보내는 등 여러 가지 일을 한다. 따라서 우리는 다른 성도들을 대할 때 주의해야 한다. 천사들이 지켜보고 있기 때문이다.

둘째로, 우리는 그리스도 때문에 다른 그리스도인들을 신중하게 대해야 한다. 예수님은 말씀하셨다. "또 누구든지 내 이름으로 이런 어린 아이 하나를 영접하면 곧 나를 영접함이니"(마 18:5).

셋째로, 교제는 당신이 하나님과 어떤 관계를 맺고 있는지를 드러내므로 그리스도인들을 신중하게 대해야 한다. 마태는 이렇게 기록한다.

> 너희 생각에는 어떠하냐 만일 어떤 사람이 양 백 마리가 있는데 그중의 하나가 길을 잃었으면 그 아흔아홉 마리를 산에 두고 가서 길 잃은 양을 찾지 않겠느냐 진실로 너희에게 이르노니 만일 찾으면 길을 잃지 아니한 아흔아홉 마리보다 이것을 더 기뻐하리라 이와 같이 이 작은 자 중의 하나라도 잃는 것은 하늘에 계신 너희 아버지의 뜻이 아니니라(18:12-14).

우리는 그리스도를 영접하듯이 다른 성도들을 대해야 한다. 다른 성도들에게 부정적인 영향을 끼치거나, 그들이 죄를 짓게 해서는 안 될

다. 그들이 유혹에 빠지게 해서도 안 된다. 우리는 이렇게 그리스도의 지체인 다른 성도들을 돌봐야 한다. 교제에 따르는 우리의 의무는 다른 성도들의 삶에 우리가 거룩함의 도구로 사용되어야 한다는 것이다. 이것이 신약 성경에서 말하는 "다른 자들"을 포용하는 방법이다. 그리스도인의 교제는 당신의 죄를 다른 이에게 고백하고, 서로를 용서하며, 서로를 사랑하는 것, 서로에게 권고하고, 서로의 덕을 쌓아 주며, 서로를 가르치는 것, 서로를 꾸짖으며, 서로를 위해 기도하는 것이다. 이것이 교제다. 이러한 교제는 사생활, 고립, 자기애, 자기 중심성을 방지하므로 인격적이라고 할 수 있다.

교제의 결과

요한일서 1장 3-4절을 보면, 이러한 교제에 어떤 결과가 따르는지 간단하게 언급되어 있다. "우리가 보고 들은 바를 너희에게도 전함은 너희로 우리와 사귐이 있게 하려 함이니 우리의 사귐은 아버지와 그의 아들 예수 그리스도와 더불어 누림이라 우리가 이것을 씀은 우리의 기쁨이 충만하게 하려 함이라." 성경적인 교제를 제대로 이해하고 실천했다면, 그 결과는 기쁨으로 나타나게 된다. 여러분의 교회는 실질적인 교제를 추구하는 사람들로 이루어져 있는가? 그렇다면 삶의 모든 고통을 초월하여 함께 희생하며 의미 있는 영적 교제를 나눌 때, 그들 가운데 기쁨이 솟아나는 모습을 보았을 것이다. 나는 내가 누리는 삶의 기쁨과 우리 교회가 경험한 기쁨이 온전한 교제를 누리며 살아간 데 대한 결과라고 증언할 수 있다.

PRAYER

주님, 우리는 바울이 기록한 내용을 반드시 명심하겠습니다.
"마지막으로 말하노니 형제들아 기뻐하라
온전하게 되며 위로를 받으며 마음을 같이하며 평안할지어다
또 사랑과 평강의 하나님이 너희와 함께 계시리라
거룩하게 입맞춤으로 서로 문안하라
모든 성도가 너희에게 문안하느니라
주 예수 그리스도의 은혜와
하나님의 사랑과 성령의 교통하심이
너희 무리와 함께 있을지어다"(고후 13:11-14).
이것이 우리의 축도입니다.
이를 이루어 주소서.
예수님의 이름으로 기도합니다.
아멘.

주

2 진내의 정결 / 리곤 던컨
1. Geoffrey J. Martin, *American Geography and Geographies: Toward Geographical Science* (New York: Oxford University Press, 2015), 864.

3 이름이 거룩히 여김을 받으시오며 : 무릎 꿇는 지도자 / 톰 페닝턴
1. Thomas Watson, *The Lord's Prayer* (http://www.ccel.org/ccel/watson/prayer.txt), 516.
2. Don Whitney, *Spiritual Disciplines of the Christian Life* (Colorado Springs: NavPress, 1991), 62.
3. Augustine, Letters, "Letter to Proba," Letter 130.
4. Augustine, "Sermons to Brothers in the Desert."
5. Whitney, *Spiritual Disciplines*, 64.
6. John Calvin, *Institutes of the Christian Religion* (Philadelphia, PA: Westminster, 1960), 850. 『기독교 강요』, 생명의말씀사.
7. Calvin, *Institutes*, 853.
8. John Owen, "Sermon II: A Memorial of the Deliverance of Essex County, and Committee," on Habakkuk 3:1-9.
9. Jonathan Edwards, *The Works of Jonathan Edwards* (Peabody, MA: Hendrickson, 2003) v. 2, 455.
10. Richard Baxter, *The Reformed Pastor* (Portland, OR: Multnomah, 1982), 17 인용. 『참 목자상』, 생명의말씀사.
11. Baxter, *The Reformed Pastor*, 18.
12. John Calvin, *Calvin's Commentaries*, vol. XVI (Grand Rapids, MI: Baker, 2005), 328.
13. J. C. Ryle, *A Call to Prayer* (Grand Rapids, MI: Baker, 1979), 35. 『기도를 잃어버린 당신에게』, 복 있는 사람.
14. John Owen, Kelly Kapic, and Justin Taylor, *Overcoming Sin and Temptation* (Wheaton, IL: Crossway, 2006), 86-88.
15. http://www.nielsen.com/us/en/insights/news/2012/the-cross-platform-report-how-and-where-content-is-watched.html 참고.
16. John Piper, *Brothers, We Are Not Professionals* (Nashville, TN: Broadman & Holman, 2002), 63 인용. 『형제들이여, 우리는 전문직업인이 아닙니다』, 좋은씨앗.
17. Calvin, *Institutes*, 917.
18. John Watkins, *The Sermons of…Hugh Latimer* (London: J. Duncan, 1824), 2.

4 잘 고난받는 지도자 / 존 파이퍼
1. Marvin Vincent, *Epistle to the Philippians and to Philemon* (Edinburgh: T. & T. Clark, 1897), 78.
2. Martin Luther, "A Mighty Fortress Is Our God."

7 지도자와 그의 양 떼 / 릭 홀랜드
1. Thomas Schreiner, *The New American Commentary, 1, 2 Peter, Jude* (Nashville, TN: Broadman & Holman, 2003), 232.
2. Larry J. Michael, *Spurgeon on Spiritual Leadership* (Grand Rapids, MI: Kregel, 2003), 153.
3. Michael, *Spurgeon*.
4. Michael, *Spurgeon*, 154.
5. Richard Baxter, *The Reformed Pastor*, 4th ed. (Glasgow: Oliver & Boyd, Wm. Whyte & Co., and Wm. Oliphant, 1835), 181. 『참 목자상』, 생명의말씀사.

8 복음을 수호하라 / 스티븐 J. 로슨
1. David A. Lopez, *Separatist Christianity: Spirit and Matter in the Early Church Fathers* (Baltimore, MD: The Johns Hopkins University Press, 2004), 83.
2. John Phillips, *Exploring Proverbs: An Expository Commentary*, vol. 1 (Neptune, NJ: Loizeaux Brothers, 1994), 286.
3. J. C. Ryle, *A Sketch of the Life and Labors of George Whitefield* (New York: Anson D. F. Randolph, 1854), 29.
4. http://www.cnn.com/TRANSCRIPTS/0506/20/lkl.01.html.

5. http://www.cnn.com/TRANSCRIPTS/0506/20/lkl.01.html.
6. J. C. Ryle, *Simplicity in Preaching* (http://gracegems.org/18/Ryle-%20Preaching.htm).
7. Martin Luther, *What Luther Says*, vol. 2, 702-704, 715.
8. Luther, *What Luther Says*.
9. Martin Luther, *Luther's Works*, 26, 55.
10. James Montgomery Boice, "Galatians," *Expositor's Bible Commentary*, vol. 10 (Grand Rapids, MI: Zondervan, 1976) 429.
11. John Knox, *The History of the Reformation of Religion in Scotland* (Edinburgh: Banner of Truth, 1982), 250; Joseph Adolphe Petit, *History of Mary Stuart: Queen of Scots* (London: Longman, Green), 244.
12. John Knox, *The Works of John Knox*, vol. 6, liii.
13. Scots Confession of 1560.

9 하찮은 사람도 없고, 하찮은 설교도 없다 / 앨버트 몰러

1. John Calvin, *The Gospel According to John 1-10* (Grand Rapids, MI: Eerdmans, 1995), 237.
2. Calvin, *The Gospel According to John 1-10*.
3. Calvin, *The Gospel According to John 1-10*. 237-238.

11 당신의 교회 예배에 빠진 것은 무엇인가? / 오스틴 T. 던컨

1. Jeff Kirkland, *An Historical, Biblical, and Practical Analysis of Public Scripture Reading in Corporate Worship Gatherings* (Sun Valley, CA: The Master's Seminary), 2.
2. Everett Ferguson, *Early Christians Speak* (Abilene, TX: Biblical Research Press, 1981), 86.
3. Philip H. Towner, *The Function of the Public Reading of Scripture in 1 Timothy 4:13 and in the Biblical Tradition* (http://www.sbts.edu/wpcontent/uploads/sites/5/2010/07/sbjt_073_fall03_tow-ner1.pdf), 53.
4. Mark Earey, "This is the Word of the Lord: The Bible and Worship," *Anvil 19*, no. 2 (2002): 92.
5. David F. Wells, *God in the Wasteland* (Grand Rapids, MI: Eerdmans, 1994), 150. 『거룩하신 하나님』, 부흥과개혁사
6. Ferguson, *Early Christians Speak*, 87.
7. Bryan Chapell, *Christ-Centered Worship* 2nd ed. (Grand Rapids, MI: Baker, 2009), 220-233 참고.
8. Jeffery D. Arthurs, *Devote Yourself to the Public Reading of Scripture* (Grand Rapids, MI: Kregel, 2012), 14.
9. Stephen Olford, "Why I Believe in Expository Preaching," audiotape of pastors' luncheon message at Dauphin Way Baptist Church, Mobile, Alabama, 1999년 3월 22일.
10. Bryan Chapell, "The Incarnate Voice: An Exhortation for Excellence in the Oral Reading of Scripture," *Presbyterian* vol. 15, no 1 (Spring 1989), 42-57, 42-43.
11. Allen Ross, *Recalling the Hope of Glory* (Grand Rapids, MI: Kregel Academic, 2006), 506.
12. C. H. Spurgeon, *Lectures to My Students*, First Series (New Tork: Sheldon and Company, 1875), 85.
13. A collection of John MacArthur's pulpit prayers have been compiled in the book *A Year of Prayer* (Eugene, OR: Harvest House, 2011).
14. Spurgeon, Lectures to My Students, 92. 『목회 황제 스펄전의 목사론』, 부흥과개혁사
15. Helmut Thielicke, *Encounter with Spurgeon* (Cambridge: James Clark, 1964), 135. 『스펄전의 설교학교』, 새물결플러스

12 교제를 추구하라 / 존 맥아더

1. Dietrich Bonhoeffer, *Life Together: Prayerbook of the Bible* (Minneapolis, MN: Fortress, 2004), 29. 『신도의 공동생활: 성서의 기도서』, 대한기독교서회
2. Ibid., 30.
3. http://www.reformation21.org/counterpoints/wages-of-spin/no-text-please-im-british.php 참고.
4. http://www.reformation21.org/counterpoints/wages-of-spin/no-text-please-im-british.php 참고.
5. http://www.reformation21.org/counterpoints/wages-of-spin/no-text-please-im-british.php 참고.
6. Donald Miller, http://storylineblog.com/2014/02/03/i-dont-worship-god-by-singing-i-connect-with-him-elsewhere/.
7. Donald Grey Barnhouse, *Your Questions Answered from the Bible* (Philadelphia, PA: The Evangelical Foundation, 1957, 29.
8. Bonhoeffer, *Life Together*, 25.
9. The Apology of Aristides, *Syriac text and translation*. Encyclopedia Britannica, vol. 1 (Chicago: Encyclopedia Britannica). 346.

사명선언문

너희가 흠이 없고 순전하여……세상에서 그들 가운데 빛들로
나타내며 생명의 말씀을 밝혀 _ 빌 2:15-16

1. 생명을 담겠습니다
만드는 책에 주님 주신 생명을 담겠습니다.
그 책으로 복음을 선포하겠습니다.

2. 말씀을 밝히겠습니다
생명의 근본은 말씀입니다.
말씀을 밝혀 성도와 교회의 성장을 돕겠습니다.

3. 빛이 되겠습니다
시대와 영혼의 어두움을 밝혀 주님 앞으로 이끄는
빛이 되는 책을 만들겠습니다.

4. 순전히 행하겠습니다
책을 만들고 전하는 일과 경영하는 일에 부끄러움이 없는
정직함으로 행하겠습니다.

5. 끝까지 전파하겠습니다
모든 사람에게, 땅 끝까지, 주님 오시는 그날까지
복음을 전하는 사명을 다하겠습니다.

서점 안내

광화문점 서울시 종로구 새문안로 69 구세군회관 1층
02)737-2288(T) 02)737-4623(F)

강남점 서울시 서초구 신반포로 177 반포쇼핑타운 3동 2층
02)595-1211(T) 02)595-3549(F)

구로점 서울시 구로구 시흥대로 577 3층
02)858-8744(T) 02)838-0653(F)

노원점 서울시 노원구 동일로 1366 삼봉빌딩 지하 1층
02)938-7979(T) 02)3391-6169(F)

분당점 경기도 성남시 분당구 황새울로 315 대현빌딩 3층
031)707-5566(T) 031)707-4999(F)

신촌점 서울시 마포구 서강로 144 동인빌딩 8층
02)702-1411(T) 02)702-1131(F)

일산점 경기도 고양시 일산서구 중앙로 1391 레이크타운 지하 1층
031)916-8787(T) 031)916-8788(F)

의정부점 경기도 의정부시 청사로47번길 12 성산타워 3층
031)845-0600(T) 031)852-6930(F)

인터넷서점 www.lifebook.co.kr